历史与理论

Écrits sur l'histoire II

论历史

(下)

〔法〕费尔南·布罗代尔（Fernand Braudel）著

沈 坚 董子云 等译

著作权合同登记号 图字：01-2015-2689

图书在版编目（CIP）数据

论历史. 下 / （法）费尔南·布罗代尔著；沈坚等译. —北京：北京大学出版社，2021.7

（历史与理论）

ISBN 978-7-301-32253-6

Ⅰ.①论… Ⅱ.①费… ②沈… Ⅲ.①史学理论–文集 Ⅳ.①K0-53

中国版本图书馆CIP数据核字（2021）第114637号

Écrits sur l'histoire II
Fernand Braudel
© Editions Flammarion, Paris, 1994
(first published in 1990 by Editions Arthaud).
中文简体版权由北京大学出版社拥有

书　　　名	论历史（下）
	LUN LISHI（XIA）
著作责任者	〔法〕费尔南·布罗代尔（Fernand Braudel）著　沈　坚　董子云 等译
责 任 编 辑	李学宜
标 准 书 号	ISBN 978-7-301-32253-6
出 版 发 行	北京大学出版社
地　　　址	北京市海淀区成府路205号　100871
网　　　址	http://www.pup.cn　　新浪微博：@北京大学出版社
电 子 信 箱	pkuwsz@163.com
电　　　话	邮购部 010-62752015　发行部 010-62750672　编辑部 010-62752025
印 刷 者	北京中科印刷有限公司
经 销 者	新华书店
	880毫米×1230毫米　A5　10.125印张　255千字
	2021年7月第1版　2023年6月第3次印刷
定　　　价	80.00元

未经许可，不得以任何方式复制或抄袭本书之部分或全部内容。
版权所有，侵权必究
举报电话：010-62752024　电子信箱：fd@pup.pku.edu.cn
图书如有印装质量问题，请与出版部联系，电话：010-62756370

目 录

前　言	001
我作为历史学者的成长经历	1
对欧洲 1450—1750 年的价格研究	31
查理五世，时代的见证者（1500—1558）	185
菲利普二世	237
托克维尔《回忆录》序言	291
人名索引	307

前 言

保莱·布罗代尔* 1994 年

本书中的各篇文章内容主旨各异,出版时间参差,可以说性质各不相同,但是拥有唯一一个共同点:所有文章都出版了其他语言的译本:意大利语、英式英语、美式英语,而作者并没有在法国发表这些文章。1974 年撰写的《意大利史》(*Storia d'Italia*)第二卷的结论部分同属这种情况,伊诺第出版社后来用另一书名《第二次文艺复兴》(*Il secondo Rinascimento*)将其独立成书出版。原版的法语文章在 1989 年阿尔托出版社的大型画册《意大利模式》(*Le modèle italien*)中才得以问世。

非常遗憾,在本书中没能收录一篇重要的文章:《1450—1650 年的欧洲扩张和资本主义》(*European Expansion and Capitalism, 1450-1650*),此文刊载在 1961 年哥伦比亚大学出版社出版的合作著作《西方文明的篇章》(*Chapiters in Western Civilization*)中。尽管多方寻找,并得到伊曼纽尔·沃勒斯坦(Immanuel Wallerstein)的鼎力帮助,我依然没能找到这篇文章的法语原文。同样,小作《菲利普二世》(*Philippe II*)也没能找到法语原文,经过长时间的犹豫,我决定从意大利语将该文翻译

---

* 保莱·布罗代尔(Paule Braudel, 1914—2017),布罗代尔第二任妻子,1933 年 9 月与布罗代尔成婚。——译者注

回法语。这篇文章是布罗代尔作品中为数不多的传记研究,个人以为与查理五世(Charles Quint)研究进行对比颇有裨益。而且意大利语和法语相近,我能够很容易地在文中找到自己熟悉的对应文字。而英语则不然,在英语版本中很难发现原文中的相应词汇。我觉得读者如果愿意的话,最好就此进行参照。

本书初版问世于1990年,目前的袖珍本对原版略有改动。一方面,删减了费尔南·布罗代尔在1983年为了自娱给《晚邮报》(*Corriere della sera*)撰写的一系列小注释,这些注释现在已经失去了它们的现实意义;另一方面,增加了一篇为"Folio"丛书托克维尔《回忆录》(*Souvenirs de Tocqueville*)作的"序言",序言是1978年布罗代尔应彼得·梅耶(Peter Mayer)之邀而作。本书初版售罄后,伽利玛出版社同意在《论历史(下)》(*Ecrits sur l'histoire II*)的再版中,加入布罗代尔为托克维尔《回忆录》写的这几页文字,他是《回忆录》的倾慕者。对此我深表谢意。

(沈坚 吴博 译)

我作为历史学者的成长经历

日复一日，我如何走向历史研究的职业生涯？我的成长经历正好与年鉴学派的历史交集，是否能够反映当前法国历史学发展的特点？这是威廉·麦克尼尔（William McNeil）在1972年为《近代史杂志》(*Journal of Modern History*) 向我提出的两个问题。必须承认，我对此很长时间装聋作哑，因为这些问题可能迫使我用特殊的目光自我审视，把自己当成历史研究对象，进入自己的私密世界，自我展示甚至自吹自擂。出于这些原因，我反复自我权衡，而威廉·麦克尼尔依然坚持不懈：如果我不亲自撰写这篇文章，那么就要把必要的材料交给别人完成这篇文章。尽管我觉得关于自己历史学者生涯的文章过于个人化，读者未必感兴趣，但终于拗不过他的执着，只好尽可能真诚地回答他提出的这两个问题，让文章本身去决定一切吧。

一

首先从我这位当事人说起吧。我于1902年出生在香槟地区（Champagne）和巴鲁瓦地区（Barrois）之间的一个小村庄里，这个村庄已经存在不知多少个世纪了，今天村里有一百多名居民，在我儿童时代村民数量大约是现在的两倍。村里的中央广场位于三条道路和一条古路交汇之处，我猜测那里可能是高卢－罗马时代一所大宅的庭院。我不但在此地出生，而且暑假时父母常常带我回到这个村庄，所以我在这里与儿时最亲爱的奶奶一起度过了漫长的岁月。今天我仍然没有忘记那段幸福的时光，点点滴滴都清晰地印在我的脑海之中。我居住过的房屋在1806年落成，几乎完好无损地屹立于斯直至1970年，对于一所普通的农舍来说实在算得上一项了不起的记录。后来我成了历史学家，这段经常返乡、长时间在农村生活的经历对我来说至关重要。我在鲜活的现实当中学到了其他人在书本上读到的东西。与来自勃艮第乡村的历史学家加斯东·鲁普内尔（Gaston Roupnel）[1]和出生于弗朗什－孔泰（Franche-Comté）的吕西安·费弗尔（Lucien Febvre）一样，我有超前优势，而且一直是一位有农民根基的历史学者。我了解这座东部村庄各种植物、树木的名称；我认识村中每个居民，我能够看到村里铁匠、大车匠、伐木砍柴的季节工和放羊人劳碌的身影；在我的眼前，村里曾经的轮种田变成了今日的养殖草场，村里老磨坊的转轮缓缓转动——据我所知，我的曾祖为附近的一位贵族建造了这座磨坊。由于整个法国的东部乡村地区充满着军事的历史记忆，我在童年时通过我的家庭就熟知了拿破仑，熟知拿破仑在奥斯特里茨（Austerlitz）和别列津纳（Bérézina）的战斗。法国东部地区从前并没有多少革命思想，将来也不会有，而矛盾的是，正是这片热土在1793年、1794年成了革命军的大后方，不但忠于革命，而且挽救了革命。

---

[1] 加斯东·鲁普内尔（1871—1946），法国历史学家，专长法国乡村史，与年鉴学派关系密切。——译者注

我的父亲是巴黎的一名小学教员，在他短暂的一生（1878—1927）结束之时做到了校长的职位。我在1908年到1911年之间有幸住在了巴黎的远郊，当时的巴黎远郊和纯粹的乡村几乎没有多大区别。我所居住的巴黎远郊城镇梅里耶（Mériel）当时如同一座大村庄，厚实沉重的石质房屋，院墙围绕的庭院，随处可见的醋栗树、樱桃树在每年春天隐没在盛开的丁香花丛中，城边的瓦兹河（L'Oise）上，驶来北方带着拖船的比利时驳船船队。蒙特贝洛（Montebello）的居民——这些拉纳（Lannes）元帅的后代——不时组织进行猎犬围猎活动……

我上学较晚，在学校遇到了一位出色的老师，他睿智、专注、威严，讲述法国历史的时候如同主持弥撒。

后来我升入了巴黎的伏尔泰（Voltaire）中学（1913—1920），应该说，我的父亲是一位天生的数学家，他当时用极富创造性的方式教我和兄弟数学，这让我们在这一学科游刃有余。我学习了大量拉丁文，一点希腊文。我热爱历史，而且具备非凡的记忆能力，同时还创作大量的诗歌。总之当时我的学业出色，自己希望将来成为医生，但是父亲反对这个不成熟的职业规划，于是我在1920年迷失了方向，感到非常忧伤。最终，我在索邦大学开始了历史专业的学习，轻松获得了学士学位，毕了业，通过考试取得了教师资格，但是并没有感受到太多的快乐。这是因为当时觉得选择了一条便道有点虚度光阴。立下成为历史学家的志向是很久之后的事情。

兼容并包的索邦大学当时学生数量不多，我在那里求学的过程中只存有一段美好的回忆：亨利·豪赛（Henri Hauser）[1] 的课程。他使用的语言和其他老师大相径庭，那是历史社会经济学的语言。豪

---

[1] 亨利·豪赛（1866—1946），法国经济学家、历史学家和地理学家。——译者注

赛老师充满智慧，他无所不知，传授我们丰富的知识又毫无炫耀之意。当时大学的特色是：学生数量很少，他班级的学生不过六七个人。另外，当时我也很享受杰出的希腊史专家莫利斯·荷勒（Maurice Holleaux）的课程，他班级上的学生也很少，只有三四个人，其中包括后来的罗马尼亚历史学家坎塔居赞纳（Cantacuzène）、后来的索邦大学校长安德烈·艾马尔（André Aymard）。

我的学习生活眨眼之间就结束了，二十一岁的时候成为阿尔及利亚君士坦丁的高中历史教师，当时的我和数百名年轻历史学者的境遇相同。与数以千计的教师一样，我依托自己感兴趣的历史事件讲授历史，在教课的过程中学习到了一切知识。我甚至成为了人们口中的"优秀教师"，尽管教课消耗精力，但是我依然爱自己的学生。我先在君士坦丁工作，然后前往阿尔及尔。我还要重复一下：当时我还是注重通过事件、政治、人物生平表现历史的学者，中学的教学计划让我们不得不如此。我大学毕业时写的论文题目是《法国大革命起初三年的巴勒迪克（Bar-le-Duc）[1]》（和当时所有的左派学生一样，1789年的大革命非常吸引我，我愿意研究那段历史），这是我精心准备的论文。总之，当时我的态度与众人相同，符合最传统导师的要求。我认真努力，尽可能客观，忠于史实。我获得的毕业证书证明了我的这种治学态度。同样的，1928年我发表的第一篇文章（《西班牙人与北非》）和1930年我在阿尔及尔历史科学大会的发言（当时我担任大会的助理秘书）也是这种治学态度的表现。在那次大会上，我接待了自己的几位老师，认识了全部参会者中最热情、慷慨的亨利·贝尔（Henri Berr）。他非常在意说服他人，用魅力征服他人。

---

[1] 巴勒迪克（Bar-le-Duc）是法国默兹省（Meuse）的省会城市。——译者注

我本该在阿尔及尔待到 1932 年,但 1925 年到 1926 年因服兵役而离开过。借服兵役的机会,我走遍了整个莱茵兰地区(Rhénanie),从而认识、喜欢上了德国。

　　于是我完全沉浸于生活在一座壮丽城市的快乐和愉悦之中,认真游览了北非所有国家,直到遇见吸引我的撒哈拉沙漠。

　　我认为,北非地中海地区的美好景象对我的历史观点影响很大,而地中海的另一侧人们却视这片土地为他们的"背面"。但是我的思想转变很慢,当时我仅仅从自己的生活出发看待世界,没有理解社会、政治、殖民地的悲剧,而这一切就在我的眼前发生。的确,1939 年之后北非的局势恶化,似乎黑暗瞬间降临。我当时的那种思想有其原因所在:二十岁时需要首先解决生活问题,这方面的关注不论好坏均来自自身本能;我正在艰难地学习阿拉伯语(我当时真的很努力地学习,但是始终没能取得成果);我唯一担心的问题是德国,服兵役曾使我近距离观察过这个国家,我爱它,同时作为从法国东部来的人又对它怀有戒心。尤其是,应该说在 1923 年和 1926 年,以及接下来的若干年间,法属阿尔及利亚在我眼中并不像一个怪物。或许有朝一日,对于这些失落的年代,终有一名"黑脚"[1]会写出像《飘》一样的名著。总之我觉得自己当时并无不适之感,这种不适感出现要在二十年之后了。同样,大约在 1930 年,当本雅明·克雷米耶(Benjamin Crémieux)[2]来到阿尔及尔做讲座的时候,他给鲁德

---

〔1〕 "黑脚"(pied noir):阿尔及利亚裔法国人。——译者注
〔2〕 本雅明·克雷米耶(1888—1944),法国作家、文学评论家、抵抗运动战士。——译者注

亚德·吉卜林（R. Kipling）[1]发电报："到达阿尔及利亚，我将了解法国。"因为吉卜林和英国"拥有"印度，并对印度抱有好感，而印度能够解释英国。

　　我很晚才找到自己热爱的事业——与传统教学决裂的新历史学。选择博士论文主题（博士论文是通向高等教育系统的必经之路）的时候，由于我精通德语，所以自然而然想到选择德国历史。但是由于我作为法国人拥有的国家情感，似乎先天对德国历史心存怨怼。所以我试着在西班牙历史上寻找主题，这个主题完全是我在学习过程中研究韦尔万（Vervins）和平协定偶然遇到的，我的导师是热情而又卓越的埃米利·布尔热瓦（Emilie Bourgeois）。出于兴趣，我又开始学习西班牙语。在国家档案中查询了资料丰富的 K 卷宗，那是拿破仑一世在西班牙西曼卡斯（Simancas）掠夺到的文献。还在阿尔及尔的时候，我就考虑到"菲利普二世，西班牙和地中海"的研究将来可以作为我博士论文的选题，事实上，这一选题非常容易就得到了索邦大学的许可。

　　当时在法国，既不存在研究奖学金，也没有休假年。所以我只能在 1927 年暑假期间去西曼卡斯搜寻需要的文献。我非常幸运：当时我满世界寻找，想购买一架照相机（微缩胶片技术在战后才得以发明），一名兼职电影人的美国工人卖给我一台粗拍电影的机器，并向我证明，用来处理文献效果极佳。于是我每天迅速完成拍摄 30 米长的胶卷，2000—3000 张照片，这让西曼卡斯的档案员和借阅馆员羡慕和敬佩不已。我在西班牙和意大利充分使用甚至可以说是过度使用这些资源。在这位富有创意的电影人的帮助下，我可能是世界上第一个使用真正微缩胶片的人，我夜以继日，自己洗印胶片，然后借助一台

---

　　[1]　鲁德亚德·吉卜林（1865—1936），英国作家。——译者注

老式幻灯机来阅读。

我逐渐对自己的选题产生越来越强烈的怀疑,谨慎、忧伤的菲利普二世对我的吸引力越来越小,而我对地中海的兴趣越来越大。从1927年开始,吕西安·费弗尔给我写信(我凭借记忆回忆信的内容):"和菲利普二世相比,了解柏柏尔人的地中海更让人心情激动。"1931年,亨利·皮雷纳(Henri Pirenne)[1]在阿尔及尔展现他关于穆斯林入侵后导致地中海海禁的想法,我觉得他的报告让人拍案叫绝:随着他手掌摊开、合拢,整个海洋开放又关闭。从1927年到1933年,我不紧不慢地徜徉在文献的海洋中,甚至也不急于最终确定我的选题,而这时我的决定自然而然地瓜熟蒂落,我要选择地中海作为论文主题。

另外,还需要能够写出这样一本书。我的朋友和同事都了解我不会写一部要求过高的书。地中海每天出现在自己眼前,我暗下决心要找到这片海洋的过去,水上飞机在海面附近逡巡往来,给我留下了难以磨灭的印象。普通的文献记述的往往是王公贵族、金融、军队、土地、农民。我一头扎进这一卷又一卷的档案中,这些档案很少被人查阅过,有的没有很好地分类整理,有的甚至完全没有分类。1934年,我在杜布罗夫尼克(Dubrovnik)[2]找到了拉古萨(Raguse)共和国的一些簿册,最终让我看到了:船只、租船金、货物、保险、交通……16世纪的地中海第一次呈现在我眼前,我还记得当时我是多么的欣喜如狂。

然而,所有的历史研究都必须有一个论题,我再次受到幸运之神

---

[1] 亨利·皮雷纳(1862—1935),比利时历史学家。——译者注
[2] 杜布罗夫尼克是克罗地亚南部港口城市。——译者注

的眷顾。1935 年,我偶然间获得巴西圣保罗大学的教职,我在那里找到了研究和思考的天堂。我负责教授文明史通识课的工作,学生们非常可爱,有时会提出各种质疑。他们围在你身边,十分活跃,让你必须对各种话题表明立场。这样,我度过了三年的美好时光:冬天就属于我的南方假期,我去地中海;其余的时间我留在巴西,幸福地沉浸在阅读研究之中。我读了长度达到若干公里的微缩胶片,而且在 1931—1932 年几次直接和吕西安·费弗尔交往:一次在亨利·贝尔家里(我和亨利·贝尔自从 1930 年就认识),一次在杜福尔街(rue du Four)法国百科词典编辑部,一次就在吕西安·费弗尔家中,在他那间位于圣恩谷街(rue du Val de Grâce)的令人叹为观止的书房里。1937 年在巴西圣多斯(Santos)港口,我准备彻底离开巴西登船之际(当时还没有跨洋飞行的客机)又遇到了吕西安·费弗尔,他当时刚刚结束了在布宜诺斯艾利斯的一系列演讲,恰好与我同乘一船。接下来二十天的跨洋航行中充满了吕西安·费弗尔和我们夫妇三个人的高谈阔论与欢声笑语。于是我与吕西安·费弗尔的关系变得亲密,超过朋友,我仿佛他的儿子一样:他在勒苏瑞(le Souget)汝拉山区的家成了我的家,他的孩子成了我的孩子。

  当时,我所有的犹豫和彷徨都消失了。漂泊的我也归船入港:我在前一年得到了法国高等社会科学院(EHESS)的任命。1939 年夏季,我准备好在勒苏瑞动笔撰写自己的书稿,这时二战爆发了,我在莱茵河畔的边境参加战斗,后来被俘。从 1940 年到 1945 年被关押在德国,首先在美茵茨,然后从 1942 年到 1945 年被关押在吕贝克的特别军官集中营(Sonderlager),我在那里进行了我洛林式的反抗。经过了这些漫长的考验我依然毫发无伤,我如果再满腹牢骚那不但没有意义而且很不公平:今天我的心中只留下了美好的回忆。因为监狱也可能是一所优秀的学校，它教会我们耐心与忍耐。看到所有犹太裔法国军官都来到吕贝克，那真是绝佳的社会学研究题目！稍后又来了各色教士67名，他们在各自的集中营中被当作危险分子，这又是多么奇特的经历！我的眼前展现出法国教会丰富多彩的画面，从乡村神甫到遣使会会员，从耶稣会教士到多明我会修士等等。其他的经历给我带来别样的愉悦，例如和勇敢得近乎鲁莽的波兰人生活在一起，迎接华沙保卫战的卫士们，其中有亚历山大·盖伊什托尔（Alexandre Gieysztor）[1]和维托德·库拉（Witold Kula）[2]，再比如一天清晨突然来了一大批英国皇家飞行员，再比如我和所有的法国越狱专家同住，他们由于受惩罚而被发配到我们这里，凡此种种一掠而过，这就是那些甜美的回忆。但是真正能够陪伴我躲过那段漫长岁月、排遣内心烦闷的东西是"地中海"。我在被俘房的那段日子写出了这本厚厚的作品，吕西安·费弗尔在一本又一本的学生练习簿上读了我的这本书。记忆让我度过了那段艰难岁月。但是，如果我没有被俘，我的那本书一定是另一种样子。

一两年前我在佛罗伦萨遇到了一位年轻的意大利哲学家，直到那时我才彻底意识到这一点。他问我："你是在监狱写下的这本书吗？哦，怪不得这本书给我冥思的感觉。"是的，我在冥思，面对自我，冥思这么多年来在时间与空间上与我远离的地中海。于是我对历史的观点在自己没有意识到的情况下最终形成，一方面，这是对地中海景观唯一的思想回应，此前在我看来还没有任何传统的历史叙事能够抓住这一景观；另一方面这是对我跨越的这段悲惨时段唯

---

[1] 亚历山大·盖伊什托尔（1916—1999），波兰中世纪史研究专家。——译者注
[2] 维托德·库拉（1916—1988），波兰马克思主义历史学家。——译者注

一存在的回应。敌人的电台与报纸报道的事件不断向我们涌来，甚至还有秘密电台传送给我们的伦敦消息，我需要做的就是超越这些事件和消息，摒弃它们，否定它们。打倒事件！特别是那些让人生厌的事件！我不得不相信，历史，或者命运是镌刻在具有极大深度的层面中。选择长时间的观测点，就是选择上帝天父的位置作为庇护所。历史远离常人，远离我们日常生活的苦痛，缓缓书写、缓缓演变，和地中海的古老生命同样缓慢，这就是我常常从地中海古老生命中感知的永恒和亘古的静止。由此，我有意识地寻求我能够把握或者能够创造的最深邃的历史语言，这是一种静止的时间，或者缓慢流淌、固执地不断重复。我的书就是根据几条不同的时间线进行编排，从永恒静止到事件的稍纵即逝。对我来说，今天这些时间线依然勾勒出历史的风貌。

二

提到年鉴学派的起源与纲领，一定要说三个人：亨利·贝尔、吕西安·费弗尔、马克·布洛赫。大家将会看到，我认识这三人的方式大不相同。

第一位是亨利·贝尔（1862—1955），这一位让我觉得介绍起来有许多困难。我确信，这样说一定会使许多人感到惊讶，因为在他们眼里，他是个透明人，热衷于一项气势恢宏（确切说有点大而无当）的学术工程，他对此没有一刻犹豫，一生矢志不移，从他的最初计划和写作就是如此。跃入我脑海的是1890年5月1日到15日《新杂志》上刊登的《论历史科学：统计方法和伟人问题》；还有他在1898年答辩的主博士论文《知识与历史的综合：论哲学的未来》；以及他的副论文，原文用拉丁文撰写，法语翻译版本在三十年后以《论伽桑狄（Gassendi）的怀疑主义》为题出版，这篇副论文很可能是他所有作品中最细致、最成功的一篇，他本人对此也情有独钟。

今天读着这些文章，我十分真切地听到了亨利·贝尔的声音，那是1930年（他当时68岁）我很晚才认识他时留下的声音。他对我的接待直接和热情，尽管也有点审慎，我对此感觉很深。奇怪地或者纯属巧合地，他的这种接待方式同样打动了另一位年轻人，这位年轻人比我早20或25年与他第一次相见。吕西安·费弗尔在1942年回忆："尽管我当时是个瘦小的年轻人，刚刚开始职业生涯，我感受了您的接待，当然，这是一种完美的慈爱，同时也是一种完美的真诚，而且还充满热情。"

因此，亨利·贝尔在漫长的一生中似乎没有丝毫改变，他始终是一位学者、一个勤劳的人。

然而，这位人物，似乎可以称得上是《年鉴》[1]杂志创办之前的《年鉴》杂志。从1900年开始，或许从1890年开始就是如此。如果要知道"一切从何开始"，那么必须向他咨询。但我不得不承认，从他的求学经历和生平中完全看不出他会承担这样特殊的使命。

亨利·贝尔是人们口中的杰出学生，在年纪不大的时候一定对各个领域都充满好奇，因为在1880—1881年，他在多项竞赛中获得大奖，尤其引人注目的是修辞学荣誉奖（拉丁语演讲）、法语演讲一

---

[1]《年鉴》杂志创办之初全名为《社会和经济史年鉴》（*Annales d'histoire économique et sociale*），后多次更名，1946年更名为《年鉴：经济、社会、文明》，此名一直用到1993年。该杂志的名称在法语中为复数，所以原文指代用"它们"，译文根据中文的习惯，改用单数"它"。——译者注

等奖、哲学一等奖。《现代历史报》(Journal of Modern History)的读者应该不了解这些全国性的竞赛,这些在法国举行的竞赛标志着中学教育的结束,从中筛选出卓越不凡的学生。读者无法想象这三个奖项当时能够为这个孩子带来何等的荣誉和声望。因为当时他仅仅是个孩子,得到了对年龄的特殊许可之后才在1881年进入余勒姆路(rue d'Ulm)的师范学校学习,三年后入文学部。

于是他最终选择人文学、文学、拉丁语、希腊语作为完成大学学习的科目。亨利·贝尔是出色的文学专业学生,后来任修辞学教授40年,直到1925年。然而几乎进入职业的第一时刻他就逃离、背弃、厌烦了他每天讲授的学科内容——虽然他在这一行业也表现出不可否认的才能——从而全身心地投入到哲学和历史的研究中。乍一看,这是否有点出人意料,或者不合常理呢?

既然在19世纪末,法语或者拉丁语演说术已经不过是别无他用的学术练习,亨利·贝尔凭借其年少有成(哲学一等奖),难道不就应该顺理成章地成为一名哲学家,成就其天造之才吗?而在1884年至1890年间,又有哪一位哲学家会对历史无动于衷呢?至少从黑格尔(Hegel)之后,哲学必须从丰富的人类活动中获得养分,而历史作为一种原料从1870年前就开始发生转变和重组(这是哲学的额外成就)。亨利·贝尔写道:"维克多·杜鲁伊(Victor Duruy)建立法国高等社会科学院(1868)、1886年《批评杂志》(Revue Critique)的创办都表明了在我们的灾难发生之前出现了改变我们高等教育和提升我们科学的必要性。"当时勾勒出的历史是一种需要自我分析的历史,是专心博学的历史,总之需要的是科学的历史。这种历史将征服在1908年彻底改革的新索邦大学,但是这种征服方式会让一些人心怀不悦,后来甚至让宽容大度的亨利·贝尔本人颇为不满。

因此，正是在哲学领域，亨利·贝尔跟随着他那个时代的学术思想大辩论，他努力在辩论中占据上风，让人们从中找到意义。亨利·贝尔的博士论文对他本人来说意义非凡，细节中隐藏着重大信息。后来他在谈到论文题目时，言简意赅地表示论文的正标题《知识与历史的综合》并非关键所在，重点在副标题《论哲学的未来》之中。"哲学"一词的重要性压倒其他一切。他就是这样的哲学家，或许当时正需要这样一位能够进行最初的和必要的整体环视的哲学家。那个时候，在奥古斯特·孔德（August Comte）的古老喷发以后，在法国正冉冉升起一轮新的太阳，这就是以埃米尔·涂尔干（Emile Durkheim，1858—1917）为代表的"战斗社会学"（sociologue militante）以及他于1897年创办的杂志。这份杂志就是不久后声名鹊起的《社会学年鉴》（Année sociologique），它成为整整一代年轻历史学者最喜爱的阅读物之一，这一代年轻历史学者中就有吕西安·费弗尔、马克·布洛赫、安德烈·皮戈尼奥尔（André Piganiol）、路易·热尔内（Louis Gernet）……

至少在1898年，亨利·贝尔还没有表明是反对还是支持埃米尔·涂尔干的立场，也没有表明是反对还是支持社会学。他与《社会学年鉴》保持着非常好的关系。但是"综合"是亨利·贝尔考虑的基本问题，对他来说，迫切要做的是要将以前和现在都在德国实践着的"历史哲学"带回人间，前提条件是——就如他后来一贯坚持的那样——不应牺牲细致的分析和学术上的谨慎，而应该清除掉那些宏大体系或者那些未被证实和无法证实的无谓概念。如果我的观测正确的话，这就是1900年《历史综合杂志》（La revue de synthèse historique）的创建者在杂志创建初期即20世纪初的想法。

《年鉴》杂志在这项事业中是否已经孕育了呢？既是也不是。吕西安·费弗尔和马克·布洛赫不是哲学家，他们没有这方面的口味，也没有这方面的品质。《年鉴》杂志后来要求的是在历史学科中把研究延伸到所有人文科学领域，覆盖人文科学的"全局"，这样从某种程度上来说组成了自己的研究方法和研究领域。亨利·贝尔太文质彬彬了，绝不会张扬这样的一种文化帝国主义，甚至连想一想的念头都不会有。他想聚合的是历史固执作出区分的各种形式：政治史、社会史、经济史、科学史、艺术史，等等。他是否曾经希望把这些薄弱的历史网络拉向自己之后，突然占领经济学、社会学、美学等学科？当然没有。对于这些近邻的人文学科，要做的仅仅是经常访问和提出问题。《历史综合杂志》的诞生和发展没有任何争论质疑的标记，甚至连彬彬有礼的争论的印记也没有。在国外，比如德国、西班牙、意大利，人们却从这份新杂志中看到了那个时代必要的表达，"这是某种东西"，正如意大利历史学家贝内德托·克罗齐（Benedetto Croce）所写（1903年1月20日《批评》），"这是人们从时间的另一端等待的东西，是世代交替必然要出现的东西"。

然而这份杂志在法国也引起了传统势力和正统思想的担忧和指责，在指认和揭露蔑视正统的新兴事物时，他们的嗅觉往往非常灵敏。我很幸运地在法兰西公学院（Collège de France）的档案里找到了四封未曾披露过的信件，透过这些信件，人们很容易明白这一点。从1898年起，亨利·贝尔就是亨利四世高中的教师，当时亨利·柏格森（Henri Bergson）也在这所中学教书。亨利·贝尔在1903年和1910年两次向法兰西公学院递交讲座教授申请，但都功败垂成。其中有一次，让亨利·贝尔被迫为自己辩护，于是他更精确地表明他的思想，在一个细小部分进行了争辩。1903年10月30日，亨利·贝尔给法兰西公学院负责人写信："我相信自己会在追求科学自由的贵校出色完成任务，并且带来新气象。莫诺（Gabriel Monod）先生（当时《历史杂志》的总编，也是法兰西公学院的求职者之一）给我的信里错误地认为：'法兰西公学院的哲学讲座教职已经足够了。'我也许可以这样回答他：如果说确切意义上说的哲学讲座教职已经足够的话，纯粹意义上的历史讲座教职也足够了。人们一般认为我所做的（从中也体现出我创办的那本杂志的特点），是从哲学的角度把各种学问的研究爱好和方法聚合起来。对于我来说，唯有通过耐心的分析才能达到有效的综合。"1910年，当他第二次以更认真的方式向法兰西公学院迈出新的一步之时，他讲得更为清楚，他确认，自1892年以来，"法兰西公学院不再讲授哲学性的历史，甚至不再讲授通史，在那里讲授的是文学史、艺术史、哲学史、立法史、经济史，讲授的是琐碎的历史，而非整体的历史"。我担心这些直截了当的清晰言辞对他的求职毫无益处。后来我读到了1910年1月校方的记录："贝迪埃（M. Bédier）先生（法兰西公学院的行政工作人员）告知同事，贝尔先生更改了课程名称，他希望创建这门课程，他建议此后应更名为'史学理论和史学史'。说到这里，贝迪埃先生说，他想到了贝尔先生的工作以及那本非常有用的《历史综合杂志》的好处。柏格森先生也附和贝迪埃先生刚刚的陈述。"稍后，亨利·柏格森先生提交了这个方案，他是该方案的主要辩护人，会议记录写道："他分析并解释这个提议，指出该项提议起源于对当前历史研究现状的正确观察，但他又将是否创立历史综合课程的可能性和实用性交由（法兰西公学院的）历史学家们自行考虑宣布。"也就是说，报告人把亨利·贝尔抛给了在场充满敌意的历史学家们。接下来进行投票：贝尔一票未获，真是一桩奇事！

估计亨利·贝尔自己都没有想到，他在1910年成了大学传统派眼中的"异类"，后来这一角色由吕西安·费弗尔充当，并将其发扬光大，同时还要加上马克·布洛赫。亨利·贝尔被作为另类的原因，一方面因为他在《历史综合杂志》上讨论的观点让当时的主流学者担忧不已，另一方面因为亨利·贝尔的周围开始聚集起一个群体，这一群体由来自各个领域活跃的、积极的、充满热情的和喧闹的学者组成，其中包括历史学家、地理学家、经济学家、社会学家、生物学家、人类学家，当然还有哲学家。如果我没弄错的话（但在这么明显的证据面前又怎会搞错?），法国知识界的生活（也许其他的生活也如此）依赖于一个个的小团体、活跃的少数人、曾经有过的沙龙、联谊会、小圈子、编辑室、小众群体。在令人吃惊的当代美国文学中，看看格特鲁特·斯泰因（Gertrude Stein）[1]在巴黎的家所发挥的作用就足够了！她凭借才智与热情敞开巴黎的家门迎接朋友和过客。《历史综合杂志》不仅仅是一份杂志，很多优秀的文章都在上边发表，其中不少文章今天读起来仍然非常令人惬意，《历史综合杂志》还是会议、对话、信息与想法交流的场所。在圣安娜街14号，吕西安·费弗尔是最初的造访者之一，他讲述道："我们进去后，发现这是一间狭小、沉郁、阴暗的小房间。在办公桌后坐着一位年轻人，身材修长、略显忧郁，但气度优雅（当然，这是亨利·贝尔）……这小房间里总是有许多人，有年轻人，也有老年人。在左边，我总能看到保罗·拉孔勃（Paul Lacombe）[2]，有时表面上看似睡着了，特别安静，接着突然清醒了，生气勃勃，容易激动。他是常客中的常客，在《历史综合杂

---

〔1〕 格特鲁特·斯泰因（1847—1946），美国小说家、诗人、剧作家、艺术品收藏家。——译者注

〔2〕 保罗·拉孔勃（1834—1919），法国历史学家和档案专家，反对简单地以年代和著名人物维系的历史，反对"简单叙述事件"的历史。——译者注

志》的最初接触交往中,他的独特思维发挥了权威的作用。"来客之中显然很多名字值得一提:亨利·豪赛、弗朗索瓦·西米昂(François Simiand)[1]、阿贝尔·雷(Abel Rey)[2]、吕西安·费弗尔、保罗·芒图(Paul Mantoux)[3],后来还有马克·布洛赫。虽然亨利·贝尔的作品不多,而且写作有点信马由缰,但他的主要作品就是由他众多的谈话和秘密交谈构成的,他在这些谈话和交谈中,呼吁着、谈论着、讲授着、探讨着、倾听着、聚合着、沉浸着。每天晚上五点钟开始,他会开门迎客,他最喜欢在维勒布瓦-马勒耶街2号的办公室里接待访客。他的身上集中了许多优秀品质,智慧、深思熟虑、行事灵巧。

如果1914年没有爆发战争,亨利·贝尔耐心准备的各种工作一定早就获得了成果。事实上从1920年起,亨利·贝尔才着手完成他那项以前谈论过、商讨过、计划过、仅仅部分实现的工程。那一年,他着手主持里程碑式的系列丛书"人类演变"(Evolution de l'humanité)[4](Albain Michel出版社)的编写;他在1925年创立"综合中心"(Centre de synthèse)。之后不久,创办了著名的"综合周"(Semaines de synthèse)活动。《历史综合杂志》继续发行,在1931年改名为《综合杂志》(Revue de synthèse)。"历史的"(historique)这一形容词的

---

[1] 弗朗索瓦·西米昂(1873—1935),法国社会学家、历史学家、经济学家,被认为是社会学法国学派的创立者之一。——译者注

[2] 阿贝尔·雷(1873—1940),法国哲学家和科学史专家。——译者注

[3] 保罗·芒图(1877—1956),法国经济史专家,特别是英国工业革命史专家。——译者注

[4] 这是一套百科全书式的丛书,以历史时代为序,亨利·贝尔为主编,每一卷请一位专家撰写,贝尔作序。共分四个部分,100卷。吕西安·费弗尔和马克·布洛赫都参与了丛书的撰写。丛书的出版一直持续到21世纪。——译者注

消失是种征兆：哲学，也即普遍性将统领天下。

论及那套巨大的丛书，里面有亨利·贝尔写的序言，也有一些非常好的著作，大学界却喜欢拿它当笑话，而我既不想也不能为它作个概述，甚至也做不了摘要。依我之见，丛书的本质用吕西安·费弗尔的话说就是一种"人们的聚会，这是一些积极、生动、活泼、有征服欲的人"，他们由于贝尔而聚集在他的周围。那些"圣贤之士"似乎把他们当作异端群体，难道有什么不对吗？亨利·贝尔也就成了这一异端的掌门人；这个漂亮的头衔可能会让贝尔感到惊讶，但心里可能是暗喜的。

"综合周"活动是这些非凡成就的基础。比如1933年的活动周，主题是讨论"科学"和"科学规律"的概念，聚集在一起的有数学家、物理学家、一位生物学家、心理学家、一位社会学家（莫里斯·哈布瓦赫［Maurice Halbwachs］）、一位科学历史学家、一位经济学家和保罗·朗之万（Paul Langevin）这位"最伟大的科学哲学家"，还有吕西安·费弗尔。吕西安·费弗尔写道："我当时在场，我听着这些人的谈话，他们满腔热忱，探讨如何精确地界定、定位、衡量现代物理学的伟大进步给我们现有理论造成的巨大冲击。于是，这些平时画地为牢、互不相闻的声音组合成了交响曲，发出和谐之音；于是，这些声音说着同样的词汇，但音调却各不相同；于是，这些声音让所有人都敏感起来，这是人性的敏感，是人类精神的基本统一。真是伟大的一课，这一课……对我们来说不再是或者永远不再是抽象的一课。可以这么说，它就是呈现出了人类的形象。"

这些话指出了1900—1910年以亨利·贝尔为核心所组成的小团体活动的意义，而且这个团体不断更新。而正是在这个团体里稍后产生了要创办一份比《综合杂志》更具战斗性的杂志的愿望，这份杂志要少一点哲学意味，要建立在一些具体的和最新的研究之上。正是出于这种愿望，或者我很愿意把它说成是出于这种需要，最终诞生了《年鉴》杂志。不过，杂志的出生过程非常缓慢。马克·布洛赫与吕西安·费弗尔于1919年11月在斯特拉斯堡大学相遇，当时他们俩同时获得该校的教职。他们等待了十年才在1929年推出了他们的杂志。在这段长期的准备期，他们俩与亨利·贝尔持续合作。吕西安·费弗尔从斯特拉斯堡到巴黎的单程旅行就有十次，我和他的第一次相遇也就是在贝尔的"综合中心"，那是1934年10月，我们讨论了关于人文主义的话题。此外，吕西安·费弗尔还是"综合周"活动的主要策划人和负责人，在我看来，"综合周"的活动比位于科尔贝街的"综合中心"的活动成功得多。1938年以"历史上人的感觉"为主题的综合周基本上就是吕西安·费弗尔的作品。他在当时甚至还考虑接管《综合杂志》。如果没有第二次世界大战，也许他已经接管了。

　　1929年《年鉴》杂志的创办几乎等同于决裂。从长远的角度看，杂志的创办就包含着这样的意味，特别是到了1945—1956年间，亨利·贝尔越来越孤独。人们后来把它看作是父与子的决裂，而我早就这样认为了。父亲几乎没发出什么抱怨，一切都安静地进行。1929年出现的这本新杂志只字未提《综合杂志》，这一点本身难道不也可以说明一些问题吗？亨利·贝尔曾收到吕西安·费弗尔的大量信件，尤其在1914—1918年的战争期间一直没有间断，但亨利·贝尔的遗产继承人把这些信件全部毁掉了，我们由此无法看到这些具有决定意义的文件。不过我们依然可以对原因作出判断：吕西安·费弗尔的思想肯定是在"综合"的天地里形成并得到滋养，正如他自己曾经说过的那样。

三

从 1929 年到 1939 年,《年鉴》杂志创办人的共同成果在学界取得了巨大的成功,这证明了他们行为的正确性,但这种正当性不也需要某种背景的衬托吗?《历史综合杂志》或者后来的《综合杂志》与《年鉴》杂志的尺度完全不同,《综合》杂志过分偏重理论上的讨论,过分执着于概念,这些东西如同魅影和浮云在舞台上转瞬即逝。而阅读《年鉴》杂志,我们就回到了人世间。进入《年鉴》杂志字里行间的是现时的人和过往的人,他们带着他们具体的问题,用加斯东·鲁普内尔的话说,就是"鲜活"的问题。诚然,《历史综合杂志》的合作者参与了杂志的创建,但当他们改换门庭后,语调和神态就发生了变化。儿子的家庭充满欢乐,这里有生活的欢乐、理解的欢乐,同时也有攻击的欢乐、争论的欢乐。这是充满着青春的家庭。再加上有两位杰出人物的杰出才能,可以与这两位杰出人物比肩的只能是亨利·皮雷纳、弗斯代尔·德·库朗日(Fustel de Coulanges)[1]和米什莱(Michelet)[2]这样最优秀的用法语写作的历史学家。最后还应加上,在斯特拉斯堡,法国于 1919 年组建了历史上最出色的大学。所以《年鉴》杂志在那边毫无困难地就找到了最好的合作者,比如安德烈·皮戈尼奥尔,亨利·保利格(Henri Baulig),夏尔-爱德蒙·佩兰(Charles-Edmond Perin),乔治·勒费弗尔(Georges Lefebvre),保罗·勒佑(Paul

---

[1] 弗斯代尔·德·库朗日(1830—1889),法国历史学家,古代中世纪史专家。——译者注

[2] 儒勒·米什莱(1798—1874),法国历史学家。——译者注

Leuillot），加布列埃尔·勒布拉（Gabriel Le Bras）等。

他们的成功，就其最深层的存在理由（raison d'être）而言，是运作极佳的领导层合作的成功，这在法国历史学的历史上是独一无二的。

多年过去后，从1946年到1956年，吕西安·费弗尔事实上成了《年鉴》杂志的唯一领导；从1956年到1968年，轮到我独自一人领导杂志。然而毋庸置疑的是，《年鉴》杂志最伟大的作品是在1929年到1939年这段时间出版的。

由于《年鉴》杂志诞生于法国历史学普遍平庸的时代，它的冲击力越加显得强烈。刚一开始，整个学界几乎对《年鉴》抱敌对态度。马克·布洛赫在1928年还跨不过法国高等研究实验学校第四系的门槛。他曾两次谋取法兰西公学院的教职，但均无功而返。直到1936年，接替亨利·豪赛之职，他才得以进入巴黎索邦大学。吕西安·费弗尔进入了法兰西公学院，他后来成了公学院值得自豪的一员，但也仅仅是经过第二次努力后，在1933年才成功的。亨利·豪赛，作为他们的朋友和战友，在1936年也未被接受进入法兰西科学院。在《历史杂志》社（从1933年到1935年我是那里的常客），又有哪位大师不高声斥责《年鉴》杂志呢？我常常和夏尔·瑟诺博斯（Charles Seignobos）激烈争论，尽管他年龄很大。这位对手戴着一副夹鼻眼镜，极喜欢挑衅。（但我也由此懂得了对他的欣赏。）

总之，对抗无处不在。这也就是《年鉴》杂志如此有生命力，置之死地而后生的原因：它要进行自卫，它要敏捷地出击，这一切并非由于个人恩怨，而是要应付虎视眈眈和极其危险的敌人。它的战绩使人印象深刻。马克·布洛赫的批评更注意分寸，但往往毫不留情。吕西安·费弗尔以论战为乐，有时自娱自乐，而更多的时候娱乐他人，他的攻击中带着拉伯雷式的嬉笑怒骂。

回想起来,我觉得这种战斗的气氛有助于最初的《年鉴》杂志形成自己特殊的气质。然而,到了1945年,敌意不再存在:所有大学的年轻人都投奔到年鉴历史学派的门下,他们投奔吕西安·费弗尔,投奔索邦大学马克·布洛赫的后继者埃内斯特·拉布鲁斯(Ernest Labrousse)[1],也投奔我本人。索邦大学不再咄咄逼人,不过它依然拒绝改变以前的风格。大约在1945年,就是这所索邦大学的一位非常著名的大师夏尔·莫拉泽(Charles Morazé)[2]如此说道:"我们仍然不会重组我们的课程。"

1929年,敌对攻击造就了强大的防守能力,机会千载难逢。在历史的概念和实践层面,一切需要去做,去重做,去重新思考。只有把其他人文学科纳入进来作为本行业的辅助学科,获得这些学科的研究方法、研究成果、甚至它们看问题的方式,历史学才能够脱胎换骨。吕西安·费弗尔为《年鉴》创刊号撰写的《告读者书》里直言不讳地说出了上述观点,当时的语调充满了狠劲,不过多年过去以后,他讲话变得慢条斯理。吕西安·费弗尔指责画地为牢的研究方式:历史学家在一边,经济学家和关心现实社会问题的专家们在另一边;指责历史被割裂成许多方格,每个人都生活在封闭的高墙里;指责社会学家们有的只关心"文明人",有的只关心"原始人",老死不相往来。吕西安·费弗尔写道:"正是为了反对这种可怕的割裂状态,我们打算提升我们自己。**不是通过方法论的文章,也不是通过理论性的论文**,而

---

[1] 埃内斯特·拉布鲁斯(1895—1988),法国历史学家,社会经济史专家,社会主义者。——译者注

[2] 夏尔·莫拉泽(1913—2003),法国历史学家。——译者注

是要用具体的事例，要用具体的事实！……用不同来源不同专业的研究者的（具体事例）……他们展示他们力所能及并自己选择的研究主题的成果。"大家如果注意到我加黑的那行字，这里就是在暗指《综合杂志》的文章风格，同时也是重提上述这份杂志的主题。全新中的全新是将战斗集中到一块领地，让所有的研究都集中到这块领地：一门科学崛起，面对其他的科学。甚至进一步，对于独领风骚的历史学来说，社会层面是涵盖全部的，但同时又保留精神方面的各个层级，而特别重要的是，历史学将把重点瞄准经济方面。第一批《年鉴》杂志参照他们所仰慕的德国《社会经济史季刊》（*Vierteljahrschrift für Sozial-und Wirtschaftsgeschichite*）的名称取名为《社会经济史年鉴》。由此为马克·布洛赫在一开始工作时就提供了一个机会，让他显现为法国第一位经济史专家。

《年鉴》杂志与《综合杂志》之间的鸿沟进一步扩大了。对于亨利·贝尔来说，"社会包括了经济"，而《年鉴》却认为让它重见天日的经济仅仅是"社会生活的一个方面，很长时间它处于阴影之中，而马克思主义已经呼吁人们要注意它"。人们经常提到另一段话，挖苦的意味就明显了，吕西安·费弗尔后来写道："亨利·贝尔个人总是远远地追随着《年鉴》杂志……"

总之，我再重复一遍，最初十年的《年鉴》杂志是吕西安·费弗尔与马克·布洛赫持续合作的成果，是他们俩举世无双友谊的结晶。这份友谊连带着他们的观点分歧、他们的一致、他们的卓越成果是这项事业的核心。从1919年他们在斯特拉斯堡相遇的那一天起直到1944年马克·布洛赫被德军枪杀止，这份长达25年的友谊解释了一项共同工作如何可以完全同心协力去完成。

在《历史学家的技艺》一书（该书成书于1941年，直到1949年才得以出版）致吕西安·费弗尔的献辞中，马克·布洛赫幸福地写道："长期以来，为了扩展历史研究领域，为了使历史更人性化，我们齐心协力地战斗。……在我想要坚持的思想中，确定不止一个直接来自于您。还有其他一些想法，出于良知，我不能确定它们是属于您的，还是属于我的，抑或属于我们两人的。我可以自夸，多数情况下您会赞成我；当然在某些方面您也会斥责我。但所有这一切都将使我们的联系更进一步。"吕西安·费弗尔在评论这段话时说道："是的，是的，所有时间，我们都互相交换、获得、再考虑和混合我们的想法。"你们一定注意到了他们两人的语气，充满信任和友情。不过在马克·布洛赫的文本里，如果我没有过度解读的话，我看到有一点恭敬，比如他写道："在某些方面您也会斥责我。"当然，吕西安·费弗尔和马克·布洛赫有强烈的和多方面的不同，这不仅表现在他们的性格、气质、智力、个人品位上，我们还不应该忘记他们两人年龄上的差距，在他们相识之初这一点更为明显。两人于1919年在斯特拉斯堡大学第一次相遇之时，吕西安·费弗尔注意到："马克·布洛赫来了，在我看来他很年轻。当然，在一个40岁的人眼中32岁的人总很年轻。"他接着写道："布洛赫来了，热情、隐忍，执意替人服务，很快获得人们的信任，他问我问题的样子就如在问一位兄长。"吕西安·费弗尔当时已经有了一部自己的作品（《菲利普二世和弗朗什－孔泰地区》，是他1911年非常出色的博士论文），他年长，是思想的指导者，是引领的精神力量，总之他就是导师。从某种意义上说，那时的马克·布洛赫就是一名学生。当时在斯特拉斯堡有幸聆听大牌教授讲课的年轻大学生们（其中有亲如兄弟的朋友亨利·布伦茨威格 [Henri Brunschwig][1]）

---

〔1〕 亨利·布伦茨威格（1904—1989），法国历史学家，法属非洲研究专家。——译者注

都不会搞错，他们有一位教学和思想上都非常成熟的老师吕西安·费弗尔，同时也有一位刚刚满师的老师马克·布洛赫。大概在他们的关系中一直保留着这种过去的印记，这就可以解释马克·布洛赫在接近生命结束之时依然会用这样恭敬的语气。然而，在1929年，为了完成《年鉴》杂志的艰巨任务，他们共同战斗，步调一致。他们的"协调"如此完美，以至于很多次，人们不看签名，马克·布洛赫的文章会被当作是吕西安·费弗尔的。显然，马克·布洛赫的写作是以吕西安·费弗尔为样板的，但是最终两人一起用他们的短语和他们的词汇创造了《年鉴》杂志带有某种文学性的语言，而这种语言让他们的对手恨之入骨。以科学自诩的历史难道不也涉及写作问题吗？难道不也是一种文学？

这两人何许人也？很遗憾，我对马克·布洛赫了解甚少，仅仅在1938—1939年间于巴黎和他见过三次面。他是伟大的历史学家古斯塔夫·布洛赫（Gustave Bloch）之子。古斯塔夫·布洛赫是罗马史专家，长期在高等师范学校担任教授，后来去了索邦大学。马克·布洛赫曾获全国中学生竞赛大奖，后成为高等师范学校的学生，毕业后获历史教师资格。他曾获得德国奖学金在柏林大学和莱比锡大学学习（1908—1909），也曾得到梯也尔基金会（Fondation Thiers）资助，成为巴黎的寄宿生。1920年，马克·布洛赫在斯特拉斯堡出版了博士论文《国王与农奴：卡佩王朝史的一章》。1929年，在他领导《年鉴》杂志时，已经出版了多部作品，其中有他的杰作《具有魔力的国王》（*Les rois thaumaturges*，1924）[1]，这部作品的最初构想来自他哥哥的建议，他哥哥是一名优秀的医生，不幸英年早逝。

---

〔1〕 国内通译《国王神迹》，但与原意有出入，改译之。——译者注

吕西安·费弗尔1878年生于洛林地区的南锡市（Nancy），父母都是法国弗朗什－孔泰地区的人。他的父亲毕业于高等师范学校，后来碰巧在南锡的一所高中获得语法教师的职位，在那儿终其一生。吕西安·费弗尔在那里上中学，甚至在南锡的大学获得了文学学士学位。我常开玩笑地"指责"他总是保留着洛林的地方口音（我自己说起正宗洛林话来可是行家里手）。吕西安·费弗尔虽然不离弃洛林，但他一生念兹在兹充满热情的就是想做弗朗什－孔泰人，如果此事可行，那就对勃艮第公爵领或者邻近的瑞士地区有点不公平了。

吕西安·费弗尔后来成为巴黎路易大王高中的学生，又进入高等师范学校学习，1902年获得历史教师资格。接着获得梯也尔基金会资助，成为巴黎的寄宿生：当然，这样他便可卸下教职，撰写他的博士论文。就在那个时候，这位"瘦小的年轻人"认识了亨利·贝尔，后者则总爱有意无意地提起这段往事，那时吕西安·费弗尔会向他寻求建议，把自己的文章交给他看。

很可惜的是我们现在已无法看到吕西安·费弗尔年轻时的信件，我们只能从远处试图理解他。我们只要把握以下细节就足够了：在最后的求学阶段吕西安·费弗尔对文学有浓厚兴趣，这是因为他受到约瑟夫·贝迪埃（Joseph Bédier）优雅教学的引诱；吕西安·费弗尔很喜欢古斯塔夫·布洛赫、历史学家加布列埃尔·莫诺（更喜欢他的为人而不是他的教师身份）；由于具有社会主义的倾向，他想梦见让·饶勒斯（Jean Jaurès）[1]，饶勒斯曾来做过一个晚上的讲座；相反，吕西安·费弗尔对亨利·柏格森极度反感，如果亨利·瓦隆（Henri

---

〔1〕 让·饶勒斯（1859—1914），法国著名的社会主义者，宣扬和平主义观点，《人道报》创办人。——译者注

Wallon）不是他的朋友和亲密伙伴的话，这种反感会尤甚；最后，他还对吕西安·加鲁瓦（Lucien Gallois, 1857—1941）十分感兴趣，这位地理学家是维达尔·德·拉布朗什（Vidal de la Blanche）的学生和朋友，吕西安·费弗尔同样也熟识拉布朗什，当时加鲁瓦已经是非常杰出的教授。如果吕西安·费弗尔的生命可再延续，他必定会成为地理学的行家里手，一位对土地、植物、人类、景观的杰出观察者。他在1920年出版的《地球与人类演化》一书是一部至今无人超越、无法取代的杰作，就如地理学家皮埃尔·古鲁（Pierre Gourou）最近所指出的那样，这位地理学家不愧为本专业的优秀评判者。

然而，最为重要的事实是，吕西安·费弗尔一早就拥有了他的才能。他的博士论文《菲利普二世和弗朗什－孔泰地区》（1911）是一部提前实现了后来《年鉴》杂志提出的所有计划的杰作。这部著作在1972年依然不见老旧，与最优秀最新的法国地区史研究著作，如勒华拉杜里（Le Roy Ladurie）的、勒内·巴埃雷尔（René Baehrel）的、皮埃尔·古贝尔（Pierre Goubert）的作品并排而放，甚至不显一丝皱纹——这是一项不寻常的历史纪录。通过在历史现实和地理现状中的观察完全掌握一个地区的过去，用现在时兴的表达，这难道不就是在运用"整体思维"吗？不就是今天唯一能令我们感到满意的历史形式吗？吕西安·费弗尔很早就拥有了巨大的思考资本和阅读资本，他对事事都非常好奇，具备理解万事万物的天赋，即使是第一次接触的事物；他总是带着极大的专心听取别人所说的，不论那人是谁，他懂得听，罕见的优点是能一下子抓住问题的核心，不管这个问题有多深奥，而且轻而易举地把它写下来。他可以把这些庞杂的发现和思想简化为真正的电报文体，没有多余的唠叨，当他认可某种思想的时候，他可以完美地表述出来。总之，他既善于吸收也宽宏大量，在我看来，他就是狄德罗[1]再世：独自一人，他就可以成为"一代人的思想银行"。而且，在最初的那些《年鉴》杂志中，他有着和18世纪"启蒙思想家"的《百科全书》一样的激情、一样的辩论意味、一样的战斗精神。

显然，对于那些缔造了《年鉴》并让它生机勃勃的人们及著作，我说不完，也解释不完。

因此，我也许还应该展示一下，吕西安·费弗尔在马克·布洛赫富有热情的领域里抽身而退，比如在经济史、乡村史和农业史方面，马克·布洛赫从一开始就是这方面的大家。吕西安·费弗尔为马克·布洛赫留出了自由的空间。吕西安·费弗尔的变化以转向心态史的方式得以强化，事实上这种变化从1924年他写《马丁·路德》就开始了，到他写《拉伯雷》时达到顶峰。从那时起，这就成了他的研究和关注的主要焦点。他的最后一部著作在他逝世前一个月我已看到完成的手稿，但后来神秘地遗失了，这部著作名为《荣誉和祖国》：采用了当时很少人使用的研究路径（集体心态的路径），它研究的是对人的忠诚，如对君主（荣誉）向对国家忠诚（爱国主义）的转变，这是一部国家观念诞生简史。

还有一点我也没说，就是《年鉴》杂志尽管生气勃勃，但从来没有形成严格意义上的学派，即一个思想自成一体的体系。相反，《年鉴》杂志的进门暗号就是对历史的热爱，除此别无其他。但这种热爱已足以形成一个整体，使一切新的研究皆有可能，甚至可以根据时间的发

---

[1] 德尼·狄德罗（1713—1784），法国启蒙思想家、哲学家、作家，主编了著名的《百科全书》。——译者注

展逻辑和需要，接受研究问题的改变。因为过去和现在密不可分。对于这一点，所有前赴后继的《年鉴》杂志主编们均会赞同。

是不是有人会笑话我把《年鉴》杂志的历史写成了"故事"史（用亨利·贝尔的话）或者"事件"史（好像是保罗·拉孔勃语）？我讲的是人物和事件，然而这分明是《年鉴》杂志"综合"史的一滴水滴，它精确和生动，小水滴流经一片大风景，经历了1900年至1972年这一特殊历史时代，充满着动荡（大家可能会确信如此），它流淌在一个特殊的国家，即我们的国家。吕西安·费弗尔曾说过："法国的名字就叫多样化"，然而，亨利·贝尔、吕西安·费弗尔、马克·布洛赫和我，我们四人都来自法国东部，这难道是偶然？再有，《年鉴》杂志从斯特拉斯堡起步，这个地方面向德国、面向德国的历史思想，这难道也是偶然？

最后，四年前，根据我所见之《年鉴》杂志的发展路线，我决定将《年鉴》的领导权交给一个年轻的团队，我自己不再过问。这个年轻的团队由中世纪专家雅克·勒高夫（Jacques Le Goff）、近代史专家埃马纽埃尔·勒华拉杜里和俄罗斯现代史专家马克·费罗（Marc Ferro）组成。那么我做出这样的决定是否有理？我得到的是和他们产生了直截了当的分歧，但正是由于他们，《年鉴》这所老房子再次焕发了青春。

（沈坚　吴博　译）

对欧洲 1450—1750 年的价格研究

与弗朗克·斯普内（Franck Spooner）合作研究[*]

用通史的一章篇幅，探讨从 15 世纪到 18 世纪，即所谓"前工业时代"欧洲的价格问题，[1]可能会引起担忧，也确实引起了我们的担忧。这样的做法能够带来理想结果吗？答案既肯定也否定：因为尽管领会欧洲价格史的基本框架与线索比较容易，但是以我们目前的认识水准，建立扎实的基础并做出确定无误的诠释几乎是不可能的。唯一的优势就在于采用新术语，就在于在总体上把握价值问题与价格史的性质问题。这个优势不容小觑，但同时遇到的困难也一目了然。且让我细细道来！

第一个实际困难：需要研究的对象是已成为过去的古代经济，其结构和发展节奏和 19 世纪工业时代的欧洲经济大相径庭，与 20 世纪的经济的差异更加巨大。所以需要读者和经济史家错位思考。经济史学家自然担忧，他们日复一日地向经济学家学习，而这些经济学家们确实感兴趣的只是当下。因此，经济史家必须远离鲜活的现实和他

---

[*] 弗朗克·斯普内在本章负责所有计算工作。我的工作仅仅是整理数据并加以解释，所以贡献有限。至于图表，则由雅克·贝尔坦（Jacques Bertin）及其同事绘制。图表见第 153—183 页。

[1] 本文已经出版了英译本，在 1967 年出版的《剑桥欧洲经济史》第四卷（*The Cambridge Economic History of Europe*, IV, 1967）中缩减为第七章，第 374—486 页。

眼下的景象，必须摒弃公认的各种解释，摒弃简便、常用但不失时效性、为现实所设计的方法。甚至可以说，这些方法是专门为了今天的西方世界设计的。最现代的经济学新近不是刚刚承认：至少第二次世界大战以来，确立的有效经济方法和准则仅仅对西方的经济有效，如果寻求将之运用到不同的经济和社会结构上往往价值不大，使用到现在的所谓不发达国家，诸如印度或者另一些年轻国家上，更是如此。那么，这些方法怎么可以随便地应用到前工业社会的欧洲呢？

的确所有把当下与过去对比的做法吸引着我们，并为我们指引方向，但是我们应该怀疑所有号称在当下和过去两个时代都有道理的说法！如果像亚历山大·夏贝尔（Alexendre Chabert）那样[1]，把旧制度下的经济和当前不发达国家的经济作比较，通过这种操作方式确认货币数量学说（théorie quantitative de la monnaie）的互为观照价值（和现实价值），的确很吸引人，但是难以令人信服。这种方法非常有助于在两个比较体内部提出问题，但却不能解决问题。同样，我们并不能认为厄尔·汉密尔顿（Earl J. Hamilton）出色的假设完全正确。汉密尔顿假设工资与价格增长速度不相称，在16世纪或18世纪通货膨胀时期，推动了企业利润快速增加，构成推动最初的资本主义发展的机制。凯恩斯爵士本人相信如此，波兰历史学家斯坦尼斯洛·霍索夫斯基（Stanislaw Hoszowski）最近出版的著作也支持这种观点[2]。我们不能完全分享这种确定性，然而，我们觉得由于工资的统计数据

---

〔1〕 A. C. Habert, "Encore la révolution des prix au XVIe siècle," in *Annales. E. S. C.*, 1957

〔2〕 Stanislaw Hoszowski, "L'Europe centrale devant la révolution des prix," in *Annales. E. S. C.* 1961.

非常稀少，以至于无法为问题讨论提供坚实的基础。人们也说不上有个建立在现时论据上的类似假设是好还是坏，比如有人从 1939 年到 1952 年北美的现实出发，这些现实在一定程度上支持了凯塞尔（R. A. Kessel）和阿尔钦（A. A. Alchian）反对汉密尔顿的观点。这种对比的方法也让我们对大卫·费利克斯（David Felix）[1]在同一问题辩论中的发言心存怀疑。

我们再重复一遍以便让自己心服口服，在 1750 年以前，没有什么东西可以确切地符合今天的术语，可以用今天的角度来看。我们了解的时期都是全新的，自从工业革命初期以来，新时代不停地向我们汹涌而来，把我们带向滚滚洪流之中。

然而，价格史还没有达到自身可以造出属于自己的研究工具的地步。但不论好歹，价格史还可以志得意满地运用它从经济学家和统计学家那里借来的工具。长期的工作必然随之而来，其中包含初步的调焦、不断的懊悔、反反复复的探讨。探讨过程中每天自由流淌着博学的方法论，越来越吵闹，似乎每一位博学者都认为只有一种方法是有价值的，那就是他自己的方法，每一位博学者以他的名义和以"科学的名义"自认为必须忘却和剔除他的前辈和他的对手。这就是我们所谓的非真实困难，是为了取悦价格史而制造出来的困难。人们用压根不提或随口批评的方式，总之用不具有建设性的方式，将价格史这门学科的先驱者们撇在一边，其中就有格奥尔格·维贝（Georg Wiebe）、弗朗索瓦·西米昂、弗朗齐歇克·布亚克（Francisk Bujak）、贝弗里奇爵士（Lord Beveridge）、威廉·阿贝尔（Wihelm Abel）、厄

---

[1] D. Felix, "Profit Inflation and Industrial Growth: the Historic Record and Contemporary Analogies," in: *Quarterly Journal of Economics*, 1956.

尔·汉密尔顿、埃内斯特·拉布鲁斯……人们忘记了,如果没有他们,价格史可能根本就不存在。相反,自这些先驱者的著作以及他们开创性的假设(甚至这些假设非常值得商榷)以后,价格史在问题的基本面上未取得任何显著的进步。价格史满足于通过一些细节方面验证事先知道或者可以预见的真理,这门学科好像已经陷入了无休止的推理与演绎,让位于最荒诞的智力马尔萨斯主义。昨天,我们为了农业年和民事年吵得不可开交,直到朱塞佩·帕伦蒂(Giuseppe Parenti)凭借两个曲线图表结束了那场争论[1],使我们得以解脱。我们还曾经有过"巴雷尔和默伏雷"(Baehrel-Meuvret)争论,尽管争论的结果无人身亡,但是每个新来的人都觉得必须重启争论并给出自己的观点,直到现在也没有达成一个理性的共识。我们在新举行的这一届斯德哥尔摩国际历史科学大会上(1960年8月),刚刚经历了继厄尔·汉密尔顿报告后毫无生气的一场会议。我们最近怀着浓厚的兴趣,很享受地阅读了一位年轻法国历史学者充满活力的博士论文[2],但读了论文的注释后我们大吃一惊。如果都听他的,那没有任何(或者几乎没有)前辈的研究成果值得采用。有的人仅仅是做出了名义价格的曲线:真的太离谱了!其他人只是把名义价格换算成白银克数,而白银的官方价格资料又错误百出!打倒纳塔利·德·威耶(Natalis de Wailly)的图表[3]!五年为一个单位的平均值?这样的数据绝不可能显示出趋势。周期间隙?应该相信吗?取每年的平均值,或者取某年

---

〔1〕 G. Parenti, *Prime ricerche sulla rivoluzione dei prezzi in Firenze*, Florence, 1939.

〔2〕 P. Goubert, *Beauvais et le Beauvaisis de 1600 à 1730: contribution à l'histoire sociale de la France du XVIIe siècle*, Paris, 1960.

〔3〕 N. de Wailly, *Mémoire sur les variations de la livre tournois depuis le règne de Saint Louis jusqu'à l'établissement de la monnaie décimale*, Paris, 1857.

一个月的数值，这难道是好的方法？最后我们得出结论，作者认为唯一正确的方法就是作者使用的方法：取季度平均值和移动中间值，此外，所有这些值均根据纳塔利·德·威耶的图表定期换算成白银克数，尽管纳塔利·德·威耶图表以及其他作者使用该表格的做法饱受争议。有位经济史专家后来告诉我们，五年为一单位的平均值对于追踪百年的趋势运动也许是最好的方法，因为它最不复杂。

我们认为，就我们而言，这些讨论掩盖了问题的本质和首要目标（当然不是唯一要达到的目标），我们的首要目标是，把过去复杂的物质生活尽可能用简化的图像确切地反映出来，我们选择部分历史现实，用非人格的多种数据对其进行测量。首要的目标同样也是首要的困难。对于历史学家来说，进入这种不习惯的语言和使用它那相对简单的工具并非易事。当出现真正的意见分歧时，谨慎和求助智慧是有道理的。但是如果不跳出这些方法本身，不对历史进行全方位考虑，谨慎和求助智慧是没有意义的（价格史本身也就没有意义）。也就是说我们要考虑全部现实（我们选取的仅仅是部分），以此可以看得更清楚并最终回到问题本身。

这就是埃内斯特·拉布鲁斯的著作给我们上的课：这样的回归是非常重要的。价格曲线本身的确存在，但是我们画出价格曲线并不是为了曲线本身：价格曲线只有作为获得知识的工具、只有回归具体史实，才有价值。因此，价格史必须回归通史，价格史充其量不过是通史的辅助学科，否则它就不应该存在。但是有谁能够否认呢？所有的专门研究都指向重大的问题。历史学家们（我们就在其中）由于在科学方面的好奇心，包括经济学和社会学方面的好奇心，不得不远离当下，以我们的考量重拾经济学和社会学的问题和概念，把它们放入我们试图使之复活的人类景观中。我们必须一切从头再来，带着我们自己的风险，带着我们自己的考量。

对于这项工作，对于回归现实，是否存在**一条**完美的曲线或者**一种**美好的方法？如果存在的话那将是多棒的事情啊！本文的二位作者分别问了自己国家对经济感兴趣的数学家——一位英国的数学家[1]、一位法国的数学家[2]，希望他们对什么是"美好"方法的争论做个了断。他们二人异口同声地立即作了回答：不存在所谓"美好"的方法。所有的曲线都是好的，它们都给出了好的或足够好的答案。你们可以都尝试一下，自己亲自看看！于是，在这样的鼓励下，我们就这样做了，（这也是对他们的感谢！）我们挑选了一个精确的案例。本文的一名作者已经和鲁杰罗·罗马诺（Ruggiero Romano）和乌戈·图奇（Ugo Tucci）[3]一起对意大利城市乌迪内（Udine）长期的价格系列进行研究，所有都需要计算，因为它涉及同一集市不同品质谷物在212年里每周的价格，要处理的数据数量众多。在工作中试验了所有的方法，每种方法似乎都强调了事实中不同的方面。

所以，在不带排斥性和不带偏见的前提下，我们决定选择最适合我们的方法程序。我们的工作非常特别，自从格奥尔格·维贝以来没有任何价格史专家试图如此做（也许最根本的就是害怕遭到批评）。我们每次都从已知的长系列数据出发，尝试着对不同的曲线进行对比分析，以便在总体上把握欧洲价格的实际情况。我们接受的操作地域如此广大，因而我们的方案极其复杂。而且我们所涉及的不仅仅是单个的欧洲，而是"多个"的欧洲，所以复杂性又更进了一步。把欧洲

---

[1] C. B. Winsten, 牛津大学。

[2] G. Guilbaud, 巴黎大学。

[3] R. Romano, F. Spooner, U. Tucci, publication partielle in: *Memorie storiche Forogiuliese*, 1960-1961.

看作单个的和一体的，我们就停留在一个宏观层面，看到的经常是最宏大场面的东西，如此便忽略了其他方面。然而，历史学者是这样的一类人，他们希望什么都看，什么都要收集，什么都要分解，什么都要重构，无休止地在分析和综合方面寻求平衡。分析和综合两种运动相互补充、相互排斥、相互轮替。

很久以前，经济史学家已经揭示了欧洲以劳动分工为特点的空间组成，即存在一种有约束力的共同生活，经由这种共同生活，许多物品得以订购。在1400年，欧洲当然没有按照冯·杜能（von Thünen）的模型分成若干区域。但是，在"区域"这个专业术语出现之前，即"工业"大区域出现之前，在11世纪、12世纪、13世纪、14世纪，市场的普遍存在有目共睹。一种秩序正在孕育之中。

这方面的证据，我们可以同时在下面一些史实中看到：首先是威尼斯商业联系网的肆意扩张（详见描述威尼斯商用桨帆船——"商人舰队"航行路线的图3）；其次表现在意大利商业与工业城市的绝对优势；最后是欧洲西北部（荷兰、法国北部、英国）的呢绒生产区受到兴盛、转移和短时间下滑这些趋势的影响。根据黑克托·阿曼恩（Hektor Ammann）绘制的那些地图，那些长时间发展形成的中心和优势点必定意味着欧洲的某种一体性，意味着存在着推动这种一体化的某些力量。确实，这让我们又一次想起了范·胡特（J. A. van Houtte）曾提出的那个大问题[1]，他问道，15世纪的布鲁日（Bruges）究竟能不能算国际港口？而到了16世纪安特卫普（Anvers）的国际港口地位就确定无疑了。回过来说，经过一个世纪，欧洲某种统一的生活得

---

[1]　J. van Houtte, " Bruges et Anvers, marchés 'nationaux' ou 'internationaux' du XIVe au XVIe siècle," in: *Revue du Nord*, 1952.

以加强，人们需要接下来再进一步强化，到了 18 世纪得到再次强有力的催动。

因此，第一步合乎逻辑的做法是，我们认为价格应该有个乐队指挥，从伦敦到伊斯坦布尔，从莫斯科到里斯本，价格服从指挥的指令。但是，我们看到乐队指挥并不总在指挥席上，他充满着奇想，而本该听他指挥的乐手们也不守纪律；总之如果我们的音乐称得上音乐的话，那么这种音乐充满着特别的原创性。如果用经济学家的话戏称，可以说在 1450 年到 1750 年我们处在"不完美交响乐"的体制下。经济一体化从来都有矛盾交叉的。威尼斯在 15 世纪所控制的，除了阿尔卑斯山的主要陆路交通外，还有广阔和灵便的海上贸易，而海上贸易或多或少连接了另一个经济集中点，即 15 世纪的布鲁日。正是在布鲁日，呈现出光彩夺目的国际经济（保持着各种比例），那里的经济已经非常近代，虽然还有局限（并未涉及所有的海洋和大陆空间）。

然而，不要忘了，我们渔网里捕获的仅仅是前卫和奢侈的物质生活：北方的呢绒在 12 世纪中叶会一直被运往地中海和黎凡特（Levant）；威尼斯商船会把香料运往非常遥远的法国城市艾格莫尔特、英国、布鲁日；还有小麦的国际贸易，等等。因为欧洲还有另一个现实世界，它处在阴影之中，却不失生气，这个世界迟钝、落后、阻力重重，货币经济还未充分渗透到这些地区，仅仅是与之接触而已，但一旦闯入，就会给这些地区造成破坏（我们可以想起波兰的例子，剧烈的货币贬值、价格飙升，影响到小麦大规模出口）。还有，在 17 世纪的博韦（Beauvais），这是一个离巴黎很近的城市，调查显示当时物物交换的形式还非常流行，金币和银币仅仅属于有钱人，穷人们使用的黑币依然非常少。这是无数地方小城镇生活的画面，在那里几乎听不到钱币相碰的叮当声或看不到钱币落地的滚动。这也是欧洲整个地区的写照。

这就是为什么（除了一些其他原因）我们增加了图表的制作。这些图表在价格方面强调和定位了地区差异，而这些差异又同时引入、阻碍或促进了欧洲的整体生活。这一整体生活难道不是靠生活水平的差异、靠人类劳动的低价值和痛苦来滋养自己的吗？因此，这一切都是千真万确的：但泽（Danzig）或巴尔干半岛（Balkans）向外输出小麦，接着是新世界输出矿银，巴西输出沙金（1630年后）。最后的分析针对国际市场，那里的劳工是最穷困和最没有权利的人们。

当然，我们将要涉及的这些困难、这些矛盾和这些问题不可能统统解决。套用恩斯特·瓦格曼（Ernst Wagemann）的话[1]，价格（其中的数字）是优秀的侦探。我们把优秀侦探用于追踪线索，一条线索追查10次。然而只有在侦探小说中，所有一切均会真相大白。真实的生活却没那么简单。我们将分四次重复探讨现实问题，至少可以为一场常常模糊不清的争论送去一缕阳光，尽管我们可能几乎不能完全终止这场争论。

第一步和最初的考虑：必须对货币（货币或货币金属）提出质疑。货币金属是不是如同我们想象的一样重要呢？还是可以忽略，可以看作是"表皮"？就像埃内斯特·拉布鲁斯的尖锐用词所称的那样。

第二次旅行：确认"世纪潮流"的各条河流，接受它们存在的现实（经济学家们对此有争论和不安），至少可以把这些"河流"的存在作为解释的简便框架。这些河流如何流动？它们如何影响物质生活的各个方面？它们如何随地区经济的不同而有差异？这就马上产生对

---

[1] E. Wagemann, *Die Zahl als Detektiv,* Munich, 1952.

典型的"长时段"[1]历史的质疑，长时段历史更多地关注有规律的事物而忽视偶然事件，更多地关注结构而不是形势，不管这种形势是长期的还是短暂的。

第三项任务：我们着眼于短期的变量，注意它们持续的时间和不同的名称，注意它们过于清晰的传记式的过程，这种传记式的描述会让人联想到邻近的传统史学的语言，但这种类比常常是错的。

最后，我们尽可能把这些调查推至极远，凭借我们掌握的知识和进行的探测（详见图35），不论好坏，我们都应该给出结论。即重新梳理一遍数据、问题、假设、曲线、计算等，我们带有一点遗憾，因为我们无法一锤定音，可以确定的是我们没有找到定论。

一、序言：货币、铸币金属、兑汇

诚然，离开了货币体系，我们便不能理解价格，货币体系是价格的框架和表达方式。没有货币便没有价格。而货币则是"很少人听说过的计谋"，1567年马莱斯托鲁瓦（Malestroit）先生就曾这样写道[2]。直到今天，对货币材料在价格制定与经济生活演变中所占的确切地位，人们依然难以达成共识。在过去，很大一部分群众对货币不得而知。对于这样宏大的主题，鉴于我们的丰富资料和争论的重要

---

[1] F. Braudel, "Histoire et sciences sociales: la longue durée," in *Annales. E. S. C.*, 1958.

[2] Sieur de Malestroit, "Mémoires sur le faict des monnoyes proposez et leus par le maistre des comptes de Malestroit... le 16ᵉ jour de may 1567," in: *Paradoxes inédits*, p. p. Luigi Einaudi, Turin, 1937.

性，应该给出长篇的解释。我们下面能给的勉强是基本的部分。

为了避免不让知情的读者觉得过于简单，我们首先必须回到记账货币（monnaie de compte）这个已经被研究过无数次的题目。并不是这一问题真的复杂，而是考虑这一问题需要想象力。如果说，记账货币今天依然存在于经济与财会领域，那么它已经成为一项非常复杂的技术，非常小众，外行完全不懂。相反，在我们讨论的那个时代，这些"想象"的货币（人们常常这样称呼记账货币）就是日常生活的一部分，遍布整个欧洲。记账货币的这种普遍和必需的特性，新手不是立刻能理解的。

广泛性：简单的几句话足以解释这一特点。当时所有的价格、所有的记账（即便是最简单的）、所有的合同都用记账单位（unité de compte）来表达。也就是说，这种货币不以金属货币的形式呈现，而是当作流通币的换算值。每个国家都有自己的记账货币，价值还可细分：在法国，1图尔里弗尔（livre tournois）价值20苏（sous），1苏（sous）价值12丹尼尔（denier）；在英国，1英镑（livre Sterling）价值20先令（shilling），1先令（shilling）价值12便士（penny）；在德国，1马克（mark）或者1芬德（pfund）价值20德国先令（schilling），1德国先令（schilling）价值12德国便士（pfenning），等等。传统上，所有的支付要根据记账货币而确定的价格用真实的货币来兑现。比如，我欠65图尔里弗尔（法国记账货币），我要用银币支付，在1574年的某一天，根据换算，一银币值13图尔苏（sols tournois），那我就得付100银币。

为什么要有我们所见如此复杂的中介转换呢？很简单，因为事实证明这样做不但必要，而且必不可少，只有这样做才能让货币系统完整，保持系统的连贯性。一枚"叮当作响和颠簸滚动"的金属币代表了一定重量的金或者银，这就是说，它本身是一件价格变动的商品，与所有的商品别无二致。当然，所有政府都想拥有一种实际货币，它的价格与记账货币等值（其实记账货币开始的时候就是实币）。但是，因为贵金属价格浮动，要维持币值等同于记账货币，必须不断调整金属币的重量。一些小币实际上定期这么做（后文中还会对此有详细阐述），大币也勉勉强强如此行事，由此常常要制造出一些新币，比以前的货币更轻，接着再来……其结果是，流通的货币很快彼此之间重量、成色、图案就大不相同。更为复杂的是，货币会自然磨损，也有人会偷切掉部分（所以人们会要求称重金属币）。再加上在每个国家里，外国货币蔓延，数量众多，却并非都是良币，但肯定的是它们千差万别。在这样的情况下，如果不通过"想象"货币到"真实"货币这样的途径，如何用实际货币来算账？

举个例子，威尼斯共和国在1551年9月24日的一条布告：列举了威尼斯可以接受的外国金币，提供了其中21种金币的摹本，方便人们辨认，确定了它们与记账货币威尼斯里拉（lira vinitienne）的比值。如果需要，每次还会确定这些金币与出自威尼斯制币厂（Zecca）的实际货币的比值。如此就井然有序了：一个威尼斯人如果想结清10000里拉的债务，他可以用上述货币中的任何一种，不论是不是威尼斯的，以最新的价值梯度换算折扣进行处置。简言之，以我们自己作个比方，如果今天在非常特殊的情况下，我们要用金币支付100000新法郎，我们需要把总额除以每个"金拿破仑"根据巴黎交易所最新行情而定的价格，这样就可以算得需要支付"金拿破仑"的数目。在这种情况下，我们的钞票悄然地近乎扮演了从前记账货币的角色，但是这张纸片由国家的银行担保，并可以兑换，可以储存（以强加的利率），这一事实也使得钞票又具有真实货币的特点，非常全面，甚至过分全面。

记账货币通过纵向和横向两个方面定位价格，随后可以用于会计：它也就进入了一个齿轮系统，它在国与国的汇率换算方面是必不可少的一环。它是衡量金币、银币、银铜混合币或者单纯铜币的尺度，由此它不断地参与到这些金属币的现实中，与它们混为一体。在日常生活的最底层，那些小币（"黑币"），就如我们说过的那样，和记账货币及其辅币单位进行着无尽无穷的对话。例如在米兰[1]，由于戴尔林（terline）和瑟西尼（sesini）这两种小币毫无节制地发行，而且以这样的方式（货币极小，银含量极少）发行，最终造成前者的价值相当于皇家里拉（lira imperiale）的四十分之一，后者相当于皇家里拉的八十分之一，皇家里拉是米兰的记账货币。

于是，皇家里拉由于小额货币潜在和不断更新的贬值被这场算术游戏所绑架，确实它由此不停地变换身段。这种贬值使皇家里拉在面对高端金银货币时不得不做出回应，金银货币事实上在这种"内部兑换"中不断升值……与此事例类似，你们还可以想到在德意志发生的情况，德意志的一种铜币，即便士，连续贬值，最终价值相当于记账货币马克的二百四十分之一。

类似的进程也出现在土耳其。略含银的铜质小额货币阿斯普雷（aspre）被额外地当成了记账货币。从1584—1586年始，常常出现的贬值让所有货币的流通和价值都成了问题，通货膨胀不断造成各种损失，带来动荡，影响了奥斯曼帝国的伟业、君士坦丁堡和土耳其各地的社会安宁，历史学家奥迈尔·吕特菲·巴肯（Ömer Lutfi Barkan）对此做了仔细研究。

同样的情况也出现在俄罗斯，我们简要介绍一下"卢布"的历史，

---

[1] Carlo Cipolla, *Mouvements monétaires dans l'Etat de Milan (1580-1700)*, 1952, pp. 15 sq.

卢布很早的时候是一种真实货币，但到了 15 世纪，卢布仅仅成了记账货币，下设两种白银辅币：戈比（kopeck）和半戈比（demi-kopeck）。1 卢布相当于 100 戈比，或者 200 半戈比。1656—1663 年，俄国经历了铜价飞涨，银质的戈比被铜质戈比所代替，卢布迅速贬值。1701 年，彼得大帝（Pierre le Grand）命令制造银质半卢布，1704 年制造银质卢布。于是记账货币再次成为实际货币，但并没有持之以恒，因为这种新货币的稳定仅仅保持到了 1762 年[1]。

那么，政府在纠缠这些货币算术问题时想要做些什么？而这般纠缠一半是算术一半是乐趣。实际上，政府都希望将所有货币的价值固定化，不论它是真实货币还是加入其中的非真实货币，不论是真实货币的小币还是大币，采取每次措施都事关整体……在这些操作中，政府经常半心半意，它们相信取得了成功，或者假装相信如此。作为我们这段简单介绍的结束，最好的例子莫过于法国提供的"经典"插曲。法国 1577 年赦令强迫国王的所有臣民不再以图尔里弗尔结算，以后要使用"用黄金铸制的黄金"埃居（écu）。这些真实货币被称作"太阳金埃居"，每个埃居价值 3 图尔里弗尔，也就是 60 苏。原则上，将记账货币与真实货币埃居（或者黄金）合而为一的做法应该延续到 1602 年。然而到宗教战争时期，这种平衡被打破了。黑市交易中 1 埃居的价值远远超过 60 苏，同时价格疯涨。当国家恢复平静之时，新的赦令，即 1602 年赦令，重新确定以图尔里弗尔为结算单位，同时也接受埃居金币，它的币值相当于 65 苏。当然，后来实际的兑换比

---

[1] W. Lexis, "Beiträge zur Statistik der Edelmetalle," in: *Jahrbücher für Nationalökonomie und Statistik*, 1879, p. 368. 以及彼得格勒修道院博物馆（俄国钱币分馆）馆长 G. 斯巴斯基（Spassky）提供的信息。

例很快超过了这一水平。然而，这场经历成为一种记忆而保留下来，在交换场所，人们习惯上还是以埃居结算，其价值就是 3 图尔里弗尔（即 60 苏），埃居由此就成了交换活动中的记账单位。我们由此看到了从真实货币（它继续存在着）到记账货币（我们再说一遍，所有的记账货币在开始时的命运均是如此）的转变。同样，这也是 15 世纪威尼斯杜卡特（ducat）的命运，1472 年 3 月，它的价值"变为化石"（如果我们可以这样说的话），固定为 6 里拉（lire）再加 4 索尔多（soldi），威尼斯杜卡特成了威尼斯的大额记账单位。而当时还是它同类的西昆（sequin）继续它的活货币生活；也还是如此，到了下个世纪，西班牙杜卡特的价值被固定为 375 马拉贝第（maravedi）。

如果读者读完了这些粗略的解释而顺着这一思路下去，那么一定早就猜到了，记账货币的贬值，即人们所说的"实际货币的升值"是本研究涉及的几个世纪里所有货币与价格问题的核心。对于几乎与之相伴始终的社会动荡来说，它是原因？还是结果？

图 4 呈现的正是 1440—1760 年，重要的记账货币一年一年贬值的曲线，让人一眼就能看到与这些货币对应的等值白银斤分量逐渐地和同步地减少。我们本来也可以用金甚至铜来表现这种等值（这种"固有的价值"），之所以一开始便偏好白银，部分的原因是我们涉及白银的基础数据是最好的；另一方面是我们觉得（马克·布洛赫早先也这样认为），白银在经济生活中的作用要强于金，它流通范围更广、更为活跃。在那些世纪中，白银算得上一位好裁判。但此话一出，我们又马上后悔了：实际上并不存在什么好裁判，让－巴斯蒂德·萨伊[1]

---

[1] 让－巴斯蒂德·萨伊（Jean-Baptiste Say，1767—1832），法国经济学家。——译者注

(1818)的小麦不是好裁判,乔汉纳·佛克[1](1869)的黑麦不是好裁判,赫尔曼·格罗特[2](1864)的最低工资不是好裁判,再加上金和银,它们也都不是。应该如图表中的曲线那样,增加多个裁判,不要偏听偏信其中任何一位……

这张图表就如它所呈现的那样,信息丰富,足以让我们回味长久。多亏了它(我们已经确定了各条古老的谱系),我们可以逐一地追随每种货币有规律和单调的"生平"变化。很明显,唯一保持不变的是总体的特征。那么,总体特征又如何呢?就是不间断的贬值,它开始于 1440 年前,一直延续到 1750 年后,接着换成新的货币名称,就如我们所知,一直延续到我们所处的时代。面对这一多层面、重复的贬值活动,我们的各种记账货币或准备应对,或进行了抵抗,但是时不时地都败下阵来。这里要排除 1642 年前的马拉贝第和 1601 年后的英镑,它们是所有货币中最重和最坚挺的,尽管也有些变化。除了那不勒斯的货币卡尔里诺(carlino)之外(前提是手头相关的资料准确,但我们对此并不十分确定[3]),我们图表上的货币,均表现出下跌,有的跌势突然(有些直线下跌,有些偶有回补),有的跌势平缓但不断重复,就如被一段段峭壁分割的水流。水流终止处,没有任何一条能摆脱总体水平下降的命运。在我们研究所及的 3 个世纪里,英镑以等值白银计算,仅仅损失了 43.42% 的"重量"(这已经是不错的成绩);图尔里弗尔损失 82.68%;热那亚里弗尔(livre génoise)损

---

[1] 乔汉纳·佛克(Johannes Falke,1823—1876),德国历史学家。——译者注
[2] 赫尔曼·格罗特(Hermann Grote,1802—1895),德国钱币学家。——译者注
[3] G. Coniglio, "Annona e calmieri a Napoli durante la dominazione spagnuola," in: *Archivio storico per le provincie napoletane*, 1940.

失 72.98%；波兰格罗斯（gros polonais）损失 90.10%；荷兰盾（guilder Hollande）损失 68.74%。1750 年从整个欧洲看，货币贬值最严重的三个政治实体是：波兰、土耳其、法国。在法国，经历约翰·劳危机以后，图尔里弗尔通过 1726 年的重振，很巧妙地稳定了下来，但维持在一个非常低的水平上。

毫无疑问，就凭这些曲线，不可能建立货币类型学，同样用处也不大。人们也许已经注意到，在我们提到的那张图表上（图4），每种货币均以白银的真实重量而呈现，而白银的真实重量各不相同。如果我们根据各种货币的白银"重量"进行分组，例如分成重量级货币（确实存在着唯一的实例：英镑）、中量级货币和轻量级货币，我们是否可以找出同组货币的共同命运呢？[1]

然而，我们所关心的是另两个问题：货币的这些水平线、缓降线、暴跌线究竟是如何形成的？是什么原因决定的？或者可以问，它们是被什么因素造成的、是如何被造成的？另一个问题，它们在经济生活中、特别是在价格运动中（这是我们研究的目标）意味着什么？

"货币升值"（当然指真实货币）吸引着各地外国货币，但外国货币也同样陷入了想象货币贬值的陷阱当中，不论是图尔里弗尔，还是马克以及其他的想象货币。结果，原本缓慢的货币流通（始终遭到货币囤积行为的阻碍，较大存量货币昏睡不醒）被激活了。甚至在欧洲见证 16 世纪的崛起和金钱涌入之前，我们已经见证了许多"外国"

---

〔1〕 需要注意的是，通常而言，主要的记账货币都会有竞争货币或者辅币，它们的价值或是高于或是低于前者；所以，在英国，人们通常用先令（也就是二十分之一的英镑）记账；在西班牙，记账的杜卡特价值 375 马拉贝第；威尼斯的记账货币杜卡特的价值也同样是里拉的数倍……

货币（往往是劣币）到处入侵：它们在货币反复贬值的召唤和指引下，横行于整个欧洲，遵循所谓的"格雷欣法则"（loi de Gresham）驱逐着良币，尽管那时托马斯·格雷欣爵士（1519—1579）还未出生。

实际上，记账货币的贬值无论从短期还是长期都会不断地影响价格水平。毫无疑问，由于交易活动明显的惯性，我们经常观察到这种效应的长时间延后。如果所有的贬值（如我们所说）迅速在外贸的时间表上显现，它对国内价格却不会立即表现出充分的影响。英国 1522—1526 年和 1555 年出现的一系列危机（而并非一次危机）就表现出这种情况，费舍（F. J. Fisher）就此主题撰写了一篇重要的文章[1]。英镑的严重贬值立刻波及安特卫普的交易市场。于是英国呢绒在这块主要的销售市场（1553 年创造销售 133000 匹呢绒的记录）上价格下跌。而在国内，英国的价格还在上涨，不过速度较缓，如此继续……对价格不断上升的抗议，再加上亨利八世政府受到王室外债激增的困扰，最终导致坚定的货币复兴措施。

所以，记账货币的游戏（贬值的游戏）会通过价格表现出来，但是**短期的**，经常表现得不够充分，而且表现的方式由于受金属价值上升的影响而各不相同。事实上，有时会出现金币升值的情况，有时又会出现银币升值的情况，有时还会出现金币和银币同时升值的情况。我们以为看清了乌迪内（Udine）长期的价格曲线，但是否有可能出错呢？在唯一金币升值的情况下，短期的价格上升或周期性的上升在攀升阶段遭到了遏制。如果说，威尼斯（乌迪内依附于威尼斯）金价上升，事实上是由于领主要求把黄金和金币吸纳到自己的领地上。作

---

[1] F. J. Fisher, "Commercial Trends and Policies in the Sixteenth Century," in: *Economic History Review*, 1940.

为平衡，他会被迫在一定时间里输出部分银币：一物换一物。这种白银的透支，似乎在**短期内**遏制了名义价格的上涨，由此再一次证明白银在经济生活中发挥了引擎的作用。白银充裕：价格上涨；白银退避：价格下降。然而，需要再重复一遍，这仅仅是短期的情况。长期看来，所有记账货币的变化与价格运动融为一体，并淹没其中。

另外，随着时间的推移，价格对货币升值反应越来越精准。毫无疑问，为了确立价格和货币之间的关系，或者反过来货币与价格的关系，超出我们想象的是，它需要货币流通达到某种水平和具有一定的流量[1]，能够供给闸门：水不累积到一定水平便不会溢出渠道。总之，货币的升值，始终需要黄金和白银。而众所周知，如果没有供给，需求便无从谈起。供给必须做出回应，来和需求相会，这要花费时间：在西方，**似乎是**，一直要等到16世纪初。

因此，这是一部复杂的历史，难以设定历史本身的位置，也难以确定原因与结果的先后。我们也曾经想过，为了第一时间投入使用，是否可能使之简化，即便这种图解式的表达必然引起争议？如果我们设定1450—1474年的基数为100，不同曲线的指数可以相加，我们由此可以得出一条以金属重量计算的欧洲货币内在价值下跌的平均值曲线。当然，为了更加精确，这条曲线应该考虑到不可或缺的权重，特别是涉及有关经济体的体量。就我们的认知程度而言，这不是什么问题。我们建立的虽然仅仅是指数型的价值曲线，但它对我们非常有用。我们接着分别以白银克数和黄金克数（对货币内在价值下跌平均值）做了计算，然后通过倒置这两条曲线，我们便得到了以记账货币

---

〔1〕 R. Romano, "Une économie coloniale: le Chili au XVIIIe siècle," in: *Annales. E. S. C.*, 1960.

计算的欧洲银币和金币价格的平均上涨曲线。如此一下子，黄金和白银这些主角就登堂入室了。在我们已经看过其他那么多角色之后，不应该被它们弄得眼花缭乱，但也不要低估它们。

如此勾勒出的这两条曲线使我们感兴趣的是，它们不仅表达了长期的趋势，而且由于我们是以十年为一个单位来计算平均值而不是计算以年为单位的平均值，因此就可以在一个时间段中和其他价格曲线（尤其是小麦的价格）进行交叉比对，这些价格曲线也是以十年为单位计算平均值的。

这两条曲线非常特别，这种特别不是由于我们计算的瑕疵（计算很难做到更好），而是由于两种贵金属的价格在这张曲线图上似乎没有受到任何重力影响。让我们解释一下：两种贵金属以长时段看一直非常有规律地往上爬坡，中间时不时地出现一些放缓的平台，如果我们排除掉曲线中两处小小的细节，它们从来不曾倒退过（图11）。简言之，它们从来不往下掉。事实上，黄金和白银这种迄今为止都没有停止的长期进步似乎是和货币体系本身密不可分的。众多经济学家——卡塞尔（Cassel）、沃伊亭斯基（Woytinski）、基钦（Kitchin）、瓦伦（Warren）、皮尔森（Pearson）、威尔克森（Wilcoxen）、李斯特（Rist）、马若兰（Marjolin）都非常热衷于破解这道无解之题。对黄金和白银的需求似乎从来没有中断过。根据19世纪中叶的情况计算而得到的结论，仅仅是为了维持价格水平不变，就必须持续增加贵金属储备（在整个19世纪后半叶，至少每年增加3%），是否如此？也就是说，即使在通货紧缩的情况下，仍然存在需求，存在贵金属的持续消费；通货膨胀仅仅使得这种需求和消费更为确定和更为夸张。

我们可以将这些特殊和首选的货币价格设计为一系列一飞冲天的上升线，那么它们相对那些时而上升时而下降的其他价格（商品价格）

运动而言，是领先还是滞后？这一问题我们会在这章的结尾处再次提到，它不是人们能够或者应该解决的问题。或者我们也许应该非常准确地知道贵金属和货币在古老经济中的确切作用，尽管某些经济学家和某些历史学家对此信心满满，但我们却不敢保证。

然而，我们所能看到的和每个人都已知的是，两种贵金属走的不是一条道，它们相互对抗，完全超出人们通常的想象[1]。我们总是需要区分出流通中的这两大块，不论是实际上的还是想象的。大体上，直到1550年，黄金相对丰富。到了世纪中叶，白银渐渐增多，这让黄金变得相对稀少。二者间距不断扩大，白银相对黄金一路贬值，一直延续到17世纪中叶。自此，两大金属循着几乎平行的道路继续攀升。

人们很容易想象得到，黄金和白银价格的博弈如果再加入货币价格和商品价格会使整个问题复杂化。这也许是那些15世纪的古老"经济学人"固执己见的原因，他们宣称在黄金和白银之间存在着"自然"比值，即1比12（1克纯黄金价值12克纯白银），为了维持良好秩序，人们必须遵守这一比值。在17世纪，每种贵金属都有时间消解掉这一比值的有效性和可靠性。

从前述的黄金和白银这两条平均价格曲线出发，我们勾勒出著名的黄金白银双贵金属比价演变的曲线，也就是黄金克数用白银克数计价不断变化的曲线（见图5）。黄金升值加速到了1610—1620年间已经非常确定了（我们通常把这段时间称作"黄金转折期"）。从那时起，黄金对白银彻底超过1比12的比值。乍一看，黄金的升值可以通过

---

〔1〕 F. Spooner, *L'Economie mondiale et les frappes monétaires en France 1493-1680*, 1956.

美洲大规模地生产白银来解释，这是一种带有近代特征的生产，为了表达得更明了一些，我们称之为带有"工业"特征，当然这里微微有点年代错误。而黄金的生产在那个时代仍然还属于手工业流程。这种常常提及的解释总体上是正确的。但是两种金属的流通速度应该添加到考虑因素之列。金币的流通速度比银币是快还是慢？考虑到储存情况，我们通常的回答是黄金流通得慢一些。而且随着16世纪金属货币总体流通速度的加速，这种流通速度的差异越来越大[1]。总之，不可否认的是，到了16世纪中叶，如同弗朗克·斯普内所指出的那样，欧洲过渡到黄金相对白银不很充足的体制，这种趋势就此开始后就始终存在。

  如果说，这些泛泛的思考有它们的价值（尽管给出的最终结论在这里并不比其他地方更多），那么我们所勾勒出的那条平均比价曲线（有待完善）也可以提供一些帮助。历史学家们在他们研究的不经意间，时不时也揭示出一点金银关系的行情，金银比值在轻微地但不间断地变化着。如果我们把分散在各处的数值搜集来，并将这些数值放在这条中心曲线上，根据数值位于曲线上方还是下方，就会看到一定的意义。因此我们对这些多样的变量运动恍然大悟，它们不断地困扰或者刺激欧洲货币版图。于是我们看到了1555年西班牙"专家"曾经指出的双重运动：西班牙白银源源不断地流向法国，而黄金则源源不断地反向流入西班牙。当时，查理五世的政府咨询了这些西班牙专家。或者就是费利佩·鲁伊斯（Felipe Ruiz）向我们指出的那个常规性的制度，这里存在着一个庞大的支付网络，用黄金兑付汇票，用于

---

  [1] F. Braudel et F. Spooner, "Les métaux monétaires et l'économie mondiale du XVIe siècle," in: Xe Congrès international de Rome, 1955, Relazioni, IV, pp. 233 sq.

在荷兰支付服务于西班牙部队的军饷。单单这一需求（其他的需求也是存在的）或许就可解释西班牙流出白银（白色金属）以获得黄金的原因。我们也看到了，让·德吕莫（Jean Delumeau）搜集的罗马在16世纪的数据[1]和安德森（Anderssen）所提供的同样是16世纪的拉古萨（Raguse）的数据[2]，在多大程度上反映了这两个地方的特殊性。罗马并没有完全与西方世界同步，拉古萨始终受两方面的影响：一边是白银数量日益丰富的西方，另一边是以非洲黄金为主导的土耳其东方，埃及是其中的中转站，中介为开罗制币厂所铸的苏丹尼金币（soltanin）。

关于兑汇的只言片语

直到现在我们故意把信用货币或者字面货币——即"纸币"置之一边不提。然而，这种虚拟货币，形形色色，到处流通，逐渐侵入欧洲的经济生活之中。它们在15世纪的时候若隐若现，16世纪时依然低调行事，到了17世纪则已经可以坚持声称为黄金、白银不可或缺的代表，这些受阻不能参加比赛的大牌明星终于在18世纪取得胜利。

纸币总量不断增大，贵重金属的扩张却由于产量相对较少而受到限制，于是人们对于纸币成为金属货币的必要补充已经不能视而不见。

不论性质如何，纸币模仿了记账货币。最初的银行纸币正好就

---

[1] J. Delumeau, *Vie économique et sociale de Rome dans la seconde moitié du XVIe siècle*, 2 vol. Paris, 1957-1959, pp. 667-668.

[2] Walter Anderssen, "Materialen zum ragusanischen Mass-und Geldwesen," in: *Vierteljahrschrift für Sozial-und Wirtschaftsgeschichte*, 1935.

是记账货币的实体化，而库存金属则让物价受制于金属的相对稳定性。其他的纸币还有国家息票、西班牙息票（juro）、意大利一些城市的息票（giuri 或者 monti）、法国巴黎市政厅的息票、安特卫普市的息票、英国国库的息票（funds），等等，这里还未提及以"信用条"（crédule）形式流通的债务借据[1]，还有各种用最通俗的语言表达为个人息票的纸币。它们同样也是支付手段，部分地独立于货币总量之外，它们无法避免它们的各种不正规行为，同时也会带来记账货币的失范，又是记账货币……看看资产者们就此在合同上采取的预防措施吧[2]。或者看一下面对银行的储户，比如在热那亚的圣乔治银行[3]，至少要有两本账册，一本以金币记，另一本以银币记。从 1625 年开始甚至出现了第三本账册，以价值 8 个雷亚尔的西班牙银圆（Reales de a ocho）记账，西班牙银圆在 16 世纪到 18 世纪是欧洲乃至世界（从美洲到中国）的通用货币之一。所有这些纸张均是货币？当然是。我们只要看以下的事实，对此就可确信无疑：热那亚的银行家们除持有与西班牙皇室之间的借款合同[4]之外，还附带得到国王为借款作担保而向他们提供的"担保息票"（juros de Resguardo），他们将这些息票进行买卖流通，收获颇丰。此外，在很早的时候，一些观察家已经意识到这种幽灵货币的作用和分量。一个更强有力的论据是，稍后有一位亲历者、具有好奇心的葡萄牙人

---

〔1〕 P. Goubert, *op. cit.*, p. 141.

〔2〕 Bernard Schnapper, *Les rentes au XVIe siècle,* Paris, 1957.

〔3〕 F. Braudel, *La Méditerranée et le monde méditerranéen à l'époque de Philippe II,* I^e édition, 1949, p. 407.

〔4〕 我将其交给了一位年轻的西班牙历史学家，阿尔瓦罗·卡斯蒂略（Alvaro Castillo），他已着手写作。（费尔南·布罗代尔）。

伊萨克·德·平托[1]在1764年提到了借款的问题，当时交战的欧洲各国大举借债，他写道："这些大国以信用担保为基础的借贷造成了货币量的激增，而这些货币是子虚乌有的：这种激增是由信用创造的，它通过信用和大家的承认获得了真实或人为的、内在的和约定俗成的价值，在信用依然存在的情况下流通，部分行使着与真实金属币相同的功能，但有点虚幻，不可能成为完全的真实。"

当然我们没有时间也没有义务研究这些纸币复杂而重要的流通，虽然这些流通对总体经济、财富、利率、价格等等都提出了问题。但有一个事例却吸引了我们，即汇票（lettre de change）的事例，这是重要纽带的关键，弄清这一点，对于我们研究欧洲一体和相关联的历史至关重要。

但我们要说，说得再清楚一点，这里并不想展现汇票的复杂机制，也不打算讨论它们背后隐藏着的诸如既有放贷也有暴利那样的东西。我们涉及的仅仅是如何利用货币兑换的方式，也就是利用各种货币之间的不同价格赚取合法收益（当然，每次人们都不亏本），以此掩盖了一种有利息的借贷，而这种有利息的借贷在当时是非法的。而利用情势绝不等于创造情势。这场游戏的真实现实是不同账户货币的持续冲突，过去和今天一样，它通过汇率把这些冲突转化为经济条件的对抗和不同货币的对抗。事实就在于汇率本身，确实，我们对此研究较少。也许追寻着这些数字，我们会对货币兑换问题有所了解，此问题复杂得让人眼花缭乱，它所引起的评论海洋反而把它本身淹没了。

为了简化，我们从一个纯粹的案例出发，这个案例众所周知，即

---

〔1〕 I. de Pinto, *Essai sur le luxe*, 1764.

1609年至1750年阿姆斯特丹金融市场的案例。我们分两段讨论它。

第一段，图7中的一系列小图反映的是阿姆斯特丹和其他若干个大金融市场的汇率。第一张小图是以荷兰记账货币弗罗林（florin）为单位计算的1609年指数为100的基数。其他三张小图都对应一个十年的平均值，这三个十年期分别是1640—1649年，1700—1709年，1740—1749年。多亏了这三座坐标，这些图可以让我们确定在此时间里外国货币与弗罗林比值的演变[1]。一旦这种外币根据其内在价值在阿姆斯特丹上市，反向的情况也就发生了。事实上，只要这个价值减少，就会在汇率上留下印记：例如在巴黎或里斯本的情况就非常明显。因此我们可以认为，原则上货币的汇率曲线在很大程度上与货币的内在价值曲线是相似的。可以预见，当偶尔出现两条曲线不符的情况，汇率曲线的表现更为可信，因为它跟随市场兑换的实际情况，而不是政府制定的汇价而变化。于是，这条曲线根据需要或在大部分情况下提供了检验和修正货币贬值曲线的方法：我们会在后边就一个具体案例再次讨论这个问题。

但我们首先想要呈现的是两条曲线最为契合的情况，由此展现的就是我们的第二张图表（图8）。它涉及的仅仅是但泽与阿姆斯特丹的货币兑换，即用弗罗林和弗罗林的辅币衡量但泽的格罗茨（grosz），格罗茨是但泽市与波兰共用的（直到1663年）记账货币。在这张图表上，弗罗林充当了三种方式的比较单位，如此事实上弗罗林那条指数为100的基准线代表了三条线：弗罗林的记账货币线、弗罗林以白银克数表现的线和弗罗林以黄金克数表现的线。格罗茨本身则以三条曲线呈现，每一条线记录了它相对于弗罗林的价值：第一条是以记账

---

[1] 请注意，这里我们已经将阿姆斯特丹银行货币的升水考虑在内。

货币计算的；第二条以黄金计算；第三条以白银计算。于是结果非常明显。1620年格罗茨急骤贬值，这使得它在阿姆斯特丹金融市场上的兑换价值直线下跌，同时下跌的还有它在但泽表现出的价值以及它和黄金白银的比价，这以后恢复了正常，表现为曲线还在下降，但坡度平缓。所以，重要的是，汇率的曲线与黄金白银比价曲线始终保持紧密联系（经济学家们说是在黄金点和白银点之间），明显的趋势是追随白银曲线起伏变化。

我们也可以用其他的货币和其他的交易市场再重新做这样的展示。当我们局限于阿姆斯特丹交易市场，巴黎的曲线和伦敦的曲线也可以给出同样简明的答案（后者更倾向于追随黄金曲线）。威尼斯的曲线提供了一个有趣的问题：在一个交易场所，银行要收取非常高的手续费（流通货币的20%），而且该城市所有货币兑换活动都在银行进行，由此这一交易场所人为地出现了以下情况："它"的货币在国际兑换上维持了高于它的实际价值（以金银计）和里拉的当地浮动的水平。[1]

现在，我们可以很满意地回到前面预告要讨论的那个具体案例了，我们希望通过上面的解释，这个案例变得清楚，讨论起来也比之前快一些。这个具体案例就是16世纪90年代的法国经济危机这一特殊时期。这是一场双重危机，它既是价格的危机，也是货币的危机。价格方面：我们拥有几条曲线，它们证实了价格的飙升。那么货币方面呢？表面上看，在1577年赦令和1602年赦令之间，我们曾说过的取代了图尔里弗尔记账货币地位的埃居，它的价值一成不变地为60苏，记账货币（不论是埃居还是里弗尔）维持着它的内在价值。然而，

---

〔1〕 弗朗克·斯普内还会专文讨论这一变革问题的意义。

我们只要看一下从 1587 年开始的价格上升曲线，凭经验就足以断定事情完全不会如此。价格的飙升不可能不引起黄金和白银升值，毕竟它们本身也是商品。事实上，从 1587 年起，在自由市场上，作为金币的埃居背离了作为记账货币的埃居，它可兑换 65 苏，甚至在巴黎被围期间可兑换 70 苏或 80 苏。在法国宗教战争天主教联盟时期，在埃克斯（Aix-en-Provence）它甚至可兑换 100 苏。这种不寻常的张力很快平息。根据 1620 年赦令颁布前为决定"贬值"率而进行的调查，埃居兑换回升到 65 苏，甚至到了 63 苏或 64 苏。如此就是法国市场的事实，它取决于国内这样或那样动荡的强度，而反过来又影响整个国家。

那么，这段时间汇率曲线又演变成什么模样呢？这条曲线记录了货币隐形贬值的信息。因为自然而然的，里昂的商人收到一张票面为埃居并可以在法国兑付的汇票，在兑换现金时，他清楚地知道必须以实际的市场价来计算，而不是依照官方给出的比价。因此他能接受的汇率一定和市场汇率一致：埃居在汇率上的下跌就不会让我们感到意外了。这次下跌了多少呢？让我们再看一下弗朗克·斯普内根据里昂在威尼斯、热那亚、塞维尔、安特卫普的市场汇率而建立的图表吧[1]。图表显示埃居大约下跌了 14%，肯定小于巴黎被围期间的降幅，当时巴黎跌幅达 30% 到 40%。汇率上记录下的这些真实情况也是全国范围经济生活的真实情况，国家的经济生活明显不是在被围的巴黎城墙内展开的。不论是 14% 还是 40%，白银价格的上涨影响到食品价格的飞涨：名义上达到 500%。因此，如果为了更精确，我们借助兑换数据对用白银计算的价格变化进行修正，那么上涨峰值就会降低一些，不应超过 40%。我们可以注意到，相对其他若干国家同一

---

[1] F. Spooner, *op. cit.*, p. 308.

时期出现的峰值，法国的峰值仍然非常显眼，因为其他的国家并不受法国政治麻烦的影响。这方面的情况还需要说吗？

最后，让我们作一篇新的记账货币颂来作为我们这些思考的结论。正如我们曾说，记账货币是非真实的；当它和实际金银币挂钩时，记账货币又是真实的，因为金银币可是真材实料。记账货币既非简单的"屏幕"，[1] 也非过时和有趣的仪器[2]。因与果，因或果，无关紧要！它的证言不仅涉及价格的问题或者贵金属的问题，还涉及国家经济和地区经济水平的问题，这是我们的欧洲彼此分享的。记账货币是一位不容忽视的证人。

贬值与短时段

歌颂也好，辩护也罢，都需要一个明确的解释。但是我们应该精确地界定我们工作的范围。

在此绪论中，我们已经描述了货币体系和它们的记账货币。与某些历史学家不同，我们坚持认为这些体系和这些记账货币有它们的重要性。但仍有必要权衡一下这些肯定意见的用词，把验证和计算做到极致。货币是，抑或不是决定性的？面对这个貌似简单的问题，却需要多种的回答，在很多方面还是自相矛盾的。绝不要忘记所有的问题均是如此：记账货币、实币、价格、经济、社会结构、历史时期，等等等等。因此，我们需要的不是一次检验、一次研究、一次工作，而是需要上百次的衡量，需要各种各样的迟疑。

---

〔1〕 马克·布洛赫语。

〔2〕 我们采用詹姆士·斯图亚特的定义："……就商品的价值而言，记账货币起到的作用，就如地图上的角度和比例尺的作用。" *The Works*, 6 vol, 1805, II, p. 271.

仅举一例，记账货币的贬值绝不如我们已经给出的初步解释那么简单。贬值有时伴随着金币的升值，有时伴随银币的升值，有时伴随金银币同时升值。不同情况，贬值的含义似乎就不完全一样了。

每个经济体，或者进一步说每个政治体制和货币体制无疑有它自身的贬值模式，有它的习惯、弱点或者自己的需要。那么在威尼斯，我们会看到什么呢？金币一点点地不停升值，如此就把黄金吸引过来：威尼斯成了制造金币的机器，在此铸造出几近完美的金币"泽基诺"（zecchino，复数形式为 zecchini）——法国人称之为"塞甘币"（sequin），然后把这些金币投入流通。如果有人对这些重复评估黄金的后果感兴趣，一定要注意它是长时段的情况（这个问题我们已经粗略勾勒过了，后面我们还会有论述）还是短时段的情况。

出于对短时段的问题的好奇，我们考察一下基奥加（Chioggia）或者乌迪内的月度长曲线。我们设想这些曲线对来自总督的权威非常敏感（不是过分敏感）。我们考虑到，每一次金币升值，就会把金币吸引进来，而作为平衡，就要驱逐和出让银币。于是，就如我们今天所说，记账货币相对于黄金贬值了。我们讨论的这些曲线表明，面对上百个总督的推动，它们回应的大体的方向是一致的：每次金币的升值都使得物价启动的上涨得以平息，这样的上涨有时是周期性狂涨的一部分。相反，金币的相对萎缩，使得银币有时相对有时绝对的增加，这一切又加速了物价的上涨。根据观察，这是普遍的规则，但更多地是表现在其他地方而不是在威尼斯。在威尼斯，对于白银的操纵相对不常见。对此问题的精准研究肯定很受欢迎。除了货币贬值对价格活动的长时段影响（这方面的展示已不用再做了）外，研究应侧重于观测价格行为根据贬值涉及黄金或白银时所表现出的差异（我们再重复一下，这是指短时段的情况）。

二、价格的长期"潮流"

然而，现在是我们探究价格本身问题的时候了。一开始我们就应该承认，在价格的多重运动下，一切变化就如强大的水流奔涌；价格涨高，卷入其他各种变量，用弗朗索瓦·西米昂备受援引的话来说，它就好比潮汐，它的运动裹挟着海浪的运动。就如潮汐有涨潮、退潮和平静的时候，我们可以说价格这股世纪"潮"也有上升，下降或停滞。如果要观察价格，就必须用尽可能大的时间尺度（而非较小的）来进行观察；这是观察长时段现实之必须；在价格方面，尺度问题扮演着也应该扮演首要的角色。

例如，在基奥加这个亚得里亚海和威尼斯泄湖交汇处的小村庄，保存着众多会计账簿，记载了从1500年到1797年每一天十多个价格记录，以及在德国商馆出售的商品数量。如果我们只取一个常用数值（平均数或中位数），那每天的这些小波动就被排除在外；如果我们只看周六的记录，抑或是六个工作日的平均数，我们也就看不到这一周的变动，一个月，一年，五年，十年，二十年，五十年的情况也是如此。我们手头掌握着十多种、将近二十种不同的（和相似的）处理方法，供我们消除短暂的、短期的、相对长期和十分长期的运动，最后只留下最深刻的那股"潮"。这就是五年或十年平均数所追求的目标，不过并非总是奏效。类似的工具还有不同间隔的动态平均数、最小二乘法、动态中位数等等。只要别说是在由各种点绘制成的曲线上放一条棉线，好让我们用肉眼辨识出大趋势！结果呢，有一位著名数学家曾微笑着承认，这其实和我们用最小二乘法，也就是数学上讲用于消除短期波动最复杂的方法所得出的结果差不多……

事实上，每一种方法都有其优势，有为其辩护的人，最简单的办法未必就是最不准确的。

方法就说到这里。但要用哪些素材来进行演算呢？可以是同时输入全部的价格，计算出整体指数，它虽然名声不佳，但有时候也颇为有效（比如最近厄尔·汉密尔顿伯爵研究西班牙物价，或者 N. W. 波斯蒂莫斯［N. W. Posthumus］对阿姆斯特丹和莱顿的研究）。也可以是连续研究若干个别价格，其中最为重要的是进行专门的个体研究，相对次要的是进行群体研究。这就是我们研究谷物价格时所做的选择。我们所描述的数个世纪的潮流因此主要是针对谷物价格。我们随后引证的其他价格是为了与谷物价格这一最重要的证据进行对比。之所以要这样做，一来是因为谷物价格是最确定的（它的数据比其他任何产品都要多），二来也是因为它代表了欧洲人最核心的开支。如果我们研究中国或者日本，那我们就应该以大米作为最主要的见证。

读者将会看到，我们在图表中大量使用了十年平均数和白银克数（因此是修正后的价格）。这样做的理由有若干，有的充分有的不那么充分，但最关键的是我们从中可以得出必要的统一性。这样做我们就可以把价格的单位统一为白银，也就可以进行国家与国家间的比较。另一方面，剔除动态平均数和中位数是因为它们与几乎所有长时段序列所呈现出来的分界都不是那么的协调。不过，在此过程当中，我们指出了这些方法和其他有助于解释价格现象的其他方法所得出的结果。最后，相比其他曲线，我们更偏好使用原始数据曲线（courbes brutes）。不论遇到什么困难，我们最先想到的就是原始数据曲线，它虽然在众多曲线中是最不准确的，但通常奏效。

但如果我们还记得最初操作的目的，那我们这种谨慎和选择其实也是不言自明的：相对精确地在空间中确定世纪波动的不同时序。这些世纪波动在一系列个案中均已得到辨别，只不过还没有综合到整体真相之中。这里的真相在欧洲层面有效，但我们尚未系统性地、专注地去研究它们各自之间的关系。不过，这些潮起潮落改变了整个历史的行列，推动或打破了这个或者那个经济和社会体系，而不论其是否受到古老而强大的均衡支撑。相对于整体进程，这里或那里出现的延迟、提前还有反常现象都有其特别闪光的价值，即使无法完全予以解释，我们也有必要将其指出。透过世纪"潮"，我们要理解的是欧洲经济。每个证据，每个价格都以其独特的方式诉说着。

谷物

最好的见证因此莫过于谷物。我们将听取谷物悠远的叙述，非常悠远，我们所能做的就是追随自从有了价格史以来的所有观察者。谷物是1750年以前欧洲经济的重要指标，是真相的天平：即使是英国，在18世纪中叶依然以农业为主。谷物无处不在，随处可见，为我们的计算（包括一些最大胆的公式）提供了漫长的价格序列。也许不单单是小麦：其他一些可以做面包的谷物、黑麦、大麦都是它的同伴。甚至于，法国人常说的"谷子"（les bledz），在西班牙语里和面包（los panes）相近……实际上，一种谷物通常与其他谷物混合，这些混合物有无数种不同的名称，在各地的市场上销售。依据地域不同，欧洲人吃的面包黑白程度各不相同，只需要考察食用面包的质量，就能看出一个地方漫长的历史。大凡吃黑面包的国家基本上就是穷国。对于一个口味精致的威尼斯人来说，在1579年加利西亚的某个旅店费了不少的劲才找到黑麦面包，这算是在寻找面包吗？在波兰，面包经过维斯杜拉河、但泽、埃尔布隆格出口国外，但农民吃的是黑麦，喝的是大麦酿的酒。有时候，贵族的餐桌上也没有白面包。在但泽这个相对发达的村庄，根据一项18世纪的记录，黑麦消费是小麦的4倍之多。在同时期的马赛，面包师为城市人口购买普罗旺斯平原和丘陵出产的上等小麦，但农民吃的不是他们自己产的小麦，而是他们所说的"海麦"（blé de mer），质量粗糙，是马赛帆船从黎凡特或者一些未开化地区运来的。即使包含来回运费，它也依然便宜。最后，黑麦也会在国与国之间周游。北方国家在出口小麦的同时也大量出口黑麦。

不论如何，对于小麦我们需要牢记的是，它的价格主导了各种谷物价格的交响乐，而在价格高昂的时候各种谷物价格的差距也会越发明显。让·莫福莱（Jean Meuvret）最近的说法很有道理："谷物行情由小麦行情主导"，而巴黎商会1520—1698年间的曲线为我们提供了部分证据支持这个论点。皮埃尔·古贝尔在其最近讨论17世纪博韦的书中说得更为明确："17世纪'人民'的主食'谷子'的价格足以让我们展开统计学研究，它能最好也最稳定地反映出大的经济波动。"布瓦吉耶贝（Boisguillebert）早在1695年就说过："……谷物是万物价格的尺度。"到了18世纪，面包的开支——在法国这个爱吃面包的国度——占穷人也就是大多数人一半的预算（埃内斯特·拉布鲁斯）。

谷物不仅仅决定了经济形势；它本身就是经济形势，是结构，是生命日复一日的"执着"。考虑到这些条件，我们就不会再惊讶于发现，谷物这种沉重而不利于运输的商品会在欧洲周游，这或是应富裕而人口稠密的西欧国家的需求，或是因为哪里爆发了战事（谷物是补给的重中之重）。不过，要让这沉重而宝贵的旅行家上路，通常还需要有城市和政府未雨绸缪（比如1591年意大利大危机时西梅内斯的里斯本国际商人的所作所为），而且交易要用真金白银。13世纪以来，威尼斯不就已经在用金条向普利亚地区购买谷物了吗？16、17世纪，狭窄简陋的布列塔尼船只将北方的谷物一直运送到里斯本和塞维利亚，但在地方政府的同意下，他们带回来的是白银或者米那的赤金粉。

在这些条件下，我们可以预料到，谷物曲线通常是多么敏感而变化剧烈，就好比在西班牙长长的汉密尔顿曲线所提供的地震记录。所以，以这寥寥数语我们看到的图景已经消除了极端情况，但其实是谷物贸易的特点。可是，为了把握长期（或者说较长期）的动态，为了把握欧洲物质生活深处的世纪运动，我们无法将其考虑在内。

我们效法格奥尔格·维贝和威廉·阿贝尔，保留了十年中位数，因为我们经常能用这项指标还原已经做好的运算。尝试以后我们发现，不论好坏，十年中位数似乎帮我们消除了十年内部的周期性变动，对于我们的记录来说这是最大的麻烦。至于序列选择，我们显然要用数量并不多的极长序列。但这些序列能够较好地反映整体的欧洲空间。价格按照白银克数计算，谷物则以百公升为单位。

我们将这些线条汇总在了图18当中。粗看来似乎只是混乱的一团，所以我们对图像进行了简化。我们用一条连续的曲线连接最高点，随后又用另一条连接最低点：一上一下两条线围成了一个"信封"，一块面积。这样，我们可以通过将大的流向与每一条个别曲线作比较来解释。我们观察到，上下间距最开始比较远，而在18世纪之后显著靠近。我们甚至还可以时不时拿一段曲线作为替代，因为那段曲线更为清楚、更有价值……所以，费尔南·布罗代尔发现的这份宝贵的威尼斯账目（1575—1602）就处在图表的上限。在那危机年代，我们不难想见这一点，但图表对其予以确认自有益处。同样的，我们还能给很早以前芒戴里耶（Mantellier）利用奥尔良的数据绘制出的相对微弱的曲线定位。我们甚至还能用上曼可夫（A. Mankov）为莫斯科所做的那个有点微弱的序列。

但我们所用到的这个测验基底最适合于长期和足够强壮的曲线，也就是我们最初那个图表当中的那些。每一条都以其特别的形态、相对于上下限和中间线而蜿蜒蛇行。中间线也是我们借助众多曲线绘制而成的，这次也是一样，我们不赋予它特别的价值，而仅仅是帮助视觉观察。随后我们可以颇为确信地说，利沃夫曲线至少直到17世纪都描述了整体的下限，而且在此之后很长时间里还能符合于波兰的若干其他曲线。我们还发现了一件怪事，即埃克塞特长期以来跟随着曲线的中间潮，到1690年以后移到上游；这个重要的线索并不会让熟悉1688年光荣革命翌日英国现实的历史学家吃惊。至于意大利和西班牙的曲线，直到17世纪中叶，它们都高于其他国家，处在较为危险的境地。我们马上就会用一张图表直观地解释上述判断。

毋庸置疑，上述方法是一种探测和控制的工具，虽然仍需细致的计算让其更趋完善，却足以为我们的问题作初步解答。有的解答在意料之外。比如我们在图表上摆上简化后的"美洲"谷物价格。我们会吃惊地发现，与一般设想不同，它们的价格不是那么有竞争力（至少在1764年饥荒以前）。我们是不是应该重新分析18世纪美洲谷物抵达欧洲时的情况，或者重新更仔细地观察货币和价格序列？

我们的表格还提出了另一个问题：18世纪起两条曲线明显靠近，展示了欧洲各地价格开始趋近的时点。如果说可以用谷物价格推及一般价格（这是很有可能的），那么在当时的欧洲，是否因为这种平均化出现了对商业资本主义的天然障碍？因为如果没有不同经济和社会结构以及历史差异所导致的不同的价格水平，商业资本主义也就没法利用价格差异而存活。靠价格不平衡牟利的商业资本主义不正是创造了一个交流体系，去填补这些差异，而这样做无异于自掘坟墓，不得不去别处寻找更好的条件，甚至于改变自身的外表？也许我们的解释走得太远，但在1440—1449年，差距是6克（利沃夫）到43克（巴伦西亚）。1750年，数据分别是38克和75克。这个演变的整体意义一目了然。

最后的一点评价。如果我们没有弄错的话，这种价格均衡意味着流通的最优化，当然了，这里的流通包括商品的流通和货币的流通。虽然我们不能忽视18世纪一些重大的结构性变革，我们难道不能说，这种流通至少在欧洲某些相对发达的地区有助于终结大饥荒，使得1750年以后只会发生基本可以控制的"小饥荒"？

但这个趋近的现象只牵扯到我们所研究的期间的最后几年。相反，在15—18世纪，整体反映的是欧洲的国家差异，相互鼓励，不均衡[1]和剪刀差。它还远不是那个血脉通畅，旅行和迁徙多样且便利的小欧洲，虽然我们认为法国大革命前夜的欧洲就是如此。实际上，谷物价格所展示给我们的，是一个分化、隔离的图景。

试绘价格地图

我们决定将工程限定于7幅图以内，组成一个动画。每幅图都涵盖半个世纪（图19）。不过帧数更密集的动画因为篇幅有限只能作罢；而且做那么精细也会有喧宾夺主之嫌。我们的主旨是描绘世纪潮。但

---

〔1〕 不妨称之为它的"非相关性"。参见这篇精彩的论文 Walter Achilles, "Getreidepreise und Getreidehandelsbeziehungen europäischer Räume im 16 und 17. Jahrhunderten," in: *Zeitschrift für Agrargeschichte und Agrarsoziologie,* 1959。

问题没有因此而消失不见。世纪潮并不遵守固定的套路，而且必然受欧洲的经济不平衡所影响。

就如气象云图，我们的地图也区分高低气压。我们不妨称它们为高价格区和低价格区。不过气压和价格有显著的差异：低压和高压的区分建立在短期分析之上（气象学家所定的天数），各自有固定、容易定义的边界：比如1000豪巴大气压。而在高低价格之间，边界是变动的（我们的中间线正是为了捕捉价格的整体趋势），而且我们的地图重在以10年乃至更久的间隔观察长期情况。为了进行国与国之间的比较，我们将这些十年中位数以白银克数计量。

第一幅图涵盖1440—1449年，数据略显单薄，但呈现出强烈的不均衡。利沃夫和巴伦西亚的谷物价格比率是1比7。巴伦西亚代表最高价，北欧和西欧是中位价格；东欧（波兰到边缘上的奥地利、维也纳、克洛斯特新堡修道院一线）是低价区。值得注意的是布鲁日和乌特勒支的价格也许略有膨胀；斯特拉斯堡的价格也引人注目：考虑到前后期间的曲线，它的水平似乎应该要减去三分之一乃至一半。但这一点仍需细查。

第二幅图：1490—1499年。这个期间数据更丰富，价格呈整体下降趋势，但旧有的价格差异没有变动。在顶部，地中海区域（巴伦西亚、巴塞罗那、乌迪内、那不勒斯）一直延伸到了格勒诺布尔。大西洋欧洲没有那么高价格（除了乌特勒支，也许还有布鲁日），相对地中海地区差异在35%左右。如果以埃塞斯特为标准，英国的差距更大一些，斯特拉斯堡和克洛斯特新堡修道院则更甚，代表着这块欧洲地区的最低点。至于第三块欧洲，也就是东欧，它一直呈现低价（克拉科夫5.47克，利沃夫4.77克，即是地图最高点巴塞罗那的35.26克的1/7.5）。简而言之，如果地中海欧洲的价格水平记为100，那大西洋和北海欧洲是 77，第三块欧洲以波兰为基准是 16。当然，以上只是粗略估计。

1540—1549 年。第三幅图处在美洲白银大量涌入的前夜。地中海和周边地区与之前一样价格高企，只有旧卡斯提尔例外（不过这块盛产谷物的地区本就不能归入地中海地区）。高价潮覆盖了意大利（那不勒斯、锡耶纳、佛罗伦萨、罗马、乌迪内）、南法和已经深入内陆的格勒诺布尔和巴伦西亚。高价区的顶点仍然在巴塞罗那，不过这不能归因于它的经济繁荣。事实上，高企的谷物价格摧毁了巴塞罗那和加泰罗尼亚，将其排除在地中海积极的经济活动之外。

同样一如既往，温和价格从维也纳和奥地利开始覆盖了德国和法国（只有三个例外：乌特勒支、布鲁日和巴黎）；英国是其尽头，其价格水平处在这个区域的最低（18.17 克），不过我们要排除维也纳的 13.98 克，也就是比英国还低 23% 的情况。

那欧洲大陆的第三部分呢？虽然我们的数据不是绝对清晰，但如果可以置信，那价格毫无疑问上升了。上升的原因斯塔尼斯洛·霍索夫斯基[1]已经给出了理由，即西欧的谷物产品需求增加，维斯杜拉河上的运输不断增加。他的解释不无道理。在华沙，价格水平很低（10.67 克），但在克拉科夫很高（18.12 克），非比寻常。因此，是不是需要讨论一下地区条件，讨论一下小波兰及其相对密集的人口呢？

50 年后，16 世纪的最后十年体现出白银取得更广泛流通的迹象。很快，从 1600 年（依据汉密尔顿的计算）或者 1610 年（依据于盖特和皮埃尔·肖尼 [Huguette and Pierre Chaunu] 的计算）开始，白银的流入就将减少。但我们也要注意，此时正值"黄金转向"的前夜，整

---

〔1〕　S. Hoszowski, 前引论文。

个欧洲的货币体系将因此承受粗暴的考验，各地也将因此频繁爆发战争、饥馑、社会冲突和经济异常。

高价中心仍然顽固地集中于地中海地区。这片古老的海洋集富庶与昂贵于一身。物价顶峰转移到了安达卢西亚，这本身很好理解：塞维利亚成了昂贵谷物与面包的核心区。不过，高物价延绵不断，从意大利和广义的法国南部出发，穿越整个伊比利亚半岛，除了新卡斯提尔涨价略有迟缓，不像新卡斯提尔那么直接。但昂贵生活成本的波浪也席卷了整个法国，只有少数地区例外出现了低价情况，如利莫日、普瓦捷、比伊莱巴罗尼等。巴黎周边物价开始高企，到巴黎城内价格水平达到149.76克。但这个高物价的顶峰并不真实，因为巴黎1590—1591年曾被围城，而且此前我们也已经说了其他若干造成生活成本昂贵的理由。

与这个面包昂贵稀缺的欧洲相对的，是另外一个欧洲（已经不再是两个了）：大片价格相对低廉的地带，从克拉科夫（27克）或者维也纳（40克）直至英国埃克塞特（67克）。在这个区域里唯一高起的是乌特勒支和阿纳姆，但这里的物价也是受战争打乱的缘故。如果我们整体重新计算一遍，南方是100克，北方只有76克，而波兰是25克。

在这个世纪的尾声，最重要的事实显然是波兰[1]的谷物融入了欧洲整体的价格水平。初看来，这个结果应当归因于维斯杜拉河和波罗的海的航运。不过，但泽港的出口贸易是在16世纪慢慢兴起的（随后到17世纪初），它吸收了越来越多的波兰南部农产品，与此同时带去与西欧越来越接近的价格。部分归功于但泽港的出口，谷物在欧洲

---

［1］　或者更确切地说是波兰北部。参见 Walter Achilles 前引论文中的相关数据。

北部一直都很畅销。不过，1591年以后，波罗的海的谷物也开始长期利用地中海贸易路线。

第五幅图（1650—1659）将我们带到了三十年战争的时代。乍看起来，记录似乎十分混乱：从部分角度看，物价有所下降，但整体来看，欧洲发生了巨大的地理变革。

虽然缺了一些重要数据（整个地中海西班牙就有待收集），但可以看出地中海地区的最高位置在那不勒斯，其他地方（如法国南部和意大利）的价格下降了。与意大利其他地方相比，最低的地方(乌迪内)为我们提出了一些问题。

但欧洲层面上最具决定性的变革不在于此，不在于维持高价的地中海。变革在于北方，我们原本的那块低价区一分为二，分道扬镳。首先是有一股低价链条（当然是相对而言），从维也纳到法国布列塔尼。其南面的边界是物价高企的地中海，北面是新出现的高价区，从乌特勒支到英国。就这样，我们可以大体将地图的情况解释为，低价的"大陆"欧洲占据中间，将上下两块水平几乎差不多的高价海洋区分开。概而言之，南欧这片古来富裕之地的物价有了显著下降，而北方的新贵之地物价相对上升。理由是要从欧洲北部去寻找，因为它们的经济从今往后都将处于领先？还是说，要归因于波罗的海航运失常，使得这个复杂的但并非永不耗竭的机器生产的谷物没能继续供应？

德国也有反常迹象。如果说低价带由东往西穿越欧洲，我们可以注意到这条带子在德国相比其近邻法国显得尤为深刻。事实上，"大陆"欧洲有两条低价带：法国的低价和德国的极低价。如果这一点我们没有弄错的话，我们可以用这个论据解释德国为何反常：三十年战争刚过，价格水平却极低，这难道不能解释为何随后德国物价呈上升曲线，与欧洲价格降低或不变的整体趋势相反的情况吗？

第六幅图，1690—1699 年。地中海西部（排除热那亚的特例）失去了领头羊的位置。以巴黎为首的法国从此处在了比地中海更高的水平。低地国家也有相同情况。至于英国，在 1688 年革命之后，它成了谷物昂贵的国度。在中欧和东欧（利沃夫 44.31 克，卢布林 40.13 克），谷物依然便宜，不过从 17 世纪下半叶开始涨价趋势明显。在华沙（数据仍可商榷），谷物价格为 25.24 克。

三个区域：北部、中部和南部从今往后容易辨别了。在南欧，高物价被长期持续的萧条所斩断（锡耶纳，新卡斯提尔，乌迪内）。从利沃夫到布列塔尼，"大陆"价格维持不断，除了德意志有点滞后，而巴黎则难抑高价。在北方，17 世纪的新贵们都吃着昂贵的面包。

最后一张图描述的是 1740 年到 1749 年。新的均衡显现了。这幅图确证了此前的趋势：大陆低价的中轴从维也纳到波罗的海直到布列塔尼，价格较高的北方，还有价格居中的地中海地区。但所有差异都在不断缩减，平均化的大趋势十分明显。我们因此可以说，大体来看，南部、中部、东部和西部的价格差几乎消失，各自的价格水平处在平均水平的上下，而北部的价格则轻微高企。

流，回流，世纪潮的消退

前面这些简单的解释虽然看似有很长的时间跨度，其实还是不充分的。我们现在已经熟悉了谷物的价格及其多样性的缘由。现在我们要切入主题：世纪潮在欧洲是怎样的图景？如何用精准的方式予以定位？

问题很重要但并不简单。实际上，它暗中牵扯到我们之前揭示和讨论过的欧洲经济空间的异质性。然而，厄尔·汉密尔顿伯爵和埃尔萨斯（M. J. Elsas）博士并没有予以质疑，相反却有将个别案例推广为欧洲普遍情况的倾向。前者用的是西班牙的例子，后者则讨论了德国。但这两个案例我们不能混为一谈。这一点我们后面还会回来讨论。事实上，所有研究价格的历史学家每个人都研究了一个个案，给予这个个案的解释往往是个别性的。当我们将这些证据汇总到一起，我们很快就能发觉由单个解释推及整个欧洲是不可能的，而有必要进行区分和调整。

我们因此只能很笼统地承认历史学家所发现的价格变动时序。四个长时段：15世纪的倒退或停滞；16世纪延续到17世纪的上升；随后是到1720—1750年为止的下行；最后是18世纪的突飞猛进。也许真相确实如此，但如果我们想要更准确地确定这些运动的时点，让我们犹豫不决的事就出现了。首先是这些不同的升降运动的时间在多数情况下，因我们观测的是名义价格还是以白银克数计价的价格而不同。我们更应选用哪一种？为何它们会有偏差？探求这些问题的答案，最后得出的结论顶多是假说或者估计，更何况我们依据的曲线本身也常常要受到质疑。但提出这若干问题至少是有益处的，它能促使我们对这两者进行轮番研究：名义价格和白银克数计价价格。我们要做的是将这令人不安的问题进行具体验证，在这些普遍性的假设或解释的基础上，来看它针对个案而言是否准确，判断其究竟是好是坏。

16世纪是什么时候开始的？换言之，我们一直以来所说的16世纪"价格革命"是从什么时刻开始的？这场价格高企的运动持久性地打破了15世纪艰难困苦的价格停滞，但显然1500年不是大变之年，而如果我们将物价上涨与16世纪混为一谈的话，前者其实依据地区不同而诞生在好几个时间。

用名义物价来观察，在 16 世纪价格革命之前，显然有一个前价格革命，就好比宗教改革前有前宗教改革，文艺复兴前有前文艺复兴。所谓前价格革命，是一个缓慢的上升过程（最多是在 1450—1500 年之间上升 50%，即每年上升 1%），而且充满波动，极易受周期性的影响，但长期而缓慢的上升趋势不容置疑。依据地方和经济情况，这场前革命发生的时间有轻微差异。我们有一个不怎么完美的时间表：*巴黎，1460 年？*；埃克塞特，1462 年；慕尼黑和奥格斯堡，1464 年；乌特勒支，1464 年；斯特拉斯堡，1464 年；根特和布鲁日，1464；*法国（依据阿维内尔的曲线），1465 年*；法兰克福，1470 年；利莫日，1468 年；*拉古萨，1482 年*；*罗马，1485 年*；利沃夫（燕麦），1485 年；西班牙（巴伦西亚），约 1500 年。斜体表明数据不太可靠，其他则是相对可靠的，因为在 15 世纪我们没有一个十分完善的调查统计网络。不过，以上观察已经足以说明，在日常生活的现实当中，这场前价格革命几乎在同一时间开始，差不多覆盖到整个欧洲，除了西班牙（数据相对可靠）和葡萄牙（这只是一个推测，因为我们没有葡萄牙的有效数据）。

在西班牙，不论是纳瓦拉还是巴伦西亚，虽然有周期性波动的影响，但名义价格有停滞、水平延伸的态势。如前所述，巴伦西亚的价格只有到 1500 年以后才开始上升，塞维利亚也是同样情况，安德烈·E. 萨约斯（André E. Sayous）将其定位为 1506—1510 年左右。伊比利亚半岛因此是一块独立于欧洲经济之外的地区，然而因为汉密尔顿的研究过于出色，使得我们倾向于根据它的情况来描述欧洲的情况。

如果我们用白银价格取代名义价格进行考察，前价格革命的范围很快就收缩了。白银价格与名义价格同步上涨的地方只有利莫日、格勒诺布尔、斯特拉斯堡、法兰克福、乌尔茨堡、慕尼黑。两者的差异在利沃夫维持了十年之久；埃克塞特 20 年；乌迪内 30 年；布鲁日和根特大约 36 年；西班牙（巴伦西亚）白银价格和名义价格同时开动，但这是 1500 年的事了。

事实即是如此。要解释它们既不简单，也没有确定的答案。也许验证工作的第一步应该是比较根据货币贬值调整后的名义价格的运动。

就我们所知，西班牙是唯一一个处在前价格革命之外的国家。然而，我们注意到西班牙的货币就白银而言并未有贬值。我们还注意到，西班牙——确切来说整个伊比利亚半岛——当时是非洲黄金再分配的中心，黄金从这里流出，而白色金属因此有更有利的价格。我们此前已经用一幅图向读者说明了西班牙和德国之间两种金属价格的失衡（参看维多利诺·戈丁诺的大作）[1]。在这个地理大发现之前的 15 世纪，伊比利亚世界难道不是仍在将目光投向伊斯兰和非洲？投向它（包括撒哈拉地中海）的黄金货币、奴隶、买卖等等？难道不能说那时候的非洲仍旧延伸到了比利牛斯山脉？而黄金难道不是又一次成了价格运动的阻碍，使得伊比利亚的经济相比欧洲其他经济体显得落后了一阵？所有这些问题都没有确切答案，但我们可以用各种手段加以解释。西班牙的反常——直到 1500 年都处于名义和金属价格停滞状态——促使我们开始怀疑所有这些理由。

另外，只要价格上升和记账货币贬值的差值为正，名义和金属价格同步推进是定则。比如斯特拉斯堡有 28% 的价格上涨和 9% 的微弱贬值；还有乌迪内，数据是 40% 对 18%。

---

[1]　V. M. Godinho, *Prix et monnaies au Portugal*, 1955.

这些观察提出了一个新问题：为什么这些地方比起其他地方，贬值造成的损害更大？德国的例子为我们提供了解答：贬值是白银充裕的反面。阿尔卑斯和中欧矿山大幅发展，并很快被奥格斯堡的资本家收入囊中。这可以解释为什么粗一看虽然贬值微弱，但两个价格序列在德国依然同时上升。每年 10 吨的白银也许不足以造成这一结果？德国还有一处奇怪的地方：价格上涨在此相比其他地方要显著得多，几乎快赶上接下去 16 世纪大涨价的水平。对于德国而言，说前价格革命似乎并不恰当。但是不是要考虑到 1350—1450 年之间德国危机的深层影响？德国几乎因为消灭集落（Wüstung）也就是农村衰落而受了致命伤。因此，德国似乎比法国和英国更受打击，即使后两者有漫长的百年战争。（加斯通·安贝尔说过，战争是奢侈品。他说得不错。）也许是因为德国跌得更惨，所以反弹更强，价格升得更高？无疑，做这些解释都要小心谨慎，就好比其他许许多多有待进一步验证的假设，而如果验证失败就应不予采用。

最后我们还要解释一下主要的异常情况：低地国家（还有更远的英国），也许还有意大利（至少威尼斯）的曲线基本不动。整体上讲，欧洲经济的两大马达（佛兰德斯和意大利）缺钱了。它们出现的货币贬值就是明证（威尼斯，还有反复贬值的佛兰德斯）。它们渴求白银，白银因此溢价，但却还在不断向其他地方流动。（例如，1467 年威尼斯一位商人的信中提到将白银运往西班牙，而更晚的一些文书讲到将大量威尼斯白银运到西班牙或者柏柏尔从而换取黄金，获利不菲。）简而言之，不论是在佛兰德斯还是乌迪内，货币贬值是否足以抵消白银计价的上涨？所有这些我们只能一笔带过，更多地是为了激发有益的问题意识，而无意于盖棺论定，因为这仍需利用更精确的文献记录。

虽说如此,从我们上述考量出发,我们发现这样一个多样的运动预示着欧洲在美洲宝藏到来之前就开始觉醒了。因格里德·哈马尔斯特罗姆(Ingrid Hammarström)注意到瑞典正是这种情况,而这一发现为新的、也是必要的反思打开了大门……

显然,我们触及的问题达到了目前史料所不能企及的高度。对于意大利这个问题并不存在(除了乌迪内和齐奥加)。而汉密尔顿伯爵已指出,佛罗伦萨还有大量史料有待发掘。传统的历史学家都将注意力投向了洛伦佐·德·美第奇时代的佛罗伦萨,这并非不可,但他们所撰写的戏剧对于阐明这一非同寻常的物质现实没有帮助。经济史学家熟识的只是16世纪那个忧郁的佛罗伦萨,那个科西莫的佛罗伦萨,这也是一大遗憾。我们的无知使得我们无法利用这个对于整个欧洲命运而言都有重大意义的证据。

"漫长的16世纪"在何时结束?现在,如果强行要为漫长的16世纪划出边界,我们也会犹豫不前。回潮有其先兆,较晚才得到证实,而且根据地区不同而发生在不同的时间。

我们再一次对记录作了区分:白银价格,名义价格。它们是两种不同的语言。

根据金属物价,漫长的16世纪显著缩短了(见图18)。最早的世纪回潮事实上出现在西班牙,与1580年代巨大的政治转折同时。西班牙当时需要为征服葡萄牙投钱(1580),随后不久又要为无敌舰队的"账单"买单(1588)。1589—1592年发生了一次短暂的财政危机,颇为剧烈,但仍待解释。[1] 再过不久,似乎轮到法国屈服了(巴黎、

---

[1] P. Chaunu, *Séville et l'Atlantique (1540-1650)*, VIII, 2, 1, p. 781.

格勒诺布尔、利莫日、巴伦西亚、罗芒什……）；某种意义上讲，这个法国不也正是在为天主教同盟，为它所造成的整个王国的货币物价大通胀买单？在意大利也是如此，在 16 世纪的最后 10 年里，景观顿时变得阴郁起来，不论是在锡耶纳、佛罗伦萨抑或是乌迪内。

简言之，根据我们绘制的白银计价价格图，高点相继出现在 1580—1589 年的安达卢西亚；1590—1599 年的乌迪内、锡耶纳、艾克斯、巴黎、格勒诺布尔；1600—1609 年的那不勒斯和新卡斯提尔；1620—1629 年的热那亚（?）。

除了最后的热那亚例外（但它的数据真实性还有待讨论），一场大规模协调运动在西班牙和意大利出现，导致这两地价格早早开始下跌。这块长期以来经济领先的地区似乎难以承受美洲贵金属到来减缓的打击；富人的生活方式也许导致需要新世界有源源不断的贵金属涌入。法国（至少是有一部分地区）也较早出现下跌。无疑，在欧洲各地，经历了世纪末短暂而剧烈的运动和突如其来的降价之后，17 世纪初有轻微的回升，延缓了真正下跌的大潮。但世纪末的这次断裂似乎意义非同寻常。

在此情境下，大南方与北方国家（德国、低地国家、英国）的情况截然不同。它们发生转折的时间差，用白银价格来看竟然有好几十年。在德国，关键时期似乎是 1630—1639 年，是在劣币危机（Kipper-und Wipperzeit）之后；在维也纳、英国和低地国家是 1640—1649 年。在 1663 年以前一直受王室货币操纵所困的波兰，甚至是在但泽，我们都没能看出明确的结论：价格在波兰一直发着烧。

总的来说，反差再明显不过了：世纪潮的翻转（依据白银价格的情况）在南方发生于 1590—1600 年；在北方发生于 1630—1650 年。接下去，我们将说明，针对这一反差，我们可以根据白银的平衡，从白银的量化历史角度部分地予以解释。在最终结论部分我们会用真凭实据去尝试这么做。

但就目前而言，我们暂且将名义价格的考察与上述结论对比：又将有不少惊讶等着我们。

这次，从表面上看，世纪潮的逆转是三个连续运动的结果：1620年代左右，德国价格处在低点（莱比锡、乌尔茨堡、慕尼黑、奥格斯堡，1621年；维也纳，1622年；法兰克福和斯特拉斯堡则要到1636—1637年）。

第二次运动发生在17世纪中叶：锡耶纳，1649年；埃克塞特，1647—1648年；拉古萨，1648年；那不勒斯和乌迪内，1649年；艾克斯，1655年；阿姆斯特丹、阿纳姆、乌特勒支，1651—1652年；但泽（燕麦），1660—1664年？博韦，1661—1662年；巴黎，1662年。

第三次也是最后一次运动：1678年遥远的卡斯提尔。我们暂时放到后面讨论。

只有在英国和荷兰，名义价格与白银价格准确吻合。这是巧合，巧合在于我们发现这其实是一个简单的数学真理，因为英镑的内在价值是固定的。对德国而言，差距就很大了，可以有10—20年的间隔。在意大利这个间隔更长（半个世纪）；法国更甚（但我们的测算仍待商榷）；卡斯提尔又长于法国：差不多75年……因此，是接连不断的通货膨胀在各国让名义价格维持高位。在西班牙，通货膨胀以铜币通胀的形式出现。除此之外，整个欧洲大陆都遇到了类似的事故，而商业都会（尤其是地中海沿岸）都极力避之而不及。在卡斯提尔，铜币通胀到卡洛斯二世1679年实施清理政策才得以告终。于是名义价格如纸牌屋一般轰然倒塌。在重整秩序之前，为铜币所困的西班牙已经放任白银更自由地进入欧洲流通渠道。塞维利亚曾是白银中心，1685 年以后的卡迪斯成为白银中心。但真相不容忽视：正如雅各布·范·克拉维伦（Jacob van Klaveren）恰如其分地指出[1]，西班牙从此成为欧洲经济的玩偶……

但对于我们来说，描述这场铜币通胀的效果没有太大必要。这个案例精致而经典，有大量当时的记录，后来又被众多历史学家研究。我们这里要关注的只是世纪趋势的回归。我们再一次发现，在欧洲经济空间内，转折通常不是一蹴而就的……艰苦而无趣的 17 世纪因此很晚才开始，而欧洲复合体以不断的扭曲和运动来适应它。鲁杰罗·罗马诺曾指出，一切都是由 1619 年那场尖锐的危机所决定。这个观点令人吃惊的同时也很有趣，但并不能让我们信服……一记重拳能否有如此之深刻呢？

18 世纪新旧交替发生在何时？最后一个有待定位的点：17 世纪的停滞和 18 世纪突飞猛进的边界在哪里？又一次出乎我们意料的是，热血的 18 世纪并非突然爆发，而是像 16 世纪一样，有很多犹豫和迟滞。

根据白银计价的记录，启动分为两股。

第一股是德意志诸国，以这样的次序推进：乌尔茨堡，1650—1659 年；维也纳，1650—1659 年（至少是初步的跃动）；缅因河畔法兰克福、莱比锡、柏林，1680—1689 年。简言之，17 世纪的沟壑只持续了几十年，三十年战争（1618—1648）的倾轧和惨状也是促使价格早早回升的部分原因。

第二次飞跃是在 1720—1750 年间，发生在处在三十年战争边缘

---

[1] J. van Klaveren, *Europäische Wirtschaftsgeschichte Spaniens im 16 und 17 Jahrhunderten*, 1960.

的国家。在这个辽阔的群体中,我们注意到先发的意大利(锡耶纳、那不勒斯、乌迪内,1720—1729),卡斯提尔(1720—1729),法国(艾克斯、格勒诺布尔、斯特拉斯堡、巴黎、博韦,1720—1729)。在接下去的那个十年(1730—1739),但泽、阿纳姆、阿姆斯特丹和布鲁日相继上涨。最后是1740—1749年的英国(埃克塞特、威斯敏斯特、伦敦)。以英国收官让我们想起1500年西班牙的姗姗来迟。

根据名义价格,我们可以分出三次运动。为首的是德国的价格,法兰克福、施派尔、莱比锡(1657);维也纳(1659);慕尼黑、奥格斯堡、乌尔茨堡(1671);威尔斯(1673);维耶(1674);斯特拉斯堡(1655)。中锋是法国(至少是其一部分):艾克斯(1673年),格勒诺布尔(1689),比伊莱巴罗尼(1690);米兰(1684—1688);阿姆斯特丹(1688),莱顿(1690);乌迪内(1689);热那亚(1690)。最后一组,锡耶纳(1721—1727),卡斯提尔(1721),但泽(1735—1739),英国(埃克塞特,1731;伦敦,1734)。

总而言之,这次只有德国属于唯一而强劲的异常。威廉·阿贝尔曾指出这一点但没有深究,而且我们的确还需要进行深入研究。我们因此暂且将三十年战争作为原因,但它是否能充分解释物价快速抬升呢?我们难道又一次处在这样一个物质生活跌到零点又重新抬升的德国?根据相同的思路,我们还可以问,德国的经济似乎大幅衰落,因为物价和人口都跌落了,但它为何又能轻松恢复呢?这不恰恰也是1680—1690年美洲殖民地苏醒,巴西黄金、随后是墨西哥黄金大量产出的时候?

将德国经济与美洲经济作比较至少给我们提供了一种解释。18世纪的物价爆发是否最初发端于边缘,随后逐渐扩展到整个欧洲?毕竟,在16世纪,世纪潮的转向不正是先发端于德国、法国,随后才在前资本主义的核心地区,也就是意大利和低地国家出现?

初步结论。在这些迅速的考察之后我们不妨做一些初步的结论。我们所陈述的只是问题的各个方面或范围,而不是问题的答案。

所有历史学家都赞同世纪潮的说法。但当我们要寻找精确的时代分水岭(即世纪潮的转向)时,这个说法显得不那么精确。很重要的一点是,每一次,转向在影响整个欧洲以前,都会先颠覆一些重要的时序空间,大致发生在1460—1510年,1590—1650年,1650—1750年之间。相比十年中位数,其他方法也许可以给出更好乃至不同的断代,其具体操作仍需讨论和研究。

但我们还指出了问题的一个主要方面:欧洲从来都不会在一年里,因为一次运动而掉头,因为每一次它的结构、地域不均衡、缺乏协调性等等都会起干预作用。而且,这些反复出现的边界让名义测算和白银克数测算之间一直维持着矛盾。毫无疑问,这些矛盾不会因为简单地碰撞而化解。换言之,数量理论,乃至货币的数量理论都不能牢牢关住物价,这一点经济学家和历史学家都早已知道。还有其他因素的作用,我们先推测若干。大的问题我们稍后再讨论。[1]

---

〔1〕 我们可以说,就世纪潮而言,历史学家没有特别大的分歧。但用"价格革命"指代16世纪物价长期上涨的做法,在历史学界是存在争议的。

革命一词既非汉密尔顿也非费尔南·布罗代尔的首创,而至少可以上溯到伟大的格奥尔格·维贝(1895)。在有些历史学家看来,这个词似乎有夸大之嫌。有没有革命"会持续百年之久"? 有位历史学家发问(Pierre Goubert, *op. cit.*, p. 499, note 17)。"但我们看到的比这更厉害,"1948年,专攻16世纪的历史学家加斯通·泽勒(Gaston Zeller)呐喊道。他所说的我们,当然是20世纪的人们。的确如此。但16世纪的人们,如阿斯皮奎塔的马丁(Martin de Azpilcueta,1556),马莱斯特鲁瓦先生(Sieur de Malestroit,1566),让·博丹(1568)在惊讶和思辨之余,却未能有幸见到20世纪那种比他们的时代更令人瞠目的场面……(转下页)

谷物以外的价格

谷物指出了世纪潮的若干大问题。现在,我们要考察其他价格与我们的初步考察有何关联。我们将集中而直接地调查这些价格,尽可能地让其为谷物所用。

这样,从协调和不协调出发,我们分析涨跌多少更剧烈的附属商品价格。这样做的前提条件是这种附属商品有长期维持的价格,是欧洲经济的一大特征或者结构,抑或是其一大解释。物价之间相互比较最具有说服力。

(接上页)不要太受时代错误的困扰。齐波拉也批判了这一过于戏剧的表述("La prétendue révolution des prix et l'expérience italienne, *Annales*," *E. S. C*, 1955)。他对物价上涨作了对比,但在我们看来似乎不那么令人信服。他的论述中有意思的一点是,他认为在意大利,价格猛涨是晚至 16 世纪后半叶才发生的,(甚至!)还是康布雷齐堡和约(1559 年 4 月 1—3 日)之后的重建"景气"造成的。但其他地方同样出现物价上涨又该怎样解释?

皮埃尔·肖尼的思考也许更好理解(此前格奥尔格·维贝也已有论述)。肖尼认为,这波价格潮没有第一眼看上去那么显著,也没有伊诺第总统算的那么巨大(前揭,第 23 页:法国的名义价格在 1471—1472 和 1590—1598 之间上涨了 627.5%)。皮埃尔·肖尼的理由是,这轮上涨有一部分是为了补偿 1350—1450 年的下跌。(格奥尔格·维贝则认为,此前的回潮到 1520 年左右才得到校正。)这个说法也许有道理,但所有上升潮难道不都是这样吗?为了测算 18 世纪的价格上涨,是否就一定要从中扣除 17 世纪的下降?

不论如何,按照我们习惯的从 0 开始测算,16 世纪的上涨是显著的。但在我们看来,历史学家称其具有革命性,并非仅仅因为价格上涨的幅度。就算它运动到一半停止了,它在我们看来也依旧是一场"革命",因为在这个世纪,现实发生了剧变,产生了巨大的反响;这是一场不断延续的变革,并在它和过去之间,创造出这些度量大历史的裂痕。让我们读一读博丹、马莱斯特鲁瓦、阿斯皮奎塔的马丁,听一听霍索夫斯基向我们报告的波兰恐慌的回响。我们会承认,在天灾(有时候可以非常剧烈)造成的错乱之外,16 世纪的人们已经对一种新的现象有了认识,这一现象前所未有,无法用已知的原因来解释;它将物价和工资推升到从未有过记录的水平。这种意识的形成,也就是 16 世纪的革命,恰如其分。

两大食品价格：葡萄酒，肉

葡萄酒和谷物有一样重要的地位。在15—18世纪，葡萄酒和酒精消费有显著提升。[1] 提升最初发生于16世纪的城市（这个世纪初的西班牙、意大利；世纪末的法国）：这些城市人喝起酒来毫无忌惮，对酒的品质也不关心。随后，是18世纪第二次提升，这次它影响到了农村。在法国，长期以来饮酒适度的农民满足于喝鲜酿酒（piquette）；但在约翰·劳体系（Système de Law）这场多面的革命之后，农民的葡萄酒消费越来越多。

16世纪和18世纪的两次经济发展推动了酒精饮料消费（从葡萄酒到苹果酒，从啤酒到烈酒）。结果：酒馆及其他酒精供应商成倍增加，所有葡萄酒价格无不呈现出紧张态势，因此相对整体波动而言从来不怎么迟到（甚至常常超前）。

虽说葡萄酒对欧洲一视同仁，欧洲却因葡萄种植的差异而至少可以一分为三（图2）。

在南方，地中海欧洲有数千年的葡萄种植传统。葡萄随着罗马帝国的扩张而走出地中海气候（大体上即橄榄树生长的北界以北），逐步深入腹地，适应了并不那么优越的气候条件。但通过品种筛选，欧洲最高品质的葡萄酒最终得以脱颖而出：波尔多、勃艮第、香槟、皮耶蒙、莱茵河沿岸……葡萄的扩张并非一帆风顺，而越往北往往越困难，就如拉昂和兰斯山坡上的葡萄园……1579年，就是在兰斯，葡萄又一次迟迟没有长好，而且还碰上了严重霜冻，那些还长在藤上的葡萄冻成一团，很多人只能用大袋子收获、运输。[2] 不知是否因此而

---

[1] 别忘了，烈酒和谷物酒精饮料的出现其实和16世纪的商业有关。

[2] Jean Pussot, *Journalier*, 1857, p. 12.

出现了那些传统的大篓子来收获这些坚硬如鹅卵石的葡萄?

葡萄园的北部边界大体可以从法国卢瓦尔河口开始勾勒;它穿越大陆,在差不多美因茨的位置连到莱茵河,随后往北深入,沿着多瑙河到最东边的克里米亚;那里一直要到18世纪才有俄国人建造了自己的葡萄园,而这块地区虽然有凛冽可怕的北风,但在古代就曾有葡萄园。

在这条边界之外,往北,还有广袤的第三块欧洲。这里没有葡萄园,对葡萄酒也没那么痴迷。甚至于有时候,在低地国家、英国和德国,由于漫长的经历使然,它们也不那么热衷于高品质葡萄酒。往东,品位降低了。再往东到波兰,至少从1700年起,这里就有法国葡萄酒的定价记录,但在18世纪的圣彼得堡,欺诈大行其道,丝毫不受运酒船到港的影响。

这就是三块地区的情况。在地中海,葡萄园遍地都是,不断扩张。1540年8月的直布罗陀正值收获季节,整个城市的人都走出城墙,睡到自己的葡萄园里,因为此时按照习惯,正是阿尔及利亚海盗来偷袭的时候……虽然这不算什么大场面,但它能简单地展现出葡萄园的重要性,也勾勒出了它对这些地区的习惯性选择所施加的影响。大体上,要么是谷物,要么是葡萄;要么是面包,要么是葡萄酒。比如威尼斯所占领的群岛上,比如克基拉岛,就从15世纪起采用了干葡萄和莫奈姆瓦葡萄酒。此后,它们就经常处于饥荒边缘,焦虑地等待商船到来。皮埃尔·维拉(Pierre Vilar)很好地向我们展示了加泰罗尼亚的情况,这就好比是谷物和葡萄酒之间从不间断的价格对话,而这对话对文化又不无影响……普罗旺斯也是同样的情况。

在第二块拥有葡萄园的欧洲,人们同样要在谷物和葡萄,还有葡萄和工业之间做出选择。科贝尔鼓励他的手下发展工业:"如果有两个城市，土地都适合于发展工业，而其中一个城市有葡萄园，另一个没有，那我们必须选择没有葡萄园的城市，因为葡萄酒会大大妨碍劳动（工业）。"[1]

在没有葡萄园的北部欧洲，各地仍然有所不同，有的是南方葡萄酒的老主顾，有的则还把葡萄酒当作奢侈品、炫耀品、新鲜事物。有一位波兰贵族就喝葡萄酒以示自己与那些喝啤酒的农民的区别……葡萄酒是奢侈品，但用 W. 松贝尔（W. Sombart）的话来说，它也是资本主义发展的推动力和创造者：很早就有船只将大量波尔多和拉罗谢尔的葡萄酒运到北方。很快，北方人会到遥远的伊比利亚港口，去马德拉、亚述尔群岛还有意大利港口寻找葡萄酒。波尔图、赫雷斯、马德拉、马拉哈还有马尔萨拉的历史都昭示着英国的渴求：15 世纪开始，白色和红色的莫奈姆瓦葡萄酒从塞浦路斯远销英国。

但在广阔的大西洋欧洲，由南往北，还有欧洲和美洲之间，酒桶在大商贸中扮演着怎样的角色？因为它们，所有都均衡了……我们不由得与这位思考大西洋贸易的青年历史学家有相同的感触："虽然可能有夸大其词之嫌，但 16 世纪贸易中的葡萄酒，就好比 19 世纪末 20 世纪初海洋贸易中的煤炭，它是绝好的流通品，海上运费理想的调节者。"它无须铁路。勃艮第的红酒就通过约讷河和塞纳河而有了积极的流通；巴黎地区的酒也沿着河道抵达鲁昂乃至更远的地方。必要时还会利用陆路；每到收获时节，就有大量德国来的护送车穿越阿尔卑斯山到南方收购维罗纳、布雷西亚、伊斯特里亚等地新鲜的、还"冒着泡"的新酒。威尼斯把这些地方产出的酒让给了北方，自己则偏爱更温暖的产区，如罗马涅和普利亚。

---

[1] P. Clément, *Lettres, instructions et mémoires de Colbert*, 1861-1882, II, pp. 624-625.

在这个没有葡萄园的欧洲，新酒每到一处就会带来快乐和狂欢；喝酒可能是南方常见的习惯，但北方的习惯也许是酗酒？且看蒙田是怎么嘲讽那些一饮而尽的德国人的。在克拉科夫，摩拉维亚或者匈牙利的新酒每年9月如期而至。为了确保原产地货真价实，执政官命令提供摩拉维亚酒的酒馆门面上用绿色枝条装点，提供匈牙利酒的则用稻草瓶塞。我们不久前讨论了谷物的多样性，现在是不是要讨论葡萄酒的多样性？酒与酒各不相同，通常其品质又和产地挂钩。在15世纪的温彻斯特，人们区分一等弥撒用酒和二等弥撒用酒。在16世纪末的伊顿，人们不会搞混萨克（sack）和克拉雷（claret）这两种酒。在奥尔良这个悠久的优质酒产区（18世纪以后品质下降），16世纪时候将酒分为两类，从而方便定价，因为价格也许会因此而有2倍乃至3倍之差。在商业贸易繁盛的亚眠，1565—1667年的账本显示有5—8种葡萄酒；在阿姆斯特丹，1669年时人们将法国和西班牙的葡萄酒分为11个品种。

阿尔萨斯的价格序列表明买家根据产地区分葡萄酒。但显然，账本上所列举的各个等级对于我们历史学家来说不那么好认。就比如乌迪内区分上（di sopra）葡萄酒和下（di sotto）葡萄酒。但这还不止：18世纪的一位博学家斯泰内罗（Stainero）还告诉我们，乌迪内还有一个葡萄酒分类，在其他两个之上……

不过，在那不勒斯，酒的分别就很古老了。他们区分希腊酒和拉丁酒，而这两种酒对罗马都有重要的出口。是的，这里一切都清清楚楚。但在克拉科夫，我们又一次迷失在各种酒类当中，在我们的曲线上找不到匈牙利酒，找不到摩拉维亚酒，但却能找到莫奈姆瓦葡萄酒、威士忌（它是新面孔），然后还有醋（它是葡萄酒的穷兄弟，紧跟价格波动）和啤酒（因为也有一种麦芽醋）。本章我们仅在众多案例中讨论三个最典型的：但泽，价格很清晰，我们因此绘制出了曲线（图22和图23）；利沃夫，虽然数据不那么清晰，但可以看出葡萄酒（没有具体信息）和威士忌竞争激烈；华沙的例子则更具多样性，匈牙利酒、莫奈姆瓦葡萄酒和法国酒在此聚首，而1700年以后又有了威士忌甚至朗姆酒。

另外，关注品质难道不是北方国家的一大特点吗？在地中海（如新旧卡斯提尔或者巴伦西亚），更通常的情况是"酒就是酒"，或者是"当地酒"（vino de la tierra）。只需一条曲线就能勾勒出其价格走势。

北方国家的另一个特征是他们的酒精、烈酒和其他谷物酒的消费不断增多。16世纪蒸馏器在欧洲重新启用并普及，烈酒在"伟大世纪"尤为盛行。18世纪有了大规模的生产和消费。谁能想象没有酒精的战争与士兵生活？这种酒精消费透视出北方经济的发达。阿姆斯特丹是第一个酒精之都，既是谷物酒也是烈酒的市场，也正是各地的荷兰商人教会了西欧的葡萄种植者烧毁他们的酒……

再一个更具北方特色的产物：啤酒。古老的酿酒厂相继采用了现代的配方，系统性地用上了啤酒花酿酒。当然，把葡萄园往北的边界看作是啤酒最南边的界限并不妥当，因为啤酒酿造的区域往南延伸很远，比如巴黎很早就有啤酒厂，而且它不是个案。

啤酒显然也有三六九等。在奥格斯堡，人们区分"白"啤酒和"棕"啤酒；维也纳虽然是白葡萄酒之都，却有6种不同品质的啤酒，不过它们的价格时而相差不远；在华沙，有5种；利沃夫，两种；克拉科夫，6种。在慕尼黑，啤酒分为三月啤酒（公认最好的啤酒），卖得最贵，还有冬季啤酒。

葡萄酒和啤酒的数字语言可以告诉我们什么信息？首先，它们佐证了我们初步确定的大的谷物价格运动。尤其是在 16 世纪，所有酒不论好坏和产地远近都涨价了。所有酒都加入了这个世纪的"革命"，而后又跟着 17 世纪退潮。阿尔萨斯、加泰罗尼亚和但泽（图 22）的曲线皆可佐证，而我们还能加上温彻斯特、利沃夫和阿姆斯特丹（图 23）的数据。

第一个问题：酒的价格比谷物运动得快还是慢？回答要分至少三个方面，分别讨论三块不同的欧洲。为了给出一个直观的解答，我们对比所选城市百升谷物和百升葡萄酒的白银计价（图 23）。

初步答案，首先来看西班牙的两条曲线（同处地中海气候的巴伦西亚和新卡斯提尔）。在巴伦西亚，葡萄酒一开始大约等于谷物价格的 66%。它因此几乎跟着谷物的脚步，但中间有点时差。在新卡斯提尔，谷物最开始比葡萄酒贵，其价格在 16 世纪比葡萄酒上升得更快。因此在这里谷物和酒的差距拉大了。遗憾的是，17 世纪初我们就没法确立同样的两条曲线。显然，两组数据本身不能确立什么定律。但这两个案例能够让我们大致想见葡萄园过剩地区的价格情况。[1]

将上述发现放到格勒诺布尔，我们发现它没有那么显著了。依据我们的账本，格勒诺布尔人喝的是附近葡萄园的酒。谷物比酒贵，但贵得有限。16 世纪末的时候葡萄酒涨价速度更是高过了谷物。酒于是成了领头羊，但很快又被它的对手超过。我们因此说它们旗鼓相当，而谷物略胜一筹。

如果我们看北方国家，情况反转了过来。在温彻斯特学院，百升"礼拜堂酒"（vin de chapelle）最开始相当于百升谷物价格的 6 倍。在

---

〔1〕 即使安达卢西亚的葡萄酒和油都比谷物涨价快，但其个中缘由，要去美国市场找。

1542—1551 年货币贬值之前，它的价格比谷物上涨更快。再往后，谷物似乎达到了相同的速度。1655—1659 年，所谓的礼拜堂葡萄酒（但它是否和此前的相同呢？）是百升小麦的 10 倍，而到 1710 年左右，这个比值上升到了 12，随后到 1750 年的 20 倍。在供应充足的阿姆斯特丹市场情况也差不多。1630 年左右，在当地作为高档酒标志的波尔多酒比小麦贵 7 倍；在 18 世纪下半叶，这个比例在 1—10 之间波动，在漫长的西班牙王位继承战争期间尤为高企。

这些数据反映出，北方国家葡萄酒消费明显较少。这里，葡萄酒是奢侈商品，而不像在南方，每个农民都可以带上瓶瓶罐罐去附近酒馆打得满满当当。为了用数字语言展示这一差别，我们以利沃夫的啤酒曲线为对照。百升啤酒价格和百升小麦相同。均等随后因小麦涨价而打破，差异不断扩大。1620 年以后，啤酒维持在一个稳定的价格。18 世纪中，它相当于小麦价格的四分之一不到。归根结底，这说明了无论是在北方还是南方，日常饮料（葡萄酒或者啤酒）都没有吃的那么值钱。17 世纪的博韦也是一个小小的佐证：当时这个城市葡萄园环绕，在我们记录下的曲线上看，葡萄酒曲线与小麦的波动趋势相同。

但这是长期来看的事实。短期来看，事情就没那么简单了。价格总是容易跳跃、出轨。就比如在博韦，小麦和葡萄酒价格走势也时常会有相反的情况，一个高一个低，依据各自收成的好坏而定。但我们暂时无须驻足于这些短期的复杂现实。勒内·巴埃雷尔认为长期来看在普罗旺斯，酒价与粮价是相反的。但他所说的长期具体是指多长呢？实际上是 30 年的运动（类似于半个康德拉季耶夫周期），而不是我们这里讨论的世纪潮。

肉价。1400—1750年，欧洲是面包消费大户，也是半个素食主义者。在19世纪科学农业普及之前，只有这种素食饮食才能养活不断增长的人口（1650—1750年间也许增加了2倍，至少1倍），后者从1400年大约5000万—6000万变成了1750年的1.5亿。

面包消费在19世纪中叶之前都将肉类消费远远甩在后头。不过需求在此之后逆转，肉的价格随着"牛排"统治欧洲而上升。1750年前的欧洲喜欢白面包；今天的欧洲喜欢肉。至于面包，它在饮食当中的位置不再重要，而干蔬菜、土豆、各种绿色蔬菜（不少是完全新入的，或者是科学培育改良的）在19世纪消耗得越来越多。

我们所了解的1750年的情况是：许多面包，很少有肉。而这一状况一直延续到大约1850年。但如果我们上溯到中世纪，情况又不同了，越往上，餐桌上就有越来越多的肉，而这还不只是王公贵族的餐桌。

威廉·阿贝尔（1937）曾指出这一点，并肯定了古斯塔夫·肖莫勒（Gustav Schomoller）1871年发表的一篇很超前的论文。[1] 在论文中，肖莫勒详述了15世纪到18世纪的这一漫长演变。它在我们看来难以反驳，虽然历史学家其实知之甚少。在阿贝尔看来，城市中的德国人在15世纪平均每年每人消费100千克以上肉类（差不多接近生理极限），而到了19世纪，数值减少到了14千克不到。德国是这样，欧洲也差不多这样，只不过有时间先后的差异。所以说，欧洲从有限的种植、大空间放牧转变为侵略性日益增强的农业生产，它限制了畜牧业，因为它"执迷"于养活越来越多的人口。在西欧，靠放牧改善

---

〔1〕 G. Schmoller, "Die historische Entwicklung des Felischconsums..." in: *Zeitschrift für dies Gessamte Staatswissenschaft*, 1871.

生活越发困难：17 世纪法学家、经济学家卢瓦泽尔写到布莱（Bray）地区："只有住在牧场和市镇附近的村民，他们有点懒惰，满足于靠几头动物维生。"各地或迟或早都会出现价格剪刀差，上头是谷物，下面是肉类……

有成千上万的证据表明畜牧减少、肉类和动物产品需求降低的情况——具体细节我们不难找到，而同时我们也要注意到，西方世界对皮制品的奇特需求可以解释为什么有那么多产品要从埃及、巴尔干乃至新大陆运来。我们也可以注意 15 世纪以来欧洲对匈牙利、巴尔干和波兰的牲畜的依赖，这种依赖在这些欧洲的边缘地带推动了名副其实的畜牧业的发展（民众的或是领主的）。

但要解释肖莫勒所提出的大问题，我们还是要靠数字，靠价格（牛肉、小牛肉、猪肉、羊肉、猪油、火腿、奶、奶油、鸡蛋、禽类、野味的价格），而例外可以证明定律。

如果我们将这个问题迅速地数学化：肉类价格大体上追随小麦和其他谷物的价格，若干地区的牛肉价格曲线就向我们展示了这一点：安达卢西亚、乌尔茨堡或者桑威治（图 24）；或者是未修订的羊肉曲线（巴黎，图 26，依据医院档案统计）。没有小麦那么高需求的肉类跟随后者的价格波动，但有显著的滞后。因此我们看到 16 世纪巴黎的羊肉价格走的是中间路线，介于上升最快和最慢的价格之间。小麦在羊肉之上，乌尔茨堡和英国的曲线即可说明。现在我们将肉和小麦的价格按照白银克数计算、进行比较：结果明明白白；每次，天平都会向农业和食用谷物倾斜……

还有成千上万的证据。在斯特拉斯堡，燕麦的平均价格在 15 世纪如果是 100，在 17 世纪上升到了 350，而肉类价格只有 250。在杜伊斯堡，从 1485—1520 年到 1590—1628 年，白银计燕麦价格涨了

300%，而牛肉涨幅为 212%—242%。在 15 世纪到 16 世纪后半叶的萨克森，这两个比值分别是 350% 和 250%。

也许，这里的直线增长并不是一蹴而就。17 世纪的博韦是肉价上涨的领头羊。1630 年，价格上涨了 30 年后，肉价的波动差不多是谷物的一半……德国由于三十年战争的艰苦岁月人口缩减，战争过后一度出现反弹，谷物价格让动物制品价格领先了。如果我们比较乌尔茨堡、奥格斯堡和慕尼黑在 1619—1624 年（不包括异常的 1622 年）和 1669—1673 年期间的情况（货币价格最初设定为 100），黑麦价格降到 25，而肉价维持在 85（慕尼黑和奥格斯堡）和 60（乌尔茨堡）。德国的情况是个例外，但它持续的时间很长：屠宰场和动物市场又开始活动。"目前的市场供给充足"，1658 年法兰克福的一本流水账里写道，"人们可以随心选择……"

写写欧洲的肉和动物制品的历史着实得费不少笔墨。欧洲正逐步向一个方向发展，各地有相似的势头，但具体情况又很多样。真要动手，我们就要进入食品史的领域。到目前为止，我们已经从中提取了不少生动的细节，但我们尚未进行归类、度量或比较。食品史开始从"小历史"中脱颖而出。每顿饭吃什么？有多少卡路里？在市场上价格几何？没有着手的问题还有很多。维托德·库拉正在进行一项研究，他得出的结论是，对于 18 世纪的波兰农民而言，最便宜的卡路里是谷物酿造的烈酒，他为酒精平反的同时也露出了微笑，因为这番话显然不过是玩笑。"诚挚"地研究食品史才刚刚开始，物价史也许只能清理掉一些偏见，但它也提出了不少问题，或者说，它其实是食品史的必要参考，而在此之外还要关照社会学、生理学等方面。食品价格以及吃什么毫无疑问是每个人日常都要考虑的难题。

非食品价格

讨论非食品价格的时候我们不得不放弃继续进行连续和整体研究的念头，原因有好几个。第一，我们的数据除极少数例外都不怎么精确。石灰是按照"车"卖的，但一车是多少呢？木材也有各种不同的计量单位，指涉不同的体积和质量。至于纺织品，混乱的状况更是让我们感到无从解释。纺织品的质量参差不齐，价格很大程度上受染料产品的影响（如威尼斯的样本数据）；它的规格也大小不一，不论它是比较著名、质量稳定的纺织品（如在波兰出售的凯尔西布有32—37尺[1]），抑或是有些用名商标标记的产品（如"一匹狮""两匹狮"等等），因为地点和时间的不同，内容也会有改变。这是因为纺织技术日新月异，时刻都受潮流和客户的影响。

对于钢、生铁、铁、铜和其他金属，我们不要忘记那时候重工业还没多少发展，所以数据十分不充分。

简而言之，我们要根据通史的惯例谨慎地使用这些数据。每次在用它们检讨长序列时我们都会尽可能说明文献状况，而在可能的时候我们也会追踪某几种数据更确切的商品的命运。

住房

买房得花一笔大价钱。造房子，入住，装修，取暖，照明——这里要用到多种不同的材料。这些材料的价格序列有不少已经发表，但它们并不连续，很少有完全覆盖本研究的整个期间的。几乎在所有

---

〔1〕 尺（aune），法国旧制长度计量单位，相当于1.2米。——译者注

案例中：有关板条、石灰、板材，原木板的质量、规格，有时候还有它们的材质（产地更不用说），我们都有着满满的疑问。我们看到的是当地生产的物件，还是从外面运来，因此受运输费上升而涨价的物件？有些不一致的地方我们难以解释。1550—1750年的波兰，檩条的价格在华沙涨了10倍，在克拉科夫只涨了5倍，但板条的表现则相反：在华沙从1涨到了20，在克拉科夫从1变成了30。对此我们难以下任何结论，两条曲线也都没有搞错，但造成这个问题更重要的原因也许在于板条和檩条这两个词应该更明确定义。

砖头

砖头的例子有一定的代表性，砖头与取暖木材一道，是我们唯一绘成曲线的例子，但不绝对确信其准确性，遑论用它来说服别人。从欧洲的一头到另一头，砖头是一个具有可比性的产品，销售单位以千或百计。其用途广泛（虽然有一片盛产石料的欧洲），身影遍布欧洲，从红色的锡耶纳，到威尼斯、伦敦、阿姆斯特丹、但泽还有巴黎，在孚日广场上，路易十三风格的建筑（它也同样是一种亨利四世风格）则由石料和砖头以低地国家风格混搭。不过，这种重物会有不均衡的方面。即使在今天，砖头厂周边总是能买到便宜砖头。也许这个因素可以让我们解释将价格换算成白银克数后绘制成曲线的一些奇怪之处（图27）。

总共有5条曲线：利沃夫、克拉科夫、乌尔茨堡、英国和巴伦西亚。我们在此之上又添加了白银计小麦的总体曲线，但对这条曲线我们只能半信半疑地使用，因为我们已经说过，它只是拟合的结果。

大体上我们发现，100升小麦（除了少数例外）比1000块砖头的价格要高,这一点我们有大量旁证。再者,也只是大体上看,砖头也会跟随整体价格走势,但步调没有小麦那么快。迟滞、涨价、迟滞……如果我们为每条曲线附带上当地相应的小麦价格或者整体价格指数(如果存在的话),我们还能做更多的比较,得出更多的信息。比如我们大可以说,1450—1750 年,英国的整体价格指数从 100 变成了 600,而同期砖头只涨到了 350。波兰的曲线也步调相同,两次跳跃对应了 1663 年的货币贬值……但只有对利沃夫和克拉科夫进行比较研究才能解释两座城市之间的水平差异。这是个大问题吗?

我们还发现,整体上波兰的价格在开始处于相对低的水平。1440—1444 年利沃夫的砖头价格是 25.7 克,此时的英国是 77.8 克,巴伦西亚 87.81 克。三条西欧曲线(巴伦西亚、乌尔茨堡、英国)要比波兰的高出不少。只有到 18 世纪,如果我们不看克拉科夫的价格暴跌,几条曲线的差距才有收缩。显然,我们不能从这幅图中得出太多结论。砖头的价格取决于十分常见的天然原材料,也取决于劳动力,最后还取决于燃料(通常是木头,但也有地方用煤炭,如在低地国家和英国)。最后这个细节是否能够解释英国(甚至荷兰)砖头相对低价的原因?以及为什么在荷兰,人们用砖头铺路?

木头

尽管木头对房屋取暖、造房子、造船还有冶金(以木炭形式)极其重要,我们也不能用与木头有关的数据作太多推断。木材因此很大程度上超出了日常用品的范围,其价格也与家庭物价关联不大。

我们也许可以满打满算说,有十分之一是有关的。确实,18 世纪纺织业有了决定性的发展,甚至到 19 世纪,都是木材的时代,因为木材是当时人类可用的主要能源。从 16 世纪开始,木材在英国越来越稀缺,所以导致煤炭上位。这个判断可以支持约翰·U. 内夫的著名论点[1]。

木材也代表着农田的极限：木材减少则农田增多。"面包与木材"的斗争持续了多个世纪。它就发生在我们眼皮底下。以上就是一些大的问题，但我们只能作十分平庸的回答。

利沃夫、新卡斯提尔、乌尔茨堡、伊顿的取暖木材曲线（图 28）根据它们各自的白银折算价（以白银克数计），而不是各自的价格分类，因为后者会把我们固定在计量单位上。各地的计量单位虽然都是"载""车"之类，但我们当然不能拿它们直接比较。我们只能单独地比较每条曲线的运动，但这样的比较也足以唤起我们的好奇。

虽然德国的曲线在 17 世纪更早出现大幅下降（从 1620—1624 年起，而利沃夫是 1650—1654 年），但乌尔茨堡和利沃夫很相似。最让人好奇的细节，是 1660 年起波兰价格的"德国式"上升（我们要再度提起这个问题，即从低价格水平开始，这是不是一种大陆性的形势？）新卡斯提尔的曲线虽然不完整，但能勾勒出下降的趋势，让人想到西欧的长期走势。最后，在伊顿，价格先是从 1600 年起上升，随后到 1650 年以后持平。17 世纪中叶以前，英国的木炭曲线都比木材曲线要抬升得更为猛烈（我们知道，在英国这一大趋势的逆转比较晚才发生）。博韦的曲线显示 17 世纪初价格有 30 年的有力增长（比谷物更有力），随后随着欧洲生活成本的整体回调而下降。但在 17 世纪的博韦，最有趣的细节莫过于有些大森林重新为树木覆盖的趋势。夏尔·德韦兹（Charles Devèze）关于巴黎盆地森林的宏大著作[2]也指出，16 世纪大森林得到固定（基本上就是今天的范围）。在东普鲁士，

---

[1] J. U. Nef, "A Comparison of Industrial Growth in France and England from 1540 to 1640," in: *Journal of Political Economy*, 1936.

[2] Ch. Devèze, *La vie de la forêt française au XVIe siècle*, 1961.

汉斯·赫尔姆特·瓦赫特（Hans Helmuth Wächter）[1]指出1620—1625年是个转折点（图16）：谷物种植的扩张减缓；边际土地被抛荒，仅最好的土地上维持着耕作。因此，它们的收成也增加了，或者应该增加。森林回归平静。但至少就现阶段知识水平而言，这些价格和曲线还不足以让我们解决问题。

穿着

纺织是一个庞大的经济部门，但探究它却十分困难，甚至不可能。更让我们感到惋惜的是，纺织业是当时最大的工业，堪称一切"不平衡"经济增长的马达。毋庸置疑，是纺织业或早或晚地开启了工业革命的浪潮，随后又因此脱胎换骨焕发第二春。

15世纪之前，欧洲每个地区都有纺织产业。根据情况不同，它有时候只满足地方需求，有时候也会出口，甚至可能有很长距离的运输。随后纺织业出现了大规模的集中。这在欧洲地图上清晰可见，从15世纪到18世纪日益显著，当然中间也有难以细说的波动和调整。在那个时代，通常而言纺织业的流动性是最大的，它更多是与城市和农村工人而非工厂和原材料息息相关。但选址这个大问题以及区域的相对重要性并不是我们要讨论的。或者说，它得等日后的价格史来考察，而现在至少我们还没有着手。我们的任务是理清这错综复杂的线索，将一些断掉的线索重新连好。我们只成功了一部分，借助的是三种途径：关注原材料；随后关注最为有名的几种成品；最后根据大范围考察结果草绘地图。

---

[1] H. H. Wächter, *Ostpreussische Domänenvorwerke in 16. und 17. Jahrhunderten*, 1958.

原材料，即羊毛、棉花、亚麻和大麻。我们的图（图30）按照千克（原材料重量）和白银克数（等同于名义价格）计算，借此我们可以根据它们各自的价格对这些材料进行排列：最高的是羊毛；棉花比它低不少，17世纪以后亚麻也迎头赶上；最后，在图的底部是大麻和一种质量特殊的亚麻（在阿姆斯特丹叫作"天父"亚麻）。自然，这个图表很有局限性，它讨论的是国际贸易的商品，但却排除了丝绸。而且，它没有体现国内和地方消费的农村产品（但这占到了货币生活和我们的材料的一半）。

大体而言，我们得出的序列追随着世纪趋势。要注意的是，里加大麻价格在阿姆斯特丹市场上的运动可以绘制成一条十分典型的曲线，粗看来几乎就是大陆欧洲形势的翻版，除了1682年有一次过早的回落之外。同样，法兰克福的亚麻很好地体现出16世纪的上升势头，而奥格斯堡的亚麻（奇怪的是它比法兰克福的更贵）描绘了16和17世纪的潮流；相反，从1750年开始，它的曲线至少在表面上看脱离了整体趋势。对于18世纪欧洲大陆的价格上涨，里加的大麻，阿姆斯特丹的天父亚麻，塞戈维亚的羊毛（羊毛中的王后）追随了整体潮流，但我们也的确发现，里加的大麻十分超前。

这些原材料的价格相对不均衡。关于这个问题，我们可以看一下毋庸置疑的羊毛王国西班牙。但泽的上等羊毛才能与之媲美，而它的一般羊毛比西班牙羊毛要差得多……英国羊毛价格，根据约翰·休顿（John Houghton）的计算，还处在一个更低的水平，但我们可以注意到，英国的羊毛都是现地生产，没有多大运输成本。出于同样理由，图中若干亚眠价格也显得颇为低廉。

至于制成品曲线（图31），它们看似只有两条，其实总共有5条，只是有几条连接起来了。但不要高兴太早！在将长度和价格换算成米和白银克数之后，我们发现高品质的英国呢绒和低成本的纬起绒织物及其他低端棉麻制品价差巨大。英国的红呢绒在法兰克福的价格，15世纪是低点，16世纪是高点（高得也有限，1515—1604年涨了55%）。不幸的是18世纪初以后的数据我们就得不到了。在利沃夫出售的伦斯基呢绒（伦敦产）与法兰克福的是否相同？我们并不知道，但不论怎样，两条曲线显然是以相同方式波动。我们可以猜想，在17世纪，它们多少跟随英国的价格运动。我们有英国凯尔西布的曲线，它呈现的是1605—1609年从高点开始加速下跌，直到1719年之后企稳。

在法兰克福，纬起绒织物的运动从1519年起呈上升趋势。但我们是否可以相信我们用各个点连成的曲线呢？它告诉我们，16世纪中叶之前是有力上升，随后却又步伐孱弱。英国凯尔西布在18世纪呈现出一个高地。我们要承认，单单将这些证据收集起来并不能得出坚实的结论。我们能否就此推论，织物没有小麦涨得快，但和它跌得一样快呢？这就可以讨论很久呢……

我们的图表缺了什么，想必大家都可以想到了。我们还要好好呈现主要织物的价格运动。这是不容置疑的，但我们还在等待，也许还要等很久。

相反，我们知道食品价格和织物价格（在短期）经常会有相反的运动，这种矛盾导致危机和扭曲，也会造成不均衡等后果。不过，这些真相是通过另一种观察得出的，即短期观察。我们从长期就看不到这一点了。

另外，织物价格运动是否与其他波动有关？我们再度发现，我们的知识并不足以让我们得出不可置疑的结论，而且没有任何迹象表明这种关联会是普遍一致的。很久之前，冈纳·米科维茨（Gunnar

Mickwitz)就已经说明,16世纪里加的市场中存在两种市场,即高价的外国织物和低价的地方农村织物。此外,菲利普·路易斯·马丁(Felipe Ruiz Martin)尚未出版的最新研究合理地将塞戈维亚的高品质呢绒和拉芒什的昆卡呢绒区别讨论。前者专门用于出口,经由塞维利亚出口到新世界;而后者针对地方市场。这并不是说这些低端产品没有流通。事实上它们有时候还能出口到很远,比如阿拉贡著名的农村呢绒"科德拉特"(cordelates)。但它们的流通轨迹和(半)奢侈织物有很大不同,这一点我们已经耳熟能详。事实上,我们最难触及的是大众产品的底层,就比如阿勒坡及其周边城市出产的粗蓝棉布,它们经过马赛商人进口法国(根据1687年一份文献记载[1]),用于生产法国南方穷人的衣服。我们应该将其想象成我们小时候见过家庭主妇穿的那种蓝色围裙,还是今天工人的蓝色制服?在这个廉价纺织品的时代,所有羊毛制品仍旧是奢侈的。在英国,莎士比亚不是借福斯塔夫之口,表达了对穿着粗花布或者硬麻布之人的鄙视吗?莫奥(Moheau)不乏欢欣地说道:18世纪,粗羊毛织物在法国农村开始普及。而这个变革,主要不正是大众消费增长的结果吗?

我们几乎可以确信地推测,这些无产阶级的布料的价格波动与其他商品不同。在巴埃雷尔-莫福莱(Baehrel-Meuvret)争论中,我们看到两条布料曲线,对应米兰的两种高低品质布料,时间是1625—1660年。第二条曲线几乎固定不动,而第一种相反在不断下降。顾客们在手头紧张的时期(危机时期就更不用说)纷纷购买日常必需的低档布料。因此在米兰,差布料店能维持,而好布料店降价。但这里我们又一次成了短时段的囚徒。

---

〔1〕 Archives Nationales, Paris, A. E. B. III, 235.

而从长时段看，这条规律也时而奏效，允许我们在此期间作有效的结论（不过其中的变化十分复杂）。库拉对这条规律颇为推崇，把它写入了最出色的几篇论文[1]（他在文章里也采用了埃内斯特·拉布鲁斯的一些观点）。事实上，随着时间推移，在波兰（也许还有其他地方）奢侈的布料变得并不那么遥不可及，它们相对不那么贵了。而必需的布料在涨价，或者说不会降价。我们自然想到奢侈品普及、风行于资产阶级的18世纪欧洲……

　　我们看到：有关纺织品价格的几条曲线中，能够说明世纪潮的准确数据并不多。但到处都有无数文献待我们发掘。也许我们可以让数据更丰富、更准确？而在讨论价格问题的同时，我们也要看看几乎完全被遗忘，也无疑无人知晓的问题，即生产数据。我们以后会回过头来讨论。最后，对于某几样已知的商品，我们是不是要看它们在欧洲各地的价格，而这样做也就意味着又一次要讨论距离和运输成本呢？有关波兰和巴尔干地区销售的凯尔西布我们似乎能得出一点结论。尽管目前我们采用的方法还很原始，但推动这个方向的研究是值得的：找出交易路径，确定纺织品名目，从而帮助解决一个重大问题，即1750年前欧洲最重要的工业产品价格。

重工业之前的欧洲

　　虽说1750年前纺织工业毫无疑问是存在的，但这主要是因为需求量大。穿衣和住房是同等大事，其重要性也几乎要赶上食物。但15—18世纪的欧洲，重工业发展还是有限的，只有等煤炭诞生，高炉

---

〔1〕　W. Kula, "Histoire et économie: la longue durée" in: *Annales. E.S.C.*, 1960.

制铁，大规模使用铁、生铁和钢，人们开始使用蒸汽机、铁路、蒸汽铁船，还有各种机械之后才可以想象……

1750年，我们还没进展到那一步。不要太热衷于讨论采矿业、冶炼厂还有铸造厂。它们虽然向我们展示了格奥尔格·阿格里科拉（Georg Agricola）时代之前伟大的技术成就（用泵给矿洞抽水，升降机，金属碾压机，水车带动的锤头），但这些机械的主要材质是木头，运输用的是绳索，比如克拉科夫附近的维利奇卡盐场，用的就是柳树的枝条（它能防止被盐侵蚀）。

不过，矿场、冶炼厂或者铸造厂总是能集中资本，引来大型投资，吸引劳动力聚集。这些在当时都是很壮观的，在受政府强力保护的垄断下推进，为国家牟利。我们知道雅各布·福格尔（Jacob Fugger）在为洛尔和匈牙利的铜矿大展才华，获利颇丰。我们也颇为翔实地知道1563年伊丽莎白下达开封特许令组建了铜矿公司。我们更无须重复曼斯菲尔德铜矿的世界史，或者是17世纪瑞典铜矿的历险。对此我们可以参考内夫的经典著作。他潜心研究"第一次工业革命"的起源，并将其定位在英国、低地国家和瑞典。这些都是发展领先的国家。

但我们要注意到这些成就仅限于欧洲，而有些成就，如中欧的采矿业，只有短暂的繁荣[1]。不管怎么说，除了少数特别的成果之外，冶炼厂、铸造厂和采矿通常都是小产业。不少研究考察了法国16世纪以来的锻造厂，虽然没有大功告成，但已经发现法国的情况正如上所述。比各种形式的冶铁工业更引人注目的是铜和锡的生产。在当时人看来，大炮的普及大大刺激了其增长。但至少到18世纪前，大

---

[1] 它们也未能逃过收益递减定律，未能免受16世纪中叶以来美洲银矿推波助澜的影响。在17世纪，它们甚至还受到了遥远的日本所生产的铜的妨碍。

炮的部件和教堂大钟一样,是手工作坊的产物;此后才有在模具中一次成型的大炮生产。

我们的数据或好或坏都在响应我们上面草草给出的图景。它们将从欧洲层面展现价格差异,以及形势所导致的工业价格变动。当然了,搜集和绘制的过程比食物价格要困难不少。

铁

只有三条曲线可供我们长期追踪铁的价格(图6),第四条亚眠的铁价虽然数据很好,可惜太短了[1]。所有的序列(利沃夫除外)大体上都跟着世纪潮的大趋势摆动:在乌尔茨堡,1613—1619年抵达高点,1680年又回到这一高点(长期走势);亚眠的情况似乎与西欧的潮流相符;阿姆斯特丹的瑞典铁价格记录从1609年才开始,形状更像是一只篮子,从较晚的1750年才开始回升但颇为明显。利沃夫的价格上升趋势缓慢,从1666年开始,中间是价格平原,最后从1718年起陡然上升,接近国际市场的价格,甚至大有超过它的趋向。不论怎么说,铁和小麦一样,各地价格在18世纪趋近。

锡

锡对于我们来说是个很好的例子(图6),虽然数据不那么完美,却依然很经典。直到17世纪末,英国的锡(产于康沃尔郡和德文郡)独占鳌头,欧洲各地,整个地中海都能见到它的身影,它也通过黎凡特强大的交通运输销往欧洲以外。1695年起,荷兰人通过条约垄断了

---

[1] P. Goubert, *op. cit.*. 请注意短期内亚眠的谷物和铁的价格变动(它们时常会有波动)。对于犁,农民不也是大客户?

暹罗王国的锡。东方的锡比英国锡质量更好，日后将席卷欧洲；1722年起，阿姆斯特丹就有固定的暹罗锡市场。利用以白银克数记每百磅锡的价格记录我们可以整理出价格曲线：图表的上方是但泽锡，随后是东方锡，再往下50%是英国锡。我们发现，因为竞争等因素，曲线之间真正拉开距离是在17世纪末，它们也没有强烈的上升趋势：1480—1740年之间只翻了一番（以英国锡为标尺）。

锡还有其他什么有趣的地方吗？事实上，锡价通常被包括在了工业产品价格中。然而，有关英国的生产和成本，我们却有数据可依。虽说锡的价格在欧洲市场上上升速度不快，但所有生产成本——铁、绳索、劳动力食品——对涨价则更为敏感（尤其是食品）。这也就是其中的刹车机制。英国的产量从1450年以来开始增加，到1520年左右开始下降，直到1667年以后才重新快速增长，持续到1690年；随后它的增长就缓慢了。如果说价格从1480—1750年翻了不止一番，产量在同期则是增加到了原来的3倍。

铜

铜在日常生活中是铁的竞争对手，也是第三大货币金属。因此它对我们而言更有趣。我们因此专门用一张图讨论它（图6）。虽然白银单位依然是我们的基数，但我们将之与其对等物比较：(1) 黄金：经典双金属本位的比率；(2) 铜。在第一张图上我们插入了另一张图，灰色部分给出了白银克数计铜价1500—1700年间在若干地方的情况。读者会注意到在我们采用的体系下，所有铜/白银曲线抬升都意味着铜的贬值。这样的话他也会注意到，乌尔茨堡的曲线从1460年以后表现出这种金属有加速贬值的趋势。这么早就出现的通胀是不是德国特有,是否可以用于解释 15 世纪后半叶的价格上涨?这个问题还有待解答。随后可以看到,16 世纪初往后,铜价猛然上升(同样取材于乌尔茨堡的情况),随后根据英国或阿姆斯特丹的曲线(如果它们没有骗人的话)可以看到水平和垂直的均衡趋势。铜走的是货币金属的节奏。

物价,指数和工资:E. H. 菲尔普斯・布朗结论的是与非

虽然较之前面几项商品,这最后一个问题文献更为充裕,但它也更为难解。工资实际上是一种十分特殊的价格,它支付的是人的劳动,而且通常给得有点吝啬。在我们的期间内,无论是上涨还是下跌,工资变动都十分迟缓。我们有很多方式捕捉这一差距。比如我们对比名义工资和名义物价,进而将名义工资换算为所谓的"真实"工资,或是将工资换算为谷物单位(阿贝尔就偏爱这个方法,但它不是唯一可用的)。我们还可以采用布朗(E. H. Phelps Brown)和霍普金斯(Sheila Hopkins)的方法和指数。

没有完美的方法。它们相互补充也不能消除各自的缺陷,反而让相同的那些缺陷越发顽固地展现出来。1510 年,巴黎周边的葡萄园工人每耕作 1 英亩的葡萄园可以赚 10 图尔镑,但在价格的起伏当中,这笔钱值多少呢?更重要的是,能买到多少东西呢?查尔斯・菲尔林登(Charles Verlinden)告诉我们,问题会迎刃而解;他的讨论令人满意,但略显草率。[1] 他时而用便宜的产品替代过分高涨的产品,这样工资

---

〔1〕 Ch. Verlinden, J. Craeybeckx, E. Scholliers, "Mouvement des prix et des salaires en Belgique au XVIe siècle," in: *Annales. E. S. C.*, 1955.

就能追随昂贵生活崛起的步伐。是的，我们的作者写道，如果不这样计算，工薪劳动者会从这个世界消失。另一样定期降临到他们头上的东西我们也不能忽略，那就是经济危机和人口危机。两种危机通常联袂登台，"死亡就记录了一切"。如果他活了下来，又怎么摆脱困境呢？他会吃什么，买什么，有什么省钱窍门，哪些地方少花钱，哪些地方多花钱，好让工资在时高时低的生活成本面前成为真实的东西？

即便在今天，生活成本这个概念也是很不清晰、难以衡量的。今天的人们即使掌握了处理这个问题的各种统计手段，也感到束手无策。对此没有什么谱的历史学家又能怎么做呢？

相比搜集一般的物价，通常我们无法轻而易举从文献中找到工资。表示工资的数据常常不足置信。而且，白银工资并不能代表工资的全部，有不少于一半的工资嵌入在物物交易的经济中。这是社会秩序和物质需要使然。很少有工资是100%货币工资。而且在工资的名目下，我们最多也只能捕捉到很少量的真实案例，且通常是建筑行业。企业家、石匠、石匠学徒等等如果是天天工作，那相关数据会很有用，但每年都有冬天，而且周期性的危机也不放过建筑业。因此总体来说，他们的数据也有很多疑点。

通常而言，更好的做法是像许多学者研究齐奥加一样，仅限于探讨服务价格：碾磨一定数量小麦，以碾磨一定数量小麦相似的条件进行的运输（从齐奥加到大德国商馆）等等，劳动力价格的间接指数有很多……但我们之所以能了解这些服务也是出于偶然，而每每要用它们的证言，我们依然得小心谨慎。因此，根据地区、时代和档案保存的偶然性，我们对某些项目有或多或少的了解……但我们甚至不知道通常情况下的劳动日数。然而，布朗和霍普金斯的研究却以劳动日作为计算的基本单位。这样做对今天的工业世界来说没什么问题。还有！劳动日的概念在各地也不统一，而且危机会减少每周的劳动小时数，因此也常常会在失业以外造成工资缩减。另外，我们知道，从旧制度生活向机器节奏的转变产生了一系列适应困难的问题。这很好理解，因为在此之前人们都没有或者很少有固定劳动的概念……除了失业和节日，还有因形势和劳动者自身因素造成的失业。假设劳动者在萧条期间比在价格高企期间工作更多。那样的话，我们简单的计算就不能算数了。事实上，考察完一些账本后我们会感到一头雾水。巴尔卡（Omer Lufti Barka）和他的学生不久前细致地研究了伊斯坦布尔苏莱曼清真寺建造的账目。整个工程带来了特别庞大的工人流动，他们来、去、又来……只有用雇工制才能弥补空缺，在低峰期扩大编制。周五休息日之后的周六是给薪日，此时编制是最大的，但到下一周开始，人员有所减少，必须重新招募。谁能想到是这种情况呢？从中取得的图像描绘了一个"实际操作"的历史。但这结果让我们怀疑，在劳动时断时续的条件下，究竟能否衡量劳动所得？时断时续的状态是特殊的还是平常的？它是不是定则？我们还需要有其他同类型文献来帮助判断。

上面快速援引的这些细节（我们大可以用更长篇幅讨论其他细节），预先就说明了我们的计算也许永远不可能克服其基础部分如此普遍的非固定性。既然如此，我们又是如何处理这个问题的呢？

就我们目前所知而言，我们不可能知晓在住房、穿着和食物当中的哪一种，在过去的某个时点、在某个国家是标准和平均开支。但显而易见的是，任何工资都只有借助它的所需和它所服务的需求来研究。布朗和霍普金斯用大刀阔斧来解决这个困难。他们建立了一个标准个人消费表，并假定它在整个期间和空间都固定不变（80% 食物支出，7.5% 取暖和照明，12.5% 纺织品）。这种简化手法显然过于粗暴，因为人的需求是十分多样的，而且随着时间和空间而改变。但要是不这么粗暴，就不会有简明的计算。因此，我们假定消费比率是有效的，而且消费可以均摊成每日开销（这一点比前一点更站不住脚）。做了这些让步后，我们熟悉的"一篮子储备品"的图景跃然纸上，消费者每天去购物，购买"面粉类"（混合了小麦和豆子）、肉类、鱼类、照明用油、取暖用木材、布匹等等。我们在脚注中给出了这个篮子的具体构成。[1] 但它其实是计算一般指数、追踪生活物价变动的方法。而正因为它是一般指数，这样一种明显带有虚构的操作并不比其他手法更好。

布朗和霍普金斯于是着手展开一系列操作。他们绘制篮子里不同要素的曲线。随后，为每样产品赋予一个系数后，计算出单独一条曲线，也就是篮子的曲线。第二步，他们依据这条生活成本曲线衡量工资。以1521—1530年为基数，篮子此时等于100。他们就会去问，这样一笔工资，在比如1571年又值多少？是一个篮子，也就是数值100，还是半个，即50……我们因此就用消费单位计算了工资。第三步，按照消费单位以及工业价格单位计算的不同可以绘制出两条曲线。以上解释过于匆忙，也许令人费解，但我们附上了图表（图

---

〔1〕 家庭开销分布情况如下：

面粉类 20%

肉类与鱼类 25%

黄油，奶酪 12.5%

饮料（啤酒，糖，茶叶） 22.5%

取暖，照明 7.5%

纺织品 12.5%

数据来源：E. H. Phelps Brown et S. Hopkins, "Seven Centuries of the Prices of Consumables, Compared with Builders' wage-rates," in: *Economica*, 1956。

33），读者可以自行理解。

布朗及其合作者的这些计算是我们调查的基础：阿尔萨斯、维也纳、法国、巴伦西亚、蒙斯特、奥格斯堡、英国南部。有一簇曲线赫然醒目，毫无争议地确立了以消费水平为单位的工薪者生活恶化的趋势。尽管名义工资至少跟上了"工业品"价格的运动，但如果采用上述办法计算，真实工资下降超过50%。随着17世纪的到来，出现了慢慢改善的趋势：这究竟是表面上的还是真实的呢？这是另一个问题了。

实际工资的跌落是16世纪价格革命的另一面。美洲金属流入或者人口增长也许是这一现象的肇因，而它的最终结果是生活变得更为艰苦，不满日益增多，人们陷入普遍贫穷，越来越多的人受奴役。只要历史学家不能解决这些问题，16世纪的价格上涨与经济就会一直是关注不足的问题。不管怎样，当时的人时常有生活条件恶化的感受。1560年，古威维尔（Gouverville）领主在日记中写道："在我父亲的时代，我们每天都有肉吃，食物十分丰盛，喝酒就像喝水。但今天一切都变了：一切都很昂贵……最富裕的农民吃的东西也比从前的仆人差。"历史学家不应该忽略这种类型的文献。

但我们回到布朗的曲线。在英国，恶化持续到1610—1614年，随后出现缓慢、轻微但持久的改善，直到1750年。在维也纳，恶化在16世纪70年代加剧，不久又放缓，下行趋势到1600—1616年为止大体和英国相同。随后是第一次十分缓慢的改善，但不超过1680年。接下去是一次剧烈下跌，随后恢复，但有高低起伏。

这些描述需要我们批判、评价、补充。对于这样一个不确定的结果来说，这不是什么艰巨的任务。但我们更应该指出，这些情形与阿贝尔为哥廷根绘制的图表十分吻合。哥廷根虽然大学十分知名，但只能算是个小中心，阿贝尔确定的线条很薄弱，描绘了生产一种克劳夫特木材（被城市资产阶级用来取暖）的木匠在 400 年中的情况。随后他又将伐木工作的价格归结为对应的黑麦数量，将两条曲线武断地放在相同尺度上。所有的做法多少都是值得讨论的。不过，结果几乎是一样的，或者与更复杂的指数相差无几：根据哥廷根的时间，以伐木劳动和黑麦价格为尺度，工资从 1475 年到 1580—1590 年间迅速下跌，随后恢复，但速度缓慢，一路上也充满波折……

我们用另一个验证手段结尾。它十分不错但受时间和空间制约：17 世纪的博韦和博韦地区。皮埃尔·古贝尔最近的研究对 B 阶段的一百年（1630—1730）提出了质疑，转而重新采用了弗朗索瓦·西米昂的表述（他的话法国历史学家至少是熟悉的）。这是一个逐渐受到约束的世纪：上个世纪高企的价格在 1630—1637 年间（甚至到 1650 年）相继见顶，但整体下降的趋势到 1662 年以后才形成。笔者并不惊讶于这次缓慢、渐进的转折。在这个世纪里，除了价格逐渐下降之外，还有名义工资停滞的情况，这种长期的稳定性很难打破，但它有十分缓慢的上升趋势。先验上讲，这为工薪大众在好年头里提供了好处：随着物价下跌，他们的生活水平提升了。但还有一些变化剧烈的年份，物价腾涌，死亡率激增。结果呢，简单地说就是，短期的运动经常会阻挠长期改善的趋势。古贝尔对博韦就有这样的判断。勒内·巴埃雷尔对他的普罗旺斯没有那么悲观。但只要争论不结束，这些结论也许大多都是幻象。从 15 世纪到 18 世纪初的飞跃，欧洲的生活水平在持续下降。如果可能的话，我们应该研究一下更早的情况，比如整体上过得更好的 14 和 15 世纪。我们呈现的是一个持续动荡的时代的编年史和尺度，但是否像很多出色的历史学家说的那样，在此之前有一个劳动者的黄金时代？如果说是，那后来几个世纪无疑发生了强烈的贫困化。

讨论"世纪潮"的这漫长一章即将告一段落。但考察还没有完全结束。除了我们的陈述以外，问题还有许许多多！比如，将这些世纪运动与其他短期运动区别开来（用瓦格曼的话来说）的做法是否合理。甚至可以用巴奴日的话来说：像区分天花和鼠疫一样分明。我们暂时得将这些问题悬置起来。我们也要承认，我们只能勉强发现小麦的世纪运动。它虽然是关键商品，但黄金或白银货币计量的有效性又受到了切实的质疑，这限制了我们的调查，也早早将我们的结论限定在传统的解释当中。我们虽然无法赞同巴埃雷尔的观点，即认为各种形式的货币只不过是实体经济上的一层外衣，但我们同意他的另一个观点，即金属货币不代表一切，只有名义价格有权称为价格。将名义价格换算为黄金或者白银会造成扭曲，或者至少是将其引向了一种单方面的解释。然而，白银、小麦、工资，所有这些证据在长时段（或短时段）上多少难以捉摸，毕竟它们的意义是相对其他所有价格而言的。它们相互衡量，与经济现实相关（不断运动的存量，进出的流量），也与国际经济的波动和结构有关。巴埃雷尔富有革命意义的论文正是在尝试为 16—18 世纪的下普罗旺斯确立这些关联。它的结论是否有道理我们这里不做评价，但出发点无疑是好的……物价的长历史、短历史甚至长短历史混合，都应该能佐证或者否定这些命题。

我们还有一样重要的事要做，即引入有关短期波动的研究。在此之后，也只有在此之后，我们才能回到最关键的讨论，因为它们所提出的问题显然只能整体解决。

三、短期波动：周期和周期运动

在以百年为计量的局势外，还有一系列短期的波动会引起人们注意。它们有各自的名称、特征和资料。其中最长的波动大约为50年，被称为康德拉季耶夫周期。加斯东·因贝尔近年出版了一部有关此问题的杰出著作[1]。按照时段长度递减的顺序，康德拉季耶夫周期之后是埃内斯特·拉布鲁斯提出的周期间隙，大约15年。然后是朱格拉周期，大约8—10年，很少会超过这个期限，绝大多数情况下会更短。最后是基钦周期，这是最短的周期（40个月左右）。如果没有时间更短的周期存在，季节更替就是最短的周期，在每一年内都会发生。在上述列举的周期之外，其他周期还尚待研究。

周期这个词，我们同样可以用来代指季节更替，这并不会让我们迷失：因为周期一词仅仅指的是一种双向运动，即上升和衰落，我们用严谨的词汇"危机"来指代两个顶点之间的区间，尽管危机一词在所有语言中都带有倾向性，但是在这里，我们会给危机一词以狭窄的定义。危机是一种中断、不连续和短暂的状态。

有关所有经济周期的术语显然都是临时的，它们本身在慢慢地修正中。的确，每个术语都能在经济学家和历史学家两大群体内找到他们的赞成者和反对者，但是这一次，我们更倾向于将这种多样性的理

---

[1] G. Imbert, *Des mouvements de longue durée Kondratieff*, 1959.
乌迪内每月的谷物和玉米价格（1586—1797）的自相关性迅速减弱，但玉米的减弱速度略慢（2年后下降了0.5不到）于谷物（1年后下降了0.5不到）。不过，谷物价格的周期性波动更为明显。在经过了一段相对稳定的时期（大约有21年）后，两个序列的自相关性再度下降。它与超级周期近乎巧合地吻合，这点不能忽视。不过，相关性还不够高，不足以得出确切的结论。

解归因为观察到的事实的多样性,而不要陷入争论。从美国经济到欧洲经济,从现代经济到工业革命前的经济以及古代的农业经济,周期的观念如何展现出同样的面貌?在不同的时代,有的周期占据统治地位,有的周期却相对毫无说服力,这一点已经是常识。而且,当不同的周期重叠的时候,他们还会相互干扰,甚至会互相抵消……我们还发现,在一系列不完美的周期里面,从上升或者下降的幅度来看,它们在百年以内的表现不尽相同。

这种情况和百年经济运行或康德拉季耶夫周期之类的长周期运行基本平衡的情形不同。简而言之,根据不同的环境,不同的周期可能会消失或增强。因此,时间显然不会自动产生出周期,诸如两三个基钦周期构成一个朱格拉周期,两个朱格拉周期构成一个超级周期,两个超级周期构成一个康德拉季耶夫周期,这样一连串的连锁反应往往不符合事实。不同周期之间的相互影响,以及这些周期和百年趋势的相互影响,引起一系列反应和互相反应,这些颠覆了特定的运动,或者经常改变了它们的方向和持续时间。以法国为例,在拉布鲁斯提出的 1779 年至 1791 年周期间隙中,两种长度不同的周期部分地交汇在一起,在这种情况下,其中一个周期的一半被吞没,并实际上完全按照另一个周期的节奏而运行。

尽管我们常常因为这些隐藏的周期不按规则运行而感到困惑,但它们还是在长时段内形成了一种节奏。它们反复出现,像一种物质生活的呼吸。令人惊异的是,在这一点上,所有经济学家取得了一致的意见。这一点,无论使用在经济史领域中占据越来越重要地位的精密计量方法或数学计量方法,还是仅凭对经济史的印象,或是用经济预测方法都可以得到相同的结论,

我们将 1586 年至 1797 年乌迪内小麦和玉米的价格曲线输入法国

布尔电脑公司的计算中心进行实验。我们输入每个月的价格，在完全没有人为干扰的情况下，让计算机运算上千次，得出了随机且完全没有修饰的结果。这个结果可以通过研究短期内周期的相互作用揭示出价格曲线的周期性。我们计算出的关联系数已经在注释中给出[1]，注释除了图表外还包含一个简单的解释，因为这些恐怕只有专业研究者才会感兴趣。但是结果很清楚：价格曲线揭示出每12个月就出现

[1]

时长（月）	相关性		时长（月）	相关性	
	小麦	玉米		小麦	玉米
1	0.96	0.97	361	0.12	0.20
13	0.53	0.70	373	0.13	0.20
25	0.33	0.48	385	0.11	0.14
37	0.32	0.38	397	0.17	0.10
49	0.33	0.35	409	0.13	0.11
61	0.32	0.36	421	0.08	0.11
73	0.33	0.39	433	0.06	0.07
85	0.36	0.40	445	0.05	0.07
97	0.39	0.32	457	0.04	0.03
109	0.29	0.19	469	－0.01	－0.03
121	0.30	0.18	481	－0.08	－0.06
133	0.30	0.21	493	0.05	－0.01
145	0.27	0.20	505	0.13	－0.01
157	0.24	0.21	517	0.10	－0.03
169	0.34	0.26	529	0.13	－0.03
181	0.33	0.29	541	0.12	－0.05
193	0.28	0.27	553	0.08	－0.04
205	0.25	0.24	565	0.04	－0.01
217	0.30	0.24	577	0.01	0.05
229	0.34	0.29	589	0.06	0.01
241	0.33	0.31	601	0.05	0.01
253	0.34	0.33	613	－0.05	－0.06
265	0.29	0.31	625	－0.06	－0.06
277	0.26	0.27	637	－0.01	－0.04
289	0.26	0.20	649	0.02	－0.04
301	0.24	0.15	661	0.04	－0.04
313	0.20	0.13	673	0.03	－0.03
325	0.18	0.16	685	－0.03	－0.03
337	0.12	0.17	697	－0.02	－0.06
349	0.13	0.18	709	－0.01	－0.09
			721	－0.06	－0.12

类似的走势,也就是说乌迪内两个世纪内价格运动的历史毫无疑问是通过一系列重复和一系列周期组成的链条构成的。海尔费里希已经在1843年的书中猜测到了,但这样的洞见往往被世人所忽视。

这些节奏、关联、短期或长期的回归,很早就给贝弗里奇爵士带来震动。他的计算揭示出了每15年就会重新出现奇怪的雷同的现象。他预感到这是一种周期性波动的现象。这一次我们会偷笑:那么多哲学家的思考和历史学家的著作都宣称发生过的历史是独一无二的,它们永远都不会重现。这次轮到皮埃尔·古贝尔惊叹了,他面对那些引发历史上好年景和坏年景的重复,以及博韦历史上的一系列饥荒年份总是以30年一次的频率发生:1597年,1630年,1661年,1691—1693年,1725年……"我们要去援引日照周期吗?"他这样写是想暗示太阳黑子活动和19世纪英国经济学家杰文斯(Jevons)的观点——这是一个世纪前的老观点了,直到最近,学术界还非常轻视它。气候周期和日照周期确实支配着农业生活(这更多是自然的波动而非工业生产的波动),为什么人们不相信和不接受这一点呢?至少,我们可以讨论它。

在任何情况下,问题都会随着我们逐步描述它而变得更加清楚,但这一次我们将通过具体的事例和周期中各种各样的意外——这些意外本身就是周期的产物——来进行考察。接下来我们尝试分类概述周期及其相关产物。

季节运动

我们先从最小的周期开始,统计学家、经济学家以及历史学家习惯于捕捉波动,那么季节周期带来的波动是无法预见的吗?许多人都对季节波动进行了观测，但很少有人知道这一切是如何发生的。一位经济学家[1]在1843年写道："谷物的价格（无论任何年份）在每年10月、11月和12月都是最低；接着在春季逐步上升，最后在4月、5月、6月和7月到达顶点。"因为直到19世纪才有第二批收获的谷物抵达欧洲市场，这些谷物产自和欧洲季节相反的南半球国家，如阿根廷、智利以及澳大利亚。那么，我们能不能用相同的条件，把研究再往更久远的时间追溯一些，看看18世纪中叶以前的情况呢？我们可以摆脱这些令人不安的谷物（如小麦和其他谷物）价格波动，因为季节运动总是被周期运动所战胜，后者要么盖过前者要么超越前者。

近代时期，乌迪内的每次谷物收获，无论是收获小麦、燕麦还是玉米，都会给物价带来突然而猛烈的冲击，这种冲击是有好处的，因为有利于穷人。而不论价格有没有迅速恢复，每天都有大量谷物涌入市场，这会造成短暂的价格低谷，首当其冲的是当地居民的生活。当一个人拥有有关乌迪内谷物价格的每日记录、每周记录或者每月记录时，看起来突发的微小季节波动也成了一个不可忽视的角色。举例来说，如果我们尝试将乌迪内1676年至1683年的粮价记录抽出，并把季节波动看成是粮价变动的唯一原因和主宰。那么，人们将会惊奇地看到谷物价格在这段时期内上涨得如此猛烈。因为这次季节性的谷物价格爆发正处于周期性的"飓风"的内部，而且"飓风"盖过了季节波动，但不至于让后者完全消失，而仅仅成为前者的通道。想象一下这个后果对绝大多数穷人来说意味着什么吧，这些穷人必须每天购买

---

[1] W. Roscher, *Über Kornhandel und Theuerungspolitik*, 1852. 请注意，在乌迪内，最低价格往往出现在7、8月份。但罗绪尔是以德国的例子为出发点的，而德国的收成比较晚。

谷物果腹，他们承受了这次不可思议的价格波动，小麦价格在短短几个月内就从 14.3 里拉暴涨到 30 里拉。

我们要明白季节波动有时候不会非常清楚地显现出来，比如同时期基奥加（威尼斯附近一座小城）的谷物价格变动就是如此。基奥加的谷物价格变动和粮库存粮情况相关，从冬天开始，富人的粮库就开始研究下一次粮食收获季带来的投资机会。而政府的粮库也会这样做，但其目的是遏制过分的投机和避免饥荒。

可能人们会不无理由地认为，我们选择的例子是一种特别猛烈的季节运动。的确存在着更平静的季节运动。季节波动到底是猛烈还是平静，这取决于贯穿它的经济周期，我们接下来解释这些周期。

基钦周期真的存在吗？

谈到基钦周期，让我们先插入一段简短的题外话。基钦周期真的像经济学家所描述的那样，只是属于当代经济的独特周期，尤其是体现美国经济的特征吗？基钦周期直到 20 世纪才从新大陆传到欧洲，比科罗拉多金花虫（一种原产于美洲的害虫）到达欧洲的时间还要晚。而且历时四十个月的基钦周期正好是为时十年的日照周期的三分之一，人们在一定程度上承认日照周期的存在，因为它能表明库存的变化。但是我们应该满足于这些令人安心的陈述而对我们观察到的麻烦之处视而不见吗？

我们已经采取了不同的行动，在整理好的每月价格曲线上寻找，在一个短期节奏里是否可以观测到接近基钦周期的阴影或类似轨迹？这种研究路径可以被皮埃尔·肖尼毫无疑问的观察结果所支持，他在 16 世纪西班牙港口塞维利亚贸易曲线中发现了基钦周期的存在。经过自相关函数的计算后，乌迪内城谷物价格的曲线表明了（价格）周期性回归现象的存在。而且，在对乌迪内谷物价格曲线的直接观察之后，我们能在某些时段内容易地识别出小周期的连续存在，每个小周期为期大约 3—4 年[1]。如果我们没有弄错的话，在谷物价格曲线里总是存在插曲式的意外情形，这是因为其他经济形势正在跨越基钦周期使其变得模糊或消失。在我们的观察范围内，基钦周期的短期波动会因为宁静的时光而不明显。一旦（基钦周期）在十年内的波动开始兴奋起来或变得戏剧化（我们发现这种波动可以非常剧烈），那些短期震荡就会几乎完全消失，曲线会完全被更长期且更激烈的运动所推动。同样，15 世纪布鲁日和基奥加的安静的曲线几乎和 14 世纪末开始的曲线完全相同。那些短期的有节奏的波动会显现出来，这里不会产生误解。对于乌迪内的谷物价格曲线，从其开始直到 17 世纪中叶，我们同样可以看出存在一系列微小的波动。

排除了那些随意运动的干扰，这些短暂的现象就一定能引起经济学家的兴趣吗？显然，对于历史学家而言，基钦周期是一种很容易消失的现象，它引发的后果和那些十年内部周期即朱格拉周期相比要逊色很多。因此，朱格拉周期引发的重要波动吸引了历史学家的特别关注，不是没有理由的。

朱格拉周期，拉布鲁斯周期间隙，巴埃雷尔四倍周期，康德拉季耶夫周期

大家注意到了周期，但达成共识了吗？这是另外一个问题。

如何计算周期，如何衡量周期？不可否认的是周期现象在未经加工的价格曲线上醒目地体现出来，特别是当我们拥有每月价格规律的

---

[1] 在乌迪内的曲线上，我们的经验观察发现，虽然有一些剧烈干扰的区间，但依然可以看出一种短的节奏，平均持续时间略小于 39 个月。

记录后（在我看来，这并非必不可少，但非常需要），这种突出的周期现象是"结构性"的，因为十年左右的波动现象在千篇一律地重复，每个波动长度相当于两三个基钦周期，都低于十年。

皮埃尔·肖尼提出，1500年至1560年塞维利亚贸易中存在为期十一年的朱格拉周期，但需要注意的是，这里说的是贸易量的周期[1]，而非价格周期。如果我们同时使用博韦、下普罗旺斯、巴黎、乌迪内以及锡耶纳的周期（参见下表）计算这些周期的平均长度，那么这些周期的平均长度大约为7.5年。在这里我们不确定一个侧度，而是选择一个数量级，这是我们思考的基础。

十年内周期的平均持续时间

城市及研究者	谷物价格统计时段（年）	时段内周期数目	平均持续时间（年）
埃克斯（巴埃雷尔）	1588—1733	18	8.06
巴黎（莫福莱）	1588—1728	17	8.24
博韦（古贝尔）	1588—1589至1727—1728	20	6.95
乌迪内（罗马诺、斯普内、图齐）	1588—1728	19	7.36
锡耶纳（帕伦蒂）	1588—1727	19	7.31
		周期平均长度	7.58

那么如何计算周期？选择何种长度单位？在这两个问题面前，许多历史学家都表现出了迟疑和犹豫，然而，一些聪明人，比如皮埃

---

[1] 如果确切的话，那么价格波动和商品波动之间的反差会有相当的重要性。

尔·古贝尔则坚持采用朱格拉周期，并认为只有通过这个周期才能一次又一次大胆地提出更长期的尺度，也只有运用朱格拉周期才能把多个周期组合起来。不过，其他一些人的想法也不无道理，他们认为，各种各样的波动相互叠加，导致一些波动被强化，而另一些波动则被抵消，所以，周期的历史同样是累积的过程。我们假定一个并不突出的周期，却有一个漫长的上升过程，然后经历一段不突出且短暂的回撤，接下来的一个周期却有一个漫长且强劲的上升。按照分米数量级的标准（règle décimétrique），上述情况是第二个周期的上升阶段叠加到了第一个周期之上，直到其顶峰，这也是第一个周期危机的顶点。

在我们的眼中，一个具体的例子比设想出来的情形要更好，这里有巴黎小麦价格的曲线（图12）。这是拉布鲁斯提出的周期间隙向我们提供的典型案例。小麦价格从周期顶峰1590—1591年的420里弗尔下跌至最低值1610—1616年的100里弗尔。我们看到价格先在1593—1594年陷入低点173里弗尔。然后在接下来的几年里这个周期处于上升态势，在1596—1597年上升至201里弗尔的微弱高度，最终于1601—1602年下降至最低点79里弗尔。在这12年里，我们看到一个处于下降态势的周期间隙差点在1595—1597年附近中断。毫无疑问，从物质的角度来看，这12年展现出了一定的统一性。而且这段周期非常有利于在历史领域展现长时段跨度的存在，就像拉布鲁斯在其近来出版的经典著作中指出的1778—1791年周期间隙。我们承认对这个计算和解释单位有特别的热情，因为从总体来看，周期间隙是一种累积的研究方法，它对重复的协调效应非常敏感[1]，并扩大了周期

---

〔1〕 拉布鲁斯不无道理地写道："要理解1789年的崩溃，就不能忽略此前长期以来的病患。"参见 *La crise de l'économie française à la fin de l'Ancien Régime et au début de la Révolution*, 1944, pp. XXII-XXIII。

的范围，让周期可以解释时而上升、时而下降的迹象。另外，我们在这里看不到任何统计学家的诡计，正相反，这是一种观察一个周期是如何被其背后更长期的波动效应所扭曲的方法。我们会再回来讨论这一点。

然而，很显然我们不能仅满足于发现周期间隙的扩大周期范围的功能。在先前研究的年代范围里，我们把1588—1593年的上升周期并入了1590—1602年的"拉布鲁斯式"的周期间隙。这个周期间隙是两个周期的组合，一个是急速上升周期（1588—1593），另一个则是毫无生气的周期（1593—1602），直到最后陷于迟钝。从类别上来说，如果两个周期的衔接非常不好，或者事实上这个为期14年的超级周期（双重周期）不在一个大周期中，将无法引起历史学家研究一个整体的兴趣（过去人们把这个整体叫作一个时期），那么这种超级周期是没有用处的。对我们而言，有用的超级周期指的是那种前后两个周期在交替时没有长期中断，也没有混合在一起，或者说，这两个周期在同一个运动中总是相互支持，并用一个漫长的呼吸代替由传统周期构成的简单呼吸。而且超级周期在这里有个罕见的优势，即它能将两个连续的周期成双成对地组合起来。在对比关于17世纪法国的加斯东·因贝尔曲线和皮埃尔·古贝尔的博韦谷物价格曲线时，如果我们只看各个周期的衔接之处，那么上述两个曲线看起来并不相同。但是如果我们从超周期的视角来看，两条曲线的对比则提供了一个引发想象力的年代表，这需要历史学家的解释。

我们同样不会说双倍的超周期，更好的说法是勒内·巴埃雷尔的四倍周期。

我们先来了解一下勒内·巴埃雷尔的一些简便研究方法。这些用来认识原因的研究方法是一位拥有坚实统计学训练经历的历史学家所采用的：从名义价格构成的未经加工的曲线入手，接着通过这些记录勾勒出长期趋势的直线。这种处理数据的方式，虽然被一些人认为是错误的，但（所展现出来的）小麦价格的曲线却并没有任何不准确之处。但上述方法每次都将好几个周期合并在一起，这取决于它们是否形成向上、停滞或者下降的大趋势。因为，我们现在面临的是30年左右的"阶段"（phase），它往往包含了四个正常的周期。这里要注意的是，这些周期是合乎逻辑地集合起来的，因为它们有共同的趋势，它们的震荡重复着同样的行为。这些周期向我们展现出物质生活的统一时间，这必须通过同质的较长的时段来理解。同样，我们在1594—1625年的下普罗旺斯也看到一个处于下降态势的"阶段"，这个阶段集合了四个周期：1594—1602年；1602—1610年；1610—1617年；1617—1625年。同样在接下来的阶段里：1625—1655年处于上升趋势；1655—1689年处于下降趋势。1689—1725年又处于上升趋势……

这种规律性并不是统计学家的小聪明，而是简单相加的结果。一组周期都有相同的运动方向，这是非常重要的。这就是为什么勒内·巴埃雷尔的解释和埃内斯特·拉布鲁斯的经典解释在方向上是一致的。为了做出历史学角度的解释，很有必要超越周期，这是弗朗索瓦·西米昂的目标。通过阶段A和阶段B，勒内·巴埃雷尔也发现了这一点并找到了原因。而且，康德拉季耶夫本人也发现了这一点。30年上升，接下来的30年会下降，不可能会弄错。康德拉季耶夫习惯于研究为期30年的单向阶段或为期60年的双向阶段。他在整个19世纪的经济活动中都观察到了这种双重运动；勒内·巴埃雷尔则通过对小麦价格波动的直接观测，认为以30年为长度的经济阶段存在于16世纪初期，甚至有可能出现的更早。比如加斯东·因贝尔的有关法国的图表（1339—1389，或 1420—1470）所展现的不正是相似的 30 年运动吗？

有关周期或超周期的解释

同样，在我们面前，有一系列的周期。它们因此可以充当历史事实可能的划分方式，也可以充当解释或理解的框架和范围。然而，理解上百年的变动趋势已经成为可以引起历史学家和经济学家争吵和辩论的议题。当它涉及短期或长期周期的时候，争吵可以多到无穷无尽。更不用说究竟是小周期决定大周期的走向，还是大周期决定小周期的走向这样的问题了（还有同样错综复杂的"原因"和"结果"的问题）。还有一个诱惑就是，由于诸多短周期或长周期很有可能与"（某些）事件"相衔接，因此有些学者将其作为原因或者结果引入政治史或者较短时段的社会经济史。

这种研究，可能合理性并不是十分充分，但它本身却是必需的。我们无法想象今天有任何研究，不管它是政治学、社会学，还是人口学的（经济学的更不用提），可以在不研究价格曲线的前提下被构想出来，并且价格曲线必须包含长期周期和最短周期的振荡。但是，把两个周期运动重叠起来并让它们因此变得清楚明白的做法并不意味着要用这两个周期来解释这个重叠后的周期。无论如何，所有从本地特殊形势出发对周期运动的解释，先天就是危险的，而且，这样的解释只有在证明全欧洲的经济局势和本地价格运动之间存在清楚且明显的分歧的时候才能够得到验证。打个比方，当我们研究法国，谈起"神圣同盟周期"或者"投石党人周期"时，实际上就已经在假设这个时期价格的波动仅仅只能通过法国的经济形势来解释了。尽管本地局势的确发挥了作用，但影响是非常微小的。比如说，在投石党人运动时期，我们看到欧洲其他地区的谷物价格也在上涨，而且在意大利和波兰的上涨幅度要超过法国。

战争是周期的好女儿，那么它本身能不断地影响周期运动吗？能够提供一个不断造成后果的理由吗？战争可能会带来很严重的后果，加斯东·因贝尔认为战争导致周期性的通货膨胀，这个规律适用于15世纪的阿金库尔战役、17世纪的罗克鲁瓦战役和18世纪的丰特努瓦战役……所有重要的战争都打开了通向重建活动的大门，开启了"重建大爆炸"。而且战争本身就是引导者，正如人们经常写下的"战争是一切之父"那样。但是在这里人们不是这种幻觉的受害者吗？而且是双重或三重幻觉的受害者。人们总是懒洋洋地只用看到的东西解释所发现的周期波动，从来不去追问一个问题，那就是，战争是否作为一个角色发挥了作用？很多情况下，战争可能完全游离于周期运动之外。勒内·巴埃雷尔对普罗旺斯地区17—18世纪战争与和平的严密研究更倾向于战争和周期运动无关的结论。

总之，一个价格周期，如果它总是不能被本地理由所解释，或者因为这个价格周期独立于本地局势，也不能用局势来充分解释，这种情况下就要看这个价格周期之前的那些价格周期，以及位于这个价格周期之后的那些周期。

我们需要同时对欧洲所有有关周期的研究进行概括，然后做出一个集合所有周期的分类表。还有，就像我们先前说的那样，还可以做出不同周期前后相接的分类表。如果站在历史学家的角度来权衡，更有理由去做的是跟随和重新拾起埃内斯特·拉布鲁斯或勒内·巴埃雷尔的首创精神，继续参照弗朗索瓦·西米昂在他那个时代的创新尝试。这些教训对今天的辩论有决定性的影响。

投石党人运动和克伦威尔时代整个欧洲的情况

欧洲尽管在其结构和百年演变上严重分化，但在经济形势方面却非常一致。看起来这里必须遵循埃内斯特·拉布鲁斯、皮埃尔·肖尼、勒内·巴埃雷尔权威而公正的观点：结构多样的欧洲经历了相同的局势。从欧洲的一端到另一端，所有一切都像剧场一样杂乱无章，但在舞台监督的权杖的指挥下，每次经济局势的冲击，都能很快引起反响。在这个时代，经济局势主要指的是农业生产。即便深层来说，经济局势的冲击也总以不同的方式与各个地区的历史和结构联系在一起，而这些地区结构时常是特殊的。这就是为什么百年趋势大体上能找到方向，但经济形势却需要细致具体的研究。我们已经说过，根据一些学者的意见（特别是埃内斯特·拉布鲁斯），我们倾向于以月为单位的价格记录。但我们确定，未来的研究将细化到以一周或一天为单位，这不是天方夜谭。在人文科学领域，就像在其他客观科学领域一样，其认识的进步就算不总是依赖，也经常依赖于计量精确性的改进。在整个欧洲层面，周期性的波动属于具体的计量。我们将指出周期在17世纪中叶是如何搅动全部生活的，这个时期在法国爆发了投石党人运动，在英格兰则是克伦威尔统治时期。

没有任何先验的理由让我们选择这个绝妙的例子，肯定还存在其他同样绝妙的例子。但是这个例子的好处在于它适合于一些比较具体的度量。我们可以想象，欧洲由于各地价格不同，宛如一片波涛汹涌的海洋。我们有可能精确计量这些波涛在17世纪中期的高度，去评估和比较它们的规模，图1给出的年代表已经能够说明一切了。

我们已经有相关的地图和表格（图17），而且这些图表已经向我们展示出结论了。毫无疑问，在1640年至1660年间，三次可识别的价格波动在整个欧洲范围内都引起了反响，这种情况表明事实和从本地原因出发的解释不一致。于是，在价格波动到达本地最高值和最低值的时间点上，欧洲各个地区的不协调程度其实非常小。具体衡量这些不协调将是更有趣的问题，价格波动的顶点为何在某些地方姗姗来迟，而在另一些地方却偏偏早到。周期性波浪传播的意义在于它是一个需要事先解决的问题，只有如此才能推进对这些节奏的认识。这些节奏以一种显而易见的方式，引导着物质生活，可能同样还引导着人类的非物质生活。无论如何，根据布罗代尔以前的观点和皮埃尔·肖尼近来的看法，我们的结论是经济形势揭示了一部更大范围的历史，可以确信的是整个欧洲，可能还有全世界，都受到了它的影响。

连续却不相似的周期

对于周期，我们不仅要在空间上进行比较，时间上的比较也同样必要。

勒内·巴埃雷尔勾勒出的具有权威性的周期方向直线已经向我们提供了一个解决方法：连续多个周期按照它们前进的方向排列，它们会向同一个方向前进；我们用一条上升线将这些周期归于一类，而对于那些趋向衰退的周期，我们同样可以用一条下降的直线将它们归类。有关更晚近的过去，我们已经讨论过大周期是如何同康德拉季耶夫的观察相联系的。在这里和计算有关，这并不是梦话。康德拉季耶夫周期，其实是局势和百年趋势之间的桥梁或大门，或者用一种更好的表达方式来说，这个周期是局势和结构之间的桥梁或大门。人们对勒内·巴埃雷尔要求抓住增长趋势的愿望不会感到惊讶，因为这个增长直线其实是结构的运动，这必然将学者的研究引导向一个更长期的局势的衡量尺度。

这是唯一一个依照时间轴线，跟随周期回归功能的方法吗？不，现在是我们把注意力转向玛丽·克尔于埃勒（M. Kerhuel）的堪称先驱的著作，以及爱德华·R.杜威（E. R. Dewey）和埃德温·F.达金（E. F. Dakin）两位经济学家的冒险研究之上的时候了。[1] 不幸的是，这些研究还不在历史学家的视野中。如果我们追随这些作者，根据百年趋势里上升或下降的时段，这一系列周期之间的差异是很大的，其中一些周期非常温和，而另一些却非常猛烈。这样的现象同样发生在西班牙，谷物价格上升趋势占据了整个16世纪，伴随着平静的周期。而截然相反的是，17世纪的谷物价格下跌趋势却开创了一系列波动幅度猛烈的周期。为了阐明百年内周期价格的波动剧烈程度，我们还是回到17世纪乌迪内小麦价格的例子上来，在某些周期内部，小麦价格可以暴涨500%，这个涨幅和整个16世纪小麦价格上涨趋势带来的涨幅相当。

皮埃尔·古贝尔也观察到了平静周期时代和猛烈周期时代的交替。他没有解释这种交替的原因，我们也无法提出一个可靠的解释。必须增加基于月度价格数据或至少季度价格数据的长时段研究，就像之前提到的对乌迪内或博韦的研究那样，然后对比这些研究成果反映的定位不同。我们已经看到有关1639—1660年周期的图表（图17）：周期的范围根据地点和时代有所不同。但是，在缺乏确定陈述的情况下，学者可能会做出靠不住的或者是暂时的解释。这些解释是毫无用处的，首先是因为这些简单而且不容置疑的解释无法说明我们找到的证据。周期风暴并不是百年趋势的简单延伸。以博韦为例，平

---

〔1〕 M. Kerhuel, *Les Mouvements de longue durée des prix*, 1935; E. R. Dewey et E. F. Dakin, *Cycles: the Science of Prediction*, New York, 1950.

静周期阶段和猛烈周期阶段的显现并不按照趋势运动。周期风暴和30年时段的联系看起来并不明显，同样也不是像玛丽·克尔于埃勒所认为的，周期的动荡是趋势回归时的固有属性（我们一般把趋势回归阶段称之为交替阶段），虽然观察到的事实经常支持这个结论。考虑到已经观察到的事实和研究的可能进程，是否仍然存在一个可以用来推进研究的假说呢？在这个问题上，我们有假设，但无法像在别处那样做出保证：不同地区和不同时代存在的流通金属不足的现象是周期振幅不同的原因。在其他条件相同的情况下，在金银铸币成色充足的地方，以及在成色不足的贵金属铸币不太缺乏的地方，虽然价格往往要更高，但周期风暴爆发的机会却更少。因此，是短缺让波动更加激烈了。这项结论无论是否准确，都需要更多全新的系统的价格研究来证明。我们手中掌握的统计结果并不能够让我们对此做出一个定论。

因此，关于这个问题的讨论不会结束，永远不会。在科学争论中，没有哪个词是确定无疑的。但在我们尝试推进的工作中，有两条意见展现出来：(1) 这个问题的重要性可以帮助理解结构性的问题，尽可能扩展从局势出发的视角；(2) 进行新的、更多、更精确的计算的必要性。

同样，英格兰拥有最好的价格纪录以及最好的有关此领域的研究，但是它们要么是研究材料，要么是传统的理解。要想理解英格兰历史中的局势，并将其与英国历史上的所有变化、以及稳定性和半稳定性进行有益的比对，就必须采取一切可行的措施，将上述材料和研究在以年为单位的框架下重新进行理解。我们现在实际上只能勾勒出英格兰历史上局势的大致样貌。我们重新拾起贝弗里奇爵士先前的工作，更有理由向爵士的创举致敬了。人类科学的问题总是随着我们的认识需要不断返回原处：这是每个世代的学者需要利用的财富，只是每次利用的方式不尽相同罢了。

四、结论和总体解释

现在是重新拾起我们的资料和讨论，以及其他人的资料和讨论的时候了，我们试着总结各方的观点，但不要幻想能有个一次性的了结，这不仅因为我们的观点本身就是有限的，还因为我们对某些观点并不敏感。辩论仍然是开放的，没有人比这一章提到的作者们更能认识到这一点。各种各样的理论和解释在价格的历史上相互替换，这一切不过是为了更好地克服困难，理解那些难以了解且永无停歇的事实。对我们而言，我们的愿望并不是提出一个全新的理论，而是通过对比不同的观点，标示出今后可以推进的地方，以便更好地去总结已经存在的理论。

货币数量论

在做出总体解释的时候，无论我们是否乐意，都需要回顾货币数量论，也就是说必须面对一个"模型"，这个模型虽然不是美国经济史家厄尔·汉密尔顿发明的，但是他曾在有关安达卢西亚物价的最初几篇文章中有所提及[1]。

即使这个模型已经令人满意，但对我们而言，还是要试着把它

---

[1] E. J. Hamilton, "American Treasure and Andalusian Prices, 1503-1660," in: *Journal of Economic and Business History*, 1928.

应用于我们的实例中，看看这个模型究竟在何种程度上满足我们的需求。从根本上来说，我们需要了解一下内容：(1) 价格的总体运动情况（为了简化推理过程，我们只保留"长 16 世纪"价格上升的百年趋势，在西方世界，这大致在 1510 年至 1635 年）；(2) 贵金属的汇集情况，它们要么来自厄尔·汉密尔顿的曲线，要么来自于盖特和皮埃尔·肖尼所估计的数字，要么部分程度上得益于西属美洲波托西银矿产量曲线的爆发性垂直上升（主要得益于汞齐化炼银法，一项"熊彼特式"的破坏式创新）。我们已经根据秘鲁利马历史学家莫雷拉·伊·帕斯·索尔丹的记录[1]绘制出了银矿产量的曲线图。

整体来说，对比两个图表（图 16 和图 17），运动 1 和运动 2 是前后排列的（用对数尺度按顺序排列）。那么，上述论证是成立的吗？

既成立也不成立，伊诺第总统[2]（Einaudi, 意大利经济学家，后出任意大利共和国总统）和卡尔洛·M. 奇波拉（Carlo M. Cipolla）[3]

---

［1］　M. Moreyra y Paz Soldan, *En torno a dos valiosos documentos sobre Potosi*, Lima, 1953.

［2］　路易吉·伊诺第试图调解马莱斯特鲁瓦和博丹之争。他对两人的观点各打五十大板，依靠保罗·拉沃（Paul Raveau）对 1471—1472 年和 1590—1598 年之间所测得的数据提出了如下判断。在这一超过百年的时段里，物价从 100 的水平上升到 627.5 的水平（名义尺度）。在这场通货膨胀中，35.47%（即 222.6% 的物价上涨）是里弗尔贬值导致的；其余 64.53%（即 404.9% 的上涨）有其他原因，包括美洲金属运抵欧洲。美洲金属在价格革命中造成了 299.4% 的上涨。也就是说，除去金属和货币贬值，还有 105.5% 的物价上涨需要用各种原因来解释。不用说，任何人，甚至作者本人，都无法对此作精确计算。但采用一些合理的假设，在我们看来似乎是一个比较好的推理手段（路易吉·伊诺第就连续写道，我们先假设里弗尔单独作用，单后假设美洲金属大批量抵达欧洲等）。

［3］　C. M. Cipolla, "La prétendue 'révolution des prix' : réflexions sur l'expérience italienne," in: *Annales. E. S. C.*, 1955.

认为是不成立的；弗朗索瓦·西米昂[1]也已经声称这是不成立的。因为其他因素也发挥了作用，可以确定的因素有：首先，记账本位货币在我们研究时代的持续贬值；其次，有投资因素，比如在一系列战争结束后，交战各方达成的《卡托－康布雷齐堡和约》（1559年4月1日至4月3日），意大利战后重建引起的投资；最后，还有人口因素。

此外，我们还必须论证所有货币的贬值、人口的猛增是否都是价格上涨的原因，而不是其后果。贵金属制造的增长本身不也是导致欧洲在16世纪初加速发展，实现经济跃进的后果（正如我们通常认为的那样）吗？这是皮埃尔·维拉在他的一篇论文[2]中所揭示的。在这个总体结论中，所有解释都应该像沙漏一样翻转过来，原因可能变成结果，结果也可能变成原因。

但是，我们已经引用过的卡尔洛·奇波拉短且并无决定性作用的干预，以及路易吉·伊诺第的见解，可以让沙漏暂时放在正确的方向。换句话说，我们再一次假定（这并不意味着我们认同）贵金属的增长是价格上升的唯一原因。如果我们连续进行以下两个操作，就可以阐明这个艰难的讨论主题吗？

（1）首先，我们回到小麦价格上。我们重新检视欧洲价格的平均曲线，先将这些价格换算成黄金重量进行计算，再换算成白银重量计算，在足够谨慎的前提下，我们现在获得了一个新的图表（图11），这是有关价格普遍运动的有效证据。在这个"模型"的框架中，我们

---

[1] F. Simiand, *Recherches anciennes et nouvelles sur le mouvement général des prix du XVIe au XIXe siècle*, 1932.

[2] P. Vilar, "Remarques sur l'histoire des prix," in: *Annales. E. S. C.*, 1961.

同样可以将黄金的增长叠加到白银的增长上。根据我们的"贵金属"增长曲线，我们最终观察到以黄金计价的小麦价格在1600年前后到达顶部，而白银计价的小麦价格则于1660年左右到达价格顶部。关于这些金银货币的"转折点"是有争议的，但是毫无疑问的是，这本身就是一种不规则。(2)我们无意在此介绍古斯塔夫·卡塞尔（Gustav Cassel）及其论战对手有关此问题的重要解释，尤其是在16世纪的特殊环境之下，他们总是试着将原因归结为主要来自美洲的贵金属以及1500年前开始的金银储存量情况。理论上，货币供应并不能够支撑价格，它只能在其经济规律增长的前提下维持价格平衡，但由于经济水平的不同，增长水平自然也存在差异（对欧洲经济体而言，19世纪中期的增长率为3%）。没有人可以跟我们保证这个理论在16世纪依然可行。如果可行，还必须在小麦价格水平几乎稳定的前提下获得金银货币供给量的增长率，此外还要了解欧洲货币供应在一开始的存量，以及货币平均流通的速度，因为过快的流通速度会增加货币的实际供应量。如果学者认为只有获得具体数字才能令人满意，那么我们就几乎无法着手和解决这个问题了。

但是，如果我们认同在历史中数量级总是提供有用的定位工具的话，那么毫无疑问的是，以数字为基础的推理也是一种可贵的推理方法，即使数字无法带来具体的结果。如果这种推理是在正确的方向上进行的，那么它的科学性则高于那些小心翼翼的诡辩。有两三种方法可以让我们计算出货币供应量。

第一种非常优秀的计算方法是一本老书提出的，这本被统计学者所贬低的书的作者是 W. 雅各布斯（W. Jacobs），书名为《贵金属生产与消费的历史研究》（*Inquiry into the Production and Consumption of Precious Metals*）。作者将黄金和白银加在一起，将所有贵金属以白银重量来估算，由此得出 1809 年在整个欧洲流通的金属货币总量相当于 47426 吨白银的结果，如果从总量中扣除之前年份生产的，即可逐步回溯从前的贵金属货币供应量。作者告诉我们，这种计算方法的前提是要考虑欧洲贵金属向外部世界的流失、工业用途的耗费，以及自然磨损等因素。没有什么比这个更正确的了。但是要想进行一连串没有缺点的计算，首先必须保证最初的贵金属货币供应量得到精确的估算。然而，没有人能保证上述估算的精确性。W. 雅各布斯最后成功地计算出 1500 年前后的货币供应量（以白银为单位）为 4240 吨白银。而且，用来逐年扣除的金银产量数字不仅比德国经济学家索特布尔在 1895 年做出的估值要低很多，也比德国统计学家兼经济学家 W. 莱克西斯（W. Lexis）在 1897 年估计的数字要低很多，同样也比法国经济学家伊夫·居约（Yves Guyot）在 1928 年的估值、英国拉美史专家克莱伦斯·哈林（Clarence Haring）1915 年的估值，尤其是比厄尔·汉密尔顿于 1928 年至 1934 年做出的估值要低。如果我们将前文提到的 1809 年的货币供应量当作一个可靠的数字，在进行了必要的扣除之后，我们计算的结果是——16 世纪初，欧洲的贵金属货币供应量是负数。

第二道程序：在 W. 莱克西斯计算出 18 世纪俄国的货币供应量之后，学者们认为所有的货币供应量都可以被大致估算出来，就像某个研究时间点前三十年的货币发行量都可以计算出来一样。从 1631 年到 1660 年，法国一共铸造了价值相当于 267734871 里弗尔的金银货币，如果按照白银重量来估计，约合 2259 吨白银，这个数字已经经过取整处理。像法国这样一个拥有 1600 万居民的国家，平均每位居民对应的铸币量其实是非常少的，仅有 16.73 里弗尔而已，或者，如果人们愿意换算成白银的话，约合 141.22 克白银。我们假设欧洲人口大约为法国的十倍，而且法国人均铸币量代表了欧洲平均水平，那么1660年，全欧洲的货币供应量大约相当于22590吨白银。这个数字看起来处于一个比较高的水平。但是如果我们从总量中减去已知的铸币生产量或者根据真实情况进行估算（1500年至1660年至少有181吨黄金和16000吨白银从美洲抵达塞维利亚港），我们将再一次发现，即使考虑到W.雅各布斯的有益提醒，即贵金属外流、耗损以及贵金属在非铸币领域的消耗后，这个水平仍然非常低。因此我们再次遭遇了失败。

第三次计算：比先前的几次要好，至少遭遇的困难要少。我们知道欧洲货币主要使用两种贵金属，即黄金和白银。同等重量的金银之间存在价格比，而且金银比价是我们可以获得的，这两种贵金属看起来应该会在价值上保持平衡。然而，我们知道金银比价是不断变化的：1500年金银比价在10倍左右，而到了1660年则达到14倍。如果我们承认这两大贵金属的总量都在增加，而且增量只来自美洲贡献的贵金属（不考虑欧洲本土开采的贵金属或者从亚洲、非洲获得的贵金属，也不考虑通过波罗的海贸易和黎凡特贸易获得的贵金属，以及磨损损失和储存等），因为美洲金银无疑占据欧洲金银来源的主体（根据厄尔·汉密尔顿的计算和记录，1550年至1660年至少有181吨黄金和16000吨白银从美洲运抵欧洲）；如果我们把1500年欧洲黄金供应量（以吨为单位计算）设为x，把白银供应量设为y，我们可以列出以下两个方程式：在1500年，$10x=y$；而在1660年，$14(x+181)=y+16000$，我们把这两个方程式解开，获得结果：$x=3366$吨，$y=33660$吨。

很显然，这种运算设置的前提本身就充满争议。无论如何，我们一直习惯性地认为美洲进口的金银在欧洲泛滥，因此算出结果后首先会对 1500 年不正常的高数值感到震惊。但是，如果我们认识到一边是大约一个半世纪生产的金银，而另一边则是几十个世纪积累的货币存量，我们还会如此震惊吗？最近一部有关黄金历史的著作是海因里希·奎林于 1948 年出版的《黄金史》，这不是一本没有缺点的可信著作，因为其内容偏描述而非定量计算。但值得注意的是，作者认为罗马帝国共计生产了 1700 吨黄金，而中世纪则只生产了 500 吨。我们可以把这两个数字相加吗？我们先前计算出欧洲 1500 年大约有 3000 吨黄金的数字与相加的结果相差不远。当然了，这个结论在这里更多说明结果的相似，而不是一种证明。但是，即便我们的估计如此不完美，它和历史学家计算结果的方向仍然一致，每一天都在超越前辈学者的估计结果。对于这场比赛，我们难以看清何时才是终点，但其取向在我们看来是正当的。而在这场比赛中，货币数量论又能发挥怎样的作用呢？

或者更简单地说，我们这样做会让读者浪费更多的时间吗？答案可能是肯定的，但是我们不认为自己犯了错误。因为从整体来看，我们得到的收获已经证明这些尝试的必要性。1930 年前后的前辈学者们都极大地低估了美洲金银涌入前欧洲本地贵金属的生产量和流通量。他们认为美洲金银大量涌入缺乏贵金属的欧洲，带来了巨大的颠覆效应。然而，事实看起来正好相反，旧大陆从有史以来不断积累的贵金属在货币供应量和流通量中已经占据了重要的位置，这个发现不能排除美洲新出产的金银的特殊性质和加速作用，但却告诉我们有关来自新大陆和旧大陆两种贵金属之间数量比例和相互作用的不同看法。

简而言之，如果正如我们估算出的那样，从新大陆流向欧洲的贵金属总量即使按照最乐观的假设，也没有达到欧洲已知货币供应量的一半，那么，货币数量论和欧文·费舍（Irving Fisher）的公式就失去了其通常的价值，它们无法有效地解释16世纪欧洲小麦价格的上升，除非我们可以确认金钱流通速度在这个时代大大加快了。

无巧不成书，需要什么就来什么。1660年前后，在法国，平均每位居民对应的货币供应量大约为16—17里弗尔，而平均居民毛收入至少有上百里弗尔。为了填补如此大的差距，货币必须流通起来，正如葡萄牙人平托所说的，"（钱币）像瀑布般飞奔而下"，只有如此，货币才能履行其多重责任。所有这一切表明金钱流通加速了。这个现象发生在法国和其他地区，发生在我们生活的时代，虽然它在18世纪尤其显著，但流通加速肯定从16世纪就开始了。

因此，如果我们把关注和希望全部放在V系数上（金钱流通的平均速度），那么我们还能成功地继续使用货币数量论吗？当然，这个系数同样包含并隐藏了经济利润、社会和人口的真相。但是问题并不全然在这里，最重要的是，加入这个系数能否足够让欧文·费舍的等式对16世纪的价格革命做出全面解释，或接近全面的解释？我们认为足够了，因为人们毫不怀疑金钱流通速度的加快，只是怀疑到底加快了多少。没有人能够知道确切的答案。这场活跃的运动引发了整个欧洲的震动，而且牵涉到所有的资本、所得和积蓄。地理学家说，当时人们把大量沉睡的金银储备开采出来，经济学家则进一步指出，金银在那个时代有集聚于少数人手中的趋势。举例来说，15世纪初苏黎世7000名居民的收入十分平均，以至于如果说当时苏黎世有富人，那就找不到和富人对应的穷人了。这种景象让历史学家鲁道夫·索姆感到震惊，但在他百年之后我们还能看到同样的景象吗？当然不能。那时苏黎世居民贫富分化已经很明显，而在接下来的16世纪变得更严重了，贫者愈贫，富者愈富。我们很自然地把这种现象归因于必要的且让金钱流通加速的"瀑布"。显然，金钱流通加速的原因还需要分析和解释。同样需要思考金钱流通加速现象除了出现在不同的社会阶级之间外，是否同样出现在欧洲不同的地区？如果可以获得必要的数据，这是一个将运筹学运用于历史研究的好题目。

实际上，不同的地方，金钱流通速度也有成百上千种变化。无论如何，塞维利亚是美洲金银的主要分配中心，这些金银是西班牙国王和从事国际贸易的大商人的财产。因此，这些"财宝"要么会流入国际大宗贸易，这些贸易会在本身流通速度的基础上加速并吸收掉所有"财宝"；要么用于西班牙大政方针的实施，其中不乏消耗金钱的无底洞，第一个无底洞是查理五世于1552年发动的悲剧般的梅斯围城战（理查德·艾伦伯格 [Richard Ehrenberg] 很早就指出了这一点）；接下来是菲利普二世在1580年至1590年的战争开销，这一点是费利佩·鲁伊斯注意到的：于是，西班牙放开了所有闸门，组织起白银的大规模流通。尽管西班牙采取一切可能的措施，避免白银流出国界，但是，这一次流通规模如此之大且速度如此之快，带动了整个欧洲货币供应量的变化。

从那个时候开始，一个前所未有的情形出现了——每一批来自新大陆的金银都对整个欧洲的贸易和金融生活产生影响。何塞·让蒂尔·达·席尔瓦（José Gentil da Silva）制作的富有表现力的地图勾勒出了（金银流通）生机勃勃的节奏。只要一艘来自美洲的运银船抵达西班牙，欧洲的各个地方会一个接一个地感受到"馈赠"，也就是说各地都会感受到铸币、"现金"以及本票的充裕，其中每一项的充裕总是与另一项的充裕相伴发生。同样地，塞维利亚流出的白银从一个地方流通到另一个地方，它们用来结算对应于其本身价值十倍甚至一百倍的商业活动，接着又让新时期的贷款利率和货物结算价格获得新的增长。如果我们拥有当时集市的交易数据，会从整体上发现白银交易量发生的不同寻常的增长。无论是以铸币还是本票的形式，白银如瀑布一般在不同的人和不同的地方之间倾泻而下。一些例子足以使我们想象这一情景。在 16 世纪的罗马，每年流通的金银铸币价值和塞维利亚相似。1572 年至 1602 年，威尼斯共将 62 吨黄金铸造成金杜卡特，比同时期塞维利亚从美洲进口的黄金总数 52 吨还要多。法国从 1493 年至 1660 年铸造的货币高达 4133 吨白银（金银均折算其中），这个数量相当于同时期到达西班牙的"美洲财宝"的五分之一多或不到四分之一。不必为这些高得惊人的数字过度惊讶。在当时的欧洲，金币和银币就像奥芬巴赫的来福枪兵（比喻到达时间太迟）一样，它们不停地原地打转，原地踏步；这些现象总是相似的，或者几乎总是相似。

然而，在这个金钱交换的游戏中，所有一切都是不规则和不对称的。金银的循环并非总是封闭的。历史学家们早已指出金银的持久流动现象同样存在。金银会从欧洲流向波罗的海、地中海黎凡特地区，以及好望角、近东和远东地区。而且，西班牙的白银（无论用于政治开支还是商业贸易）在流动方向上都有其选择性。正如我们的总地图（图 10）所示，西班牙的大量白银会特别流向西北欧地区。此外，它们对意大利同样青睐有加，青睐程度超过我们在地图上所标示的，这因为白银的流动需要借助热那亚、佛罗伦萨和威尼斯的中介，而兑付本票业务和使用黄金的支付业务则（导致白银）流向低地国家。安特卫普，这个被战争拖垮的金钱城市（就像过去西贡在印度支那战争和银币贸易中的角色），聚集了巨量金银用于输送给所有西北欧国家。这些金钱首先要输送到反叛者一方，即反抗西班牙统治的荷兰。

政治开支引发的贵金属流通增加了大宗贸易等经济原因造成的

流通量。对于前一点，流通方向之一仍然是北方，西班牙在这里花钱购买小麦、铜、锡、各类木材、大麻和亚麻织成的布料、高质量织品等物资。每年价值一百到两百万埃居的货物以近似非法的方式从西北欧流向塞维利亚。在这一贸易方向上，西班牙和葡萄牙的贸易赤字和逆差一大部分是靠金银所填补的。意大利同样是受益者，但意大利则将多到令人难以置信的金钱花在黎凡特地区。根据1595年的真实记录，仅威尼斯一个邦国当年就在叙利亚花掉551677杜卡特，约合14700公斤白银[1]。意大利人的奢侈享受、健康生活以及带有古典风格的装饰品，都是以这个价格买到的。

西北欧只需要承受白银向波罗的海地区流失的代价，贵金属流失程度在欧洲各地并不相同。因此，正如所有学者或几乎所有学者表述的那样，如果把百年价格运动的回归进程的起点定在16世纪末的塞维利亚，那么，这个进程好像让与西班牙停战的西北欧（这里指1604年英西议和与1609年荷兰和西班牙达成十二年停战协议两件事）直到17世纪中叶都从中得益。西北欧在此阶段内由于经济局势、持久的贸易顺差以及战争积累了大量贵金属。

上述对于百年趋势不平衡的解释可能不是唯一的答案。如果我们总是在货币数量理论的方向上思考，就无法想象在我们的小麦价格（以白银克数计算）地图上，一些地区（长时期是地中海地区）总是高于其他地区。这种现象是古代遗产和结构的产物，相对其他地区，这些地区的贵金属供给更加充足，但这是否意味着这些地区的经济生

---

［1］ Museo Correr Venise, Dona delle Rose 42, fo 23 verso. 就1593年、1594年、1595年和1596年而言，总计有1045447杜卡特，即平均每年261361杜卡特（约合6950千克白银）。

活被金钱渗透得更加深入？勒内·巴埃雷尔研究的 17 世纪普罗旺斯地区（地中海沿岸）的金银铸币供应量要比皮埃尔·古贝尔研究的同时期博韦地区（接近北海沿岸）丰富。弗朗克·斯普内则描绘出了 16 世纪法国境内货币不均衡的图景。人们可以推断西北欧在很长一段时间内相比南欧更少地卷入货币生活的网络中吗？更少的黄金和白银意味着相对更多的物物交换和初级经济。纵向来看，西北欧的城市经济，都是由不太先进的乡村所供养的。在这些前提下，无论从横向还是纵向来看，广义来说，相对于南欧，西北欧在金钱和贵金属上难道不是更有节制的消费者吗？更简单也更可靠的结论是，至少在 17 世纪上半叶的转折点，或至少在 18 世纪西北欧由于经济突飞猛进而即将完全颠覆旧有的格局，把过去的穷人变成新富人的时候，西北欧所浪费的贵金属比南欧要更少。

这就是货币数量论启发我们写出的辩护词，辩护词毕竟是辩护词，我们重复它是因为我们不认为我们是错误的。

我们还可以辩护更久，因为根据桑巴特和巴西历史学家们的研究，在 1680 年至 1720 年或 1730 年之间，来自巴西米纳斯吉拉斯州、马托格罗索州以及巴伊亚州的"赛尔唐"地区的大约价值 5 亿到 6 亿西班牙银圆的黄金涌入了欧洲。这种快速流通的贵金属能让欧洲和世界的金钱流通速度加快吗？或者说，黄金变得更加充足，是否如同弗朗克·斯普内在之前的时代观察到的路线那样，重新推动了白银的开采？是这样一个特定情境，让美洲新西班牙地区矿场的银币出产进入第二个辉煌时代，而且产量远远高于第一个辉煌时代吗？很不幸的是这些有关数量的问题还没有类似汉密尔顿这样的学者来解决。因此，我们现在只能止步于假设。但是有两件事是可以确定的：18 世纪欧洲货币供应量增加的幅度相当可观，金钱流通的速度也同时进一步加速。我们的计算表明，法国 1660 年的货币供应量非常低，仅有大约 2.67 亿里弗尔，而根据古典经济学家的估算，到了 1789 年，货币供应量已经达到 20 亿里弗尔之多。即使考虑到货币贬值以及这些总数本身的不确定性，增幅仍然是巨大的。货币供应量大增也对价格多种多样的运动产生了影响。

价格、工资和资本主义

在第二个讨论中，我们再也无法回避以下问题——价格的历史可以向我们阐明欧洲资本主义最初的起源吗？厄尔·汉密尔顿在他伟大而令人难忘的先驱著作中提出了这个宏大而困难的问题。

由于多种多样的原因，这个问题很难解决。讨论价格的历史只是一种局部而且不牢靠的研究方式，尤其是当它触及有关工资的特别问题时。这一点我们已经阐明了。而且，资本主义不是一个人物，也不是一个简单的观念。即使在 1750 年之前，也不只有唯——种资本主义，而是有多种多样的资本主义。每种资本主义都必须按照其各自的不同特点来定义，所以这不会让讨论变得更加的简单。海因里希·贝希特尔（Heinrich Bechtel）和赫伯特·赫顿（Herbert Heaton）最近都提出要把唯一这个词剔除出有关资本主义问题的争论和论战中。但是，即使我们把"资本主义"这个词从大门中赶走了，难道它就不会从窗户重新溜进来吗？在我看来，资本主义呈现的方式如同一种长时期的结构，它既是社会结构也是经济结构，涉及多个领域。从这个前提出发，学者研究资本主义的风险就是想方设法用短期或相对短期的现象来解释它。显然，这些短暂的现象对于减弱结构的增长，或结构本身的逐渐退化都有影响和效力。但是如果用这些内生的敏感因素来解释资本主义命运的一切，看起来总是没有依据，也不够充分。厄尔·汉密尔顿在其年轻时写作的一篇论文[1]中也明智地强调了欧洲资本主义增长过程中两个因素的重要性,一个是美洲的发现,另一个是从瓦斯科·达·伽马远航(1497—1499)开始,欧洲、东印度和远东之间海上交通的完全建立。他还明智地指出,在通胀时期,欧洲工资的上涨在很大程度上落后于小麦价格,这为企业,也为资本主义创造了更大的利润边际。这项普遍原则也有例外,在不同的实例中,它关联着不同的历史形态;实际上,它处于一个更宽广的真实语境里,要知道,人类劳动产生的剩余价值(在这里我们按照卡尔·马克思或者阿尔弗雷德·索维[Alfred Sauvy]的定义)是一个变化无常的数字,取决于变化不定的可能性和需求,而不同的社会条件也是原因之一。

简而言之,人们不能轻松地摆脱厄尔·汉密尔顿提出的诸多理论。但重要的是,如果我们不想犯错误,我们就必须经常超越它们来看问题。所有的局势,即使是决定性的、剧烈的和创新的,都是有关资本主义的结构性的历史中的一桩意外事件而已。资本主义的历史由于其内在的性质,必将超越这些意外事件[2],以及厄尔·汉密尔顿指示出来的那些引起我们注意的事件,以及我们在这里提及的有关欧洲18世纪小麦价格逐渐平均化的进程。换句话说,资本主义的博弈是复杂的,不仅在短期内表现得复杂,长时段看也同样复杂(这是其自身性质决定的)。

我们可以很快指出短期内的复杂性,因为这个问题的全貌已经被描绘出来了。一个例子对我们来说已经足够。我们现在回到16世纪

---

〔1〕 E. J. Hamilton, "American Treasure and the Rise of Capitalism (1500-1700) ," in: *Economica*, 1929.

〔2〕 在这一点上我们赞同皮埃尔·维拉前引论文的观点。

末的威尼斯，越来越少的威尼斯资本家愿意接受海洋冒险日益增大的风险。16世纪的海洋环境已经不复存在，因为从17世纪初开始，海上航行面临着海盗的威胁。15世纪的海盗实际上都在自由抢掠，16世纪被宗教战争取而代之（伊斯兰教和基督教对抗，新教徒和天主教徒对抗），而17世纪则是基于普通法的海上劫掠。那么威尼斯资本主义利润的源泉究竟是什么呢？

对于一位在威尼斯安家的佛罗伦萨人而言——在那个时代佛罗伦萨人统治了这座城市，正如威尼斯"五人商贸委员会"在1606年的备忘录中指出的那样，维持财富的全部关键都在于购买和出租威尼斯的房产；对于同样定居在威尼斯的热那亚人而言，谋生的方式是进口银锭并从事钱币交换领域的投资；对于一位来自古老家族并拥有真正贵族出身的威尼斯人而言，局势的变化很可能会把他抛进贫穷贵族的行列，这些人被称为"巴纳波第"，这是因为他们往往出于省钱的考虑而聚居于圣巴纳巴区。正如一些公证人文书提到的，他们依靠"贝桑松汇票"（注：即以一个较低的利率出借资金）生活。当时的威尼斯人尤其喜欢购买和改良土地（威尼斯小麦，即本地小麦产量出现了极大的增长，这些都是他们的成果和收益。这是一个很好的例子，说明农业还是当时欧洲最大的产业）。同时，越来越少的人把资金投入呢绒贸易中。可能是因为手工业工人的工资要求越来越高，限制了企业家的利润，从而把资本家从这个同西北欧工业有竞争关系的领域中驱逐出去了。一言以蔽之，这样一套复杂的资本主义制度，还有很多我们没有标明的情况，真的可以应用同一条简单的规则吗？

我们同意皮埃尔·维拉在《过去与现在》杂志上提出的观点：资本主义，无论人们给它怎样的定义，它都是一种结构，一种非常缓慢的发芽过程，通常具备多种价值内涵。厄尔·汉密尔顿和凯恩斯的解释却把资本主义仅仅视为一个运动、一个局势或一次工资和物价差距的短暂起伏。如此定义，资本主义虽是有利可图的，但是物价和工资差距的起伏就不再有决定性影响。从马克思主义对资本主义重下定义开始，经过皮埃尔·维拉的工作，我们认为，结构的观念让资本的历史被严肃地重写了。从这一点来说，我们现在只是在新研究的门槛处而已，价格史仅仅打开了一扇门，还不是最主要的大门。

价格的历史和系列史

价格史其实非常不全面，它仅仅是一部"系列史"中最先完成的章节之一。这部系列史几乎完全在等待历史学家的构建。然而，就算价格史不会更加丰富，历史学家对其手段、目标和结构也无法更有把握，但在这部数字化的系列史中，价格史依然是理解这个广阔领域全貌的有效且严密的部分。

一部真正的系列史[1]必须构建在一系列真正相互联系的数字基础上，这些数字是历史法庭传唤的证人，而且经常是新证人，因此，我们必须习惯于一些奇怪的访客。价格系列将和其他数字系列互相比较。很不幸，以当今历史研究的状况来看，从现在开始就让系列化的历史和非系列的历史进行对话是不可能的。

我们在这里要提出以下问题：什么是系列，在其中我们又能利用哪些？是那些已经存在的系列，或者那些预示将出现的系列，还是那些可能出现的系列？

---

〔1〕 这个术语出自 Pierre Chaunu, "Dynamique conjoncturelle et histoire sérielle," in: *Industrie*, Bruxelles, 6 juin 1960。

相同的系列和相近的系列。我们首先要注意的显然是：完成并增加我们自己的价格系列；调查那些没有得到很好统计和清点的地区（巴尔干半岛，莫斯科公国）；在别处着手我们的研究，特别要探索那些促进欧洲崛起的非欧洲地区；接下来如果可能的话，完成缺失的系列，指的是不在我们控制之中的纺织业，这是一个我们应该掌握相关数据的重要工业；然后记录下房地产和其他不动产的出售价格。关于最后一点，威廉·阿贝尔[1]已经试着描绘其长时段的演进；H.哈巴库克[2]则率先推动了一项系统且富有成效的研究，而阿尔多·德·玛达莱娜[3]也写出一篇具有开拓者地位的文章。

通过相近的系列，我们很自然地打算涉及或即将涉及货币房租、利率等领域。在这些领域，我们还不确定由厄尔·汉密尔顿所公布和规划的大型调查研究计划是否涉及15世纪至18世纪的整个欧洲。我们同样打算从企业盈利率入手，在这一点上，此前还没有系统的调查研究。但是，企业盈利率并非是我们已知唯一能够反映16世纪初欧洲资本主义市场的好指标，当时的这个资本主义市场正处于毫无节制的鼓励和刺激下，比如，投资里斯本至亚洲的贸易获得的惊人分红的概况。德国富商卢卡斯·莱姆的财富状况对我们来说是一个样本，另一项特别有成效的研究是关于热那亚商人利润的，这项研究揭示出16世纪时几乎所有商业场所都固定了各自的经营方向，包括投机、赚取

---

〔1〕 W. Abel, "Bevölkerungsgang und Landwirtschaft im ausgehenden Mittelalter im Lichte der Pries-und Lohnbewegung," in: *Schmoliers Jahrbuch*, 1934.

〔2〕 H. Habbakuk, "The Long Term Rate of Interest and the Price of Land in the 17th Century," in: *Economic History Review*, 1952-1953.

〔3〕 A. de Maddalena, "I bilanci dal 1600 al 1647 di una azienda fondiaria lombarda. Testimoniànza di una crisi economica," in: *Rivista internazionale di scienze economiche e commerciali*, 1955.

汇率差价，最常见的是专区商品差价。但是有一天我们能拥有他们的账本和文件吗？

其他的系列事实更加难以运用在计算中，比如国家预算（提及这个几乎毫无作用）以及民众生活水平。后一个问题 H. 格罗特曾做了一点研究，测算了底层民众的"最低工资"。此外，生活水平还会随收成好的年份和收成差的年份而上下波动，根据皮埃尔·古贝尔对博韦的研究，一个六口之家每年需要大约 500 升小麦生活，这是一个有价值的指标。但是我们还需要其他的指标，许多其他的指标。就算遭到"智者"的嘲笑，也必须测算人们当时每日卡路里的摄入量，就算这些测算如同运用货币数量论一样没有根据，只能临时决定性地让我们转入其他论证程序，在某一刻给我们启发。但是，计算卡路里摄入量对于解决难题仍有好处。重要的是，作为一种普遍运用的方法，在精确数据之外，使用大量不完美的数据和有着坏名声的数量级，仍然是珍贵的辅助工具！

独立或并行的系列。在这个栏目下，一系列曲线将自然展示出来，其中包括了人口曲线。在我们看来，对于曲线最好的利用就是把人口曲线和局势曲线放在一起进行对比，这种方法在我们经常引用的皮埃尔·古贝尔的著作中已经出现了。人口危机和粮食危机总是重合的；昂贵的小麦价格和大量的死亡总是相联系的，通过具体的论证，我们对这一点理解得将更加深刻。在这死者和生者的账簿上，我们同样可以看到长期运动以及百年趋势，尽管我们现在还无法做出论证，但却可以提出假设：这种方法开启了我们研究和思考的理性大门。

举例来说，我们如果只看人口数据在 16 世纪革命性的上升，就如同画地为牢，我们可以暂时只遵循货币数量理论，并将其应用到人口变化的独有剧本中：直到 15 世纪中期，欧洲人口一直在缓慢而坚实的增长。接下来，人口加速增长，直到 17 世纪出现下跌（人口第一次回落可能发生在 16 世纪末的西班牙，但同时法国人口直到 17 世纪中叶都处于起伏不定的态势中，可能整个欧洲的情况也如此）。与金银数量的变化曲线相比，人口本身不就是金银增长的原动力吗？16 世纪欧洲人口的活跃增长，和接下来 17 世纪前三十年各地人口增长减速的源头不都是人口本身吗？大约在 1600 年前后，欧洲人口的最佳状态被跨过。总之，按照阿尔弗雷德·索维提出的珍贵结论，人口数量的增加是好事，但随后会变成坏事……所有这些都在吸引学者们着手研究，或者更确切地说是吸引学者们去验证。此项研究面前的道路已经开通了。

反过来，如何讨论社会问题？虽然社会问题是一个空泛的词汇，覆盖了历史研究领域中很多模糊不清的问题，但它拒绝，或者至少是一个不善运用数据的研究领域。在埃内斯特·拉布鲁斯的指导下，对社会结构的大调查在 1955 年罗马会议（即国际历史科学大会第 10 届会议）上启动了。与之对应的是贝弗里奇爵士指导的于 1933 年启动的对价格的大调查，这个调查侧重于 18 世纪和 19 世纪。但是，社会问题的数学化最终将采用哪种方案？系数如何设置才能描绘出准确的图像？科学地来看，用等级来分析社会比用社会阶级更好吗？用定性的模式（开放社会或封闭社会：对于法国社会，从 16 世纪初期至 16 世纪 90 年代，是一个开放的社会）来解释还是测算社会流动性？在这么多种方法中，有一种方法可以把沉重而往往并不僵硬的社会结构放在短时段和长时段中，也就是说，先放在社会局势中，然后放在百年的社会趋势中。我们认为这种研究方式是可行的，合理的。似乎所有的百年退潮，都会让一个社会固化，关闭社会晋升的阶梯，封锁内部流动。17 世纪的欧洲社会尽管出现了一些革新，但整体来说是退步的。

不过，想要在这条道路上走得更远，还需要有一种兼顾理论和务实的社会学理论被历史学研究消化吸收。历史学家在把社会学理论应用到历史学研究的过程中,既要谨慎,必要时还要大胆。我们还没有达到这一点,但我们正在接近这一点。这个障碍被消除的那一天,就是新历史被广为接受的日子。

商业和贸易。价格系列自然而然地被拿来与贸易和生产的账目系列进行比较。在这个领域中,宏大的争论也刚刚开始产生,但事实上,几乎不可能有一部如此长久的账目记录供我们研究。丹麦学者妮娜·邦戈(Nina Bang)和克努德·考斯特(Knud Korst)的专著利用1497年至1783年桑德海峡的关税记录进行了研究。为了确认和讨论这些数据,曾经有过一次大争论,让这部巨著的意义变得明晰。从历史学的角度来看,这部专著在篇幅上不比于盖特和皮埃尔·肖尼的专著小,其重要程度还要更高。于盖特和皮埃尔·肖尼的专著向我们描绘了1502年至1650年间欧洲和美洲通过西班牙塞维利亚港进行贸易的情况,还描述了1784年前欧洲和美洲在加的斯进行的贸易。这项研究几乎从头到尾地测算了一条近代早期世界主要贸易路线。除了以上两项长时段贸易账目研究之外,还有其他许许多多的材料,这里就不一一说明了。

至此问题变得很清楚了——价格和贸易量究竟如何波动?很幸运的是,无论是查看桑德海峡的贸易情况,还是查看伊比利亚半岛和美洲的中大西洋贸易情况,贸易量和价格总体上来说是同步波动的,没有明显的不协调。价格的上升伴随着(注意此处不能说"导致")贸易量的扩大。可以说,在价格和贸易量之间有明显的同步效应,因此,我们可以认为两者以共同的节奏呼吸。如此就扩大了对价格问题日常争论的内容,一些伪专家的诡辩总是乐于在这里画地为牢。

贸易量的问题解决了,那么生产量和价格之间存在联系吗?是的，皮埃尔·肖尼认为两者存在间接的联系，似乎可以先验地认为一个随着另一个发生变化，反之亦然。但是，事实上，我们对生产数据所知甚少，因此，16世纪只有三条覆盖时间不够长久的曲线符合我们的需求：1378年至1676年翁斯科特丝毛哔叽的产量曲线；以及更好的但历时只有两个世纪的威尼斯高级羊毛毛毯的产量曲线；莱顿丝毛哔叽产量曲线。在必要时，还可以加上波托西曲线，这是一条银矿产量曲线，它同样可以提供论据。波托西银矿不在欧洲，但是欧洲人曾在此付出巨大的努力来管理和控制第一个全球经济体系。德国历史学家路德维希·博丁（Ludwig Beutin）对我们提供给他的波托西银矿出产曲线非常感兴趣，他在最近的一篇文章中证明了以上观点。

图表提供的证据（参见图32）可以说明，同价格运动（此处仍指小麦价格）相比，这三条产量曲线宛如抛物线一般急剧升降。我们在这里要花点时间阐述这种经济学上的经典案例：一方面是不可逆转的价格运动，另一方面则是可以逆转的产量变动。如果我们可以用这样简单的比较抓住这个难题的本质，那么就可以得出一个简单而辉煌的结论——价格的增长会激发产量的上升，但具有明显的迟滞效应。相反，价格的下降却让银矿和纺织业的产量更快地出现下降，即价格在下降过程中向产量的传递速度比上升过程更快。不过，目前还没有针对这种现象的解释。我们还需要一到两条新的曲线，去观察上述现象是不是因为百年的价格趋势在欧洲各个地区不完全协调所导致的。例如，莱顿的价格和生产变动的准确情况是怎样的？对于这一点还没有明确的回答。

我们还要思考，可以当作农业生产记录的东普鲁士小麦播种面积的变化，以及同样记录在案的低地国家围海造田的速度变化情况，是否和小麦价格的上升和下降有关系。我们的图表已经很好地限定了这个问题，不会引起争论，但是这些图表无法解决它们指示出的问题。

　　读者也许可以发现这个结论扩展到了什么地步。对于我们而言，价格历史的缺陷可能并不限于原始资料不足及对其的运用上。价格史特别需要放在有关经济增长的大辩论中（这是勒内·巴埃雷尔的著作的优点，他首先从这个角度研究普罗旺斯的小麦价格），还需要优先把价格史放在经济演化中来考察。有两个问题经常会被弄混，好像经济增长一定会促进社会进步，而反之亦然。马若兰先生在论及欧洲共同市场时谈道："从长期来看，所有的经济发展都有益于人类，但这可能是一个长期的结果。在此期间，经济发展的加速有可能破坏原有的结构，改变职业分工和经济地理格局，转移经济中心，以一些地区受损为代价让另一些地区得益。"经济发展，可能意味着社会危机，甚至严重的社会危机……

　　上述反思虽然针对当代，但我们认为也可以应用到从中世纪开始的欧洲整个历史进程中。通常来说，经济增长必须放在长时段里加以考察。因此，百年趋势的价格曲线被当作了不容置疑的证据：价格上升＝生产扩张＝经济发展。然而，价格不是唯一的经济证据。它是一个可以影响体力劳动工资走势上涨或下降的因素。那么价格曲线的意义是什么呢？当价格不被认为是经济扩张的标尺，而是生活水平的标尺时，价格运动的社会意义是什么？对我们研究的时代，即使拥有最可靠和最受认可的价格曲线，我们依然不知道该如何解决如此多的问题。这里还是需要一种全新的方法论，在将偏离的点作为可能干扰对经济运动的深层描述的多余点而排除在外之后，能够突出周期运动所具有的重要意义。最好的方法是在同一个时期内进行比较研究，比如在长17世纪里面，勒内·巴埃雷尔对普罗旺斯的研究和皮埃尔·古贝尔对博韦的研究。他们都把这个长度为120年的时代分为四个阶段，而且划分各个阶段的日期也几乎相同，不过相同的也仅仅是日期而已。因为在博韦处于我们所说的繁荣阶段时，普罗旺斯却正处于萧条期。当普罗旺斯重新回到增长期时，博韦却正在遭受灾难。事实上，勒内·巴埃雷尔按照西米昂的概念，将这一时期置于经济增长的视角下，把四个阶段分为了阶段A和阶段B两类。而皮埃尔·古贝尔则将好年景阶段和坏年景阶段区别开来，按照周期上升的剧烈程度进行划分，这是在社会危机的视角之下的一种研究。对于读者而言，在这里还需要花点时间理解两种情形下"繁荣"概念的转变。这两个研究都以价格曲线为基础，而且这条曲线总体上仍然以相同方式演进，但存在一定的差异，即周期危机在普罗旺斯变得更加缓和，增长阶段在博韦显得不那么明显，这是导致两位作者关注方向不同的原因所在。而且两位作者对他们研究的价格曲线提出的问题也不同，同理，这些价格曲线也像两位作者传达了不同的信息。

  由于价格历史引发的诸多困难，我们无法在这里做出结论。就算有关价格史已经研究到了今天这个地步，还是无法对我们最为好奇的几个问题提供可靠的答案。无论如何，在工业革命前的欧洲，正如《剑桥世界近代史》这一卷以其独有的方式所证明的那样：虽然近代世界仍极度割裂，由许多实体构成，但已经有一些联系把部分实体聚集起来，而且随着时间的推移欧洲基于共同的经济前景，发展趋势日益统一。最终，它引起巨大的惊异，也激发人们提出无数的问题，并做出无数次验证。而最有价值的研究，不正是能够像这样开启新视野，发现新任务的研究吗？历史的写作从来不能一蹴而就。

（沈坚　董子云　吴博　杨光　吕昭　译）

周期	1						2						3						第四周期最小值		
	第一周期最小值			第一周期最大值			第二周期最小值			第二周期最大值			第三周期最小值			第三周期最大值					
	年份	季度	百分比	年份	季度	百分比	年份	季度	百分比	年份	季度	百分比	年份	季度	百分比	年份	季度	百分比	年份	季度	百分比
博韦	1640	1	100	1643	2	190-13	1646	2	83-20	1650	1	296-80	1650	4	185-87	1652	2	274-13	1657	1	10)
巴黎	1639	4	100	1643	2	298-80	1646	2	88-10	1649	4	285-10	1650	4	191-75	1652	3	305-34	1657	1	107-40
布里罗泽	1640	1	100	1643	4	236-11	1646	3	94-44	1649	4	347-22	1650	4	236-11	1651	4	361-11	1657	1	114-58
锡耶纳	1640	2	100	1644	2	207-86	1645	1	181-78	1649	2	436-61	1651	4	183-71	1653	2	331-09	1660	1	118-95
乌迪内	1640	3	100	1643	4	237-77	1646	3	148-77	1650	2	507-50	1654	3	153-82	1656	4	265-37	1659	3	136-51
利沃夫	1641	1	100	1642	3	191-67	1643	1	122-22	1651	3	1,061-11	1655	1	333-33	1657	3	916-67	1659	1	263-89

图 1 欧洲物价的周期性运动年历

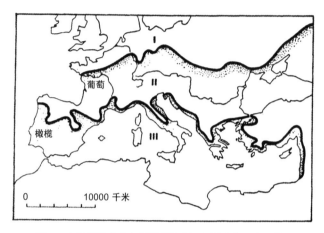

图 2　今天根据葡萄和橄榄种植范围所划分的三个区域

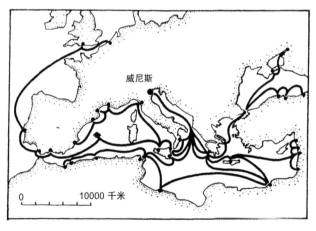

图 3　1442 年威尼斯的航海路线:"商人舰队"(galere da mercato)的航行历程

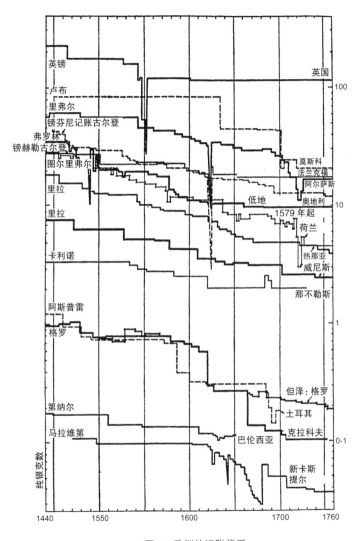

图 4 欧洲的记账货币

根据含银量排列。(Pf. Pf. Rech.: 镑芬尼记账古尔登 [Pfund Pfennig Rechengulden]。Fl. Gu.: 弗罗林；1579 年以后，荷兰盾。Pf. H. G.: 镑赫勒古尔登 [Pfund Heller Gulden]。卢布和阿斯普雷的价值为估算值。)

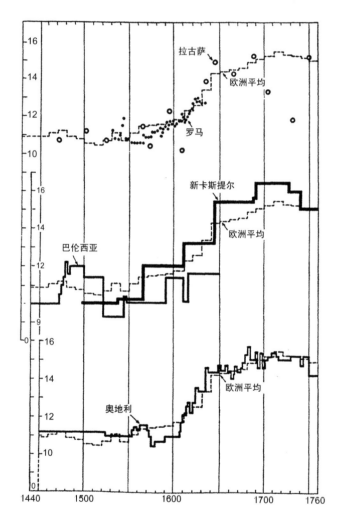

图5 欧洲的金银兑换比率。黄金=1

对欧洲 1450—1750 年的价格研究 | 157

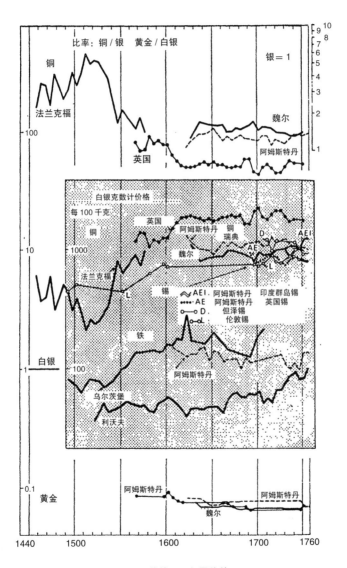

图 6　金属价格：5 年平均值

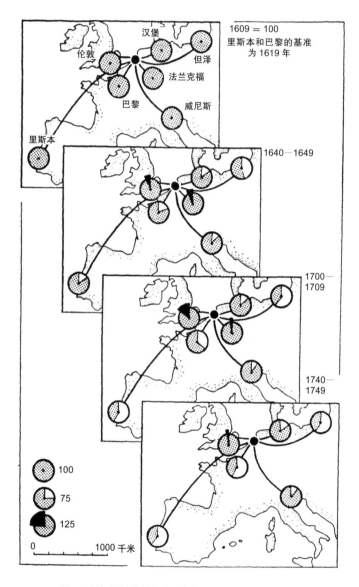

图 7 阿姆斯特丹的汇率（根据 N. W. 波斯蒂莫斯）

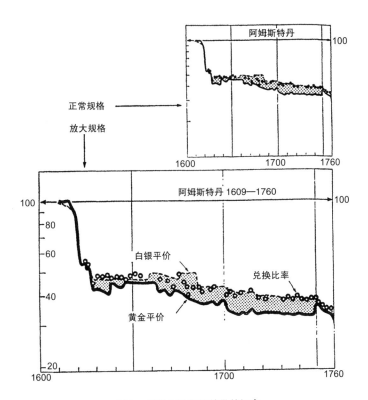

图8　但泽与阿姆斯特丹的汇率

阿姆斯特丹，1609—1760（指数100根据记账弗罗林以及金、银弗罗林的价值计算。）

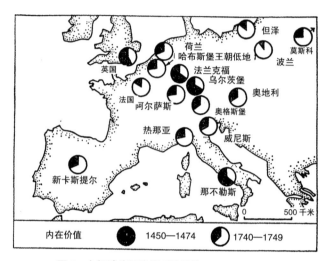

图 9 白银计价记账货币的贬值，1450—1750

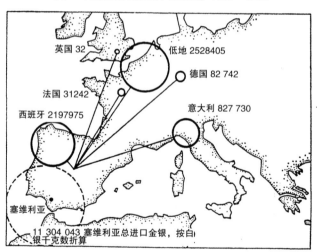

图 10 热那亚银行家在欧洲各地向西班牙账户的支付

单位：千克白银，1580—1626。（根据 A. 卡斯蒂略）

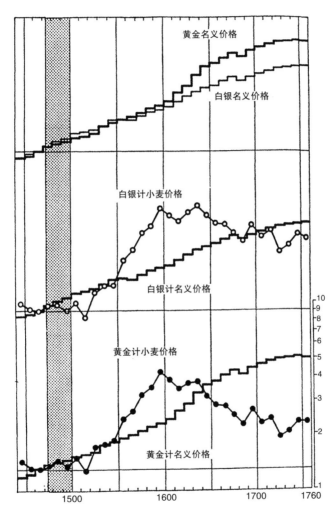

图 11　欧洲小麦价格：10 年平均值

1450—1474=100。

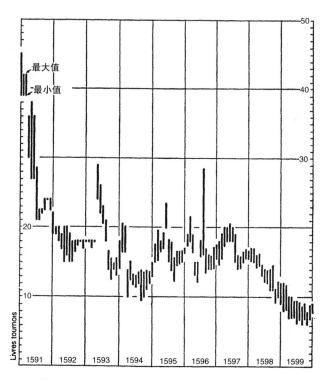

图 12 巴黎"一周市场行情"摘要,1591—1599;它表现了小麦价格最大值和最小值之间的差值

单位:图尔里弗尔,以每月初的价格为准,巴黎中央菜市场的数据。(根据 M. 博朗和 J. 莫福莱)

对欧洲 1450—1750 年的价格研究 | 163

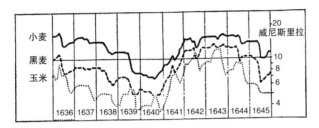

图 13 乌迪内：谷物价格的季节性运动，1636—1645

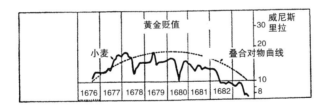

图 14 乌迪内：一个小麦价格周期，1676—1683

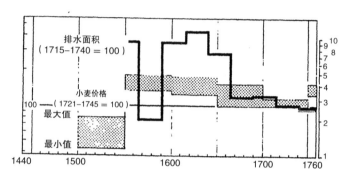

图 15　荷兰的排水面积与小麦价格

阴影区域表示小麦的价格差。（根据 B. H. 斯里赫·范·巴特）

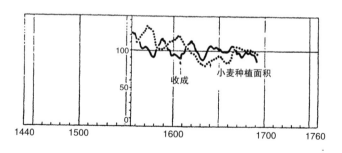

图 16　东普鲁士谷物生产活动

11 年的移动平均数，1150—1696=100。（根据 H. H. 瓦赫特）

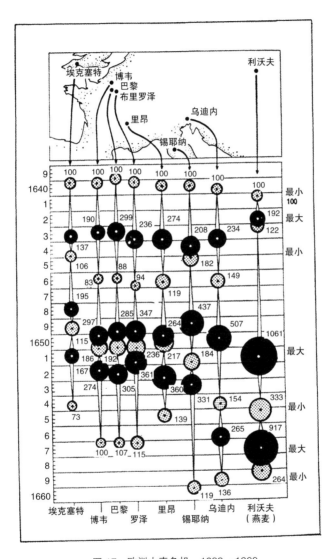

图 17　欧洲小麦危机：1639—1660

参照时段：1630 年 10—12 月至 1641 年 1—3 月 =100。

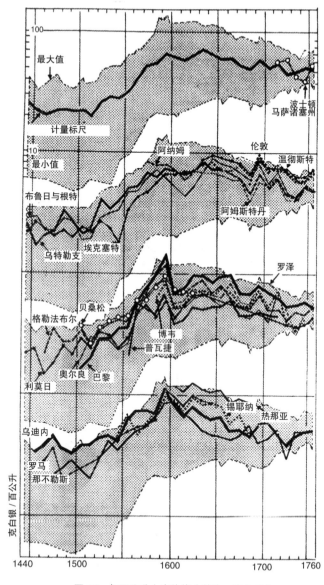

图 18 每百公升小麦价格（单位：克白银）

10 年平均数。阴影部分表示最大与最小价格之间的差值。

对欧洲 1450—1750 年的价格研究 | 167

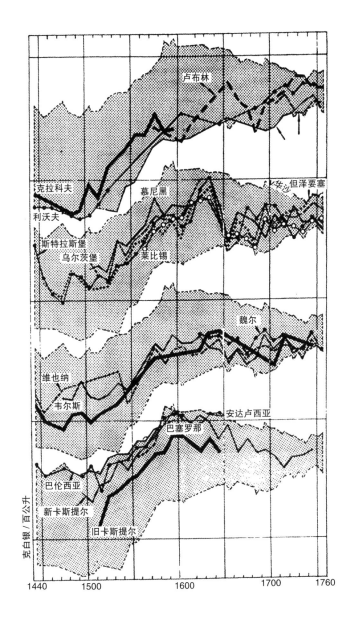

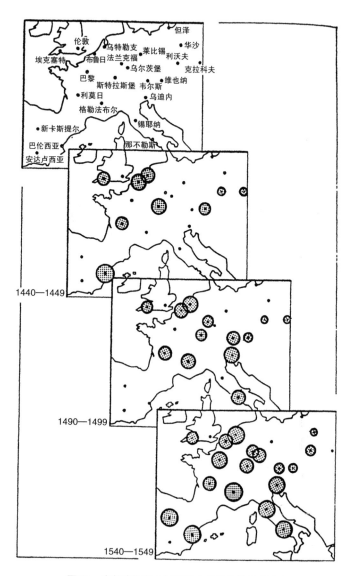

图 19　白银克数计每百公升小麦价格的地理分布

10 年平均数。

对欧洲 1450—1750 年的价格研究 | 169

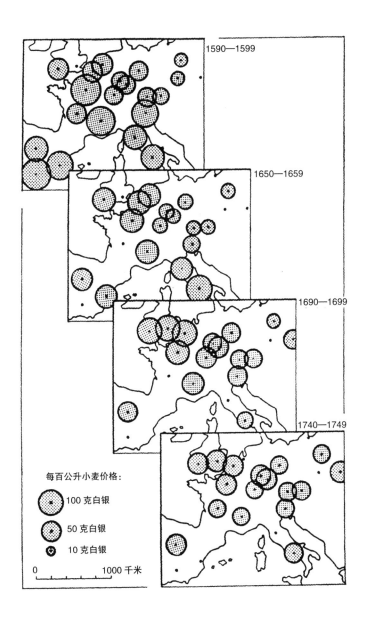

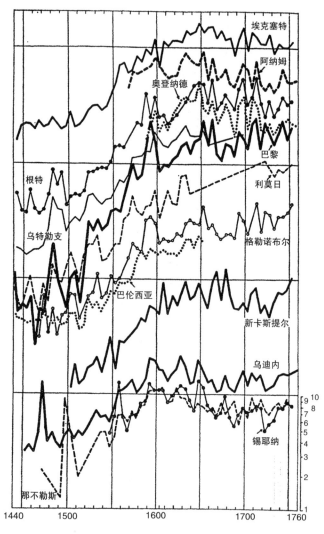

图20 记账货币计小麦价格：5年平均数
阴影部分根据欧洲59个系列的小麦价格图绘制。

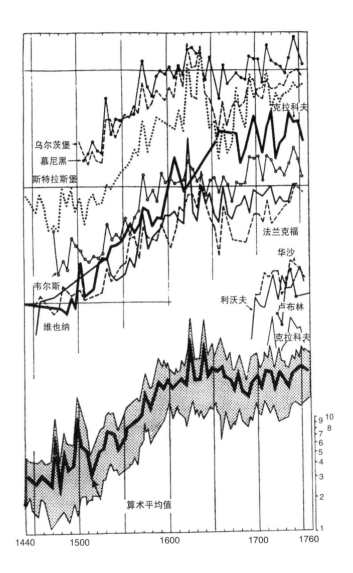

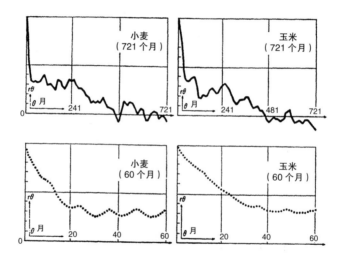

图 21　乌迪内谷物价格的相关性图，1586—1796

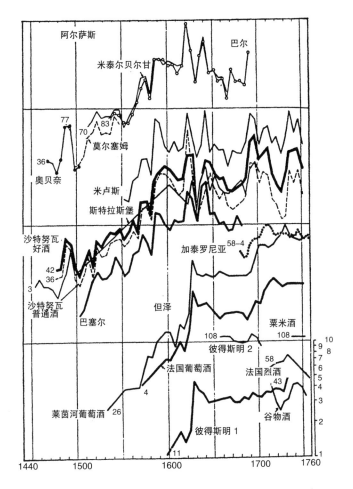

图 22 阿尔萨斯、加泰罗尼亚及但泽的记账货币计葡萄酒价格

数值表示每个序列的第一个价格。

阿尔萨斯：芬尼每量（mesure）（除巴塞尔用先令每索姆［Saum］）。

加泰罗尼亚：巴塞罗那，13 年移动平均数，加泰罗尼亚苏每卡雷哈（carrega）。

但泽：单位泽罗蒂（zloty），粟米酒单位泽托夫（sztof），谷物酒单位欧姆（om），威士忌单位维特尔（wiertel）；法国酒，莱茵河流域单位格罗茨（grosz），彼得斯明 1 按照泽托夫计，彼得斯明 2 按照欧姆计。

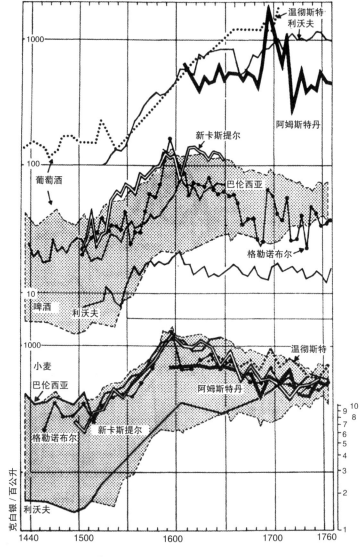

图 23　葡萄酒、啤酒和小麦价格（克白银/百公升）

5 年平均数。阴影部分表示小面价格的波动。

对欧洲 1450—1750 年的价格研究 | 175

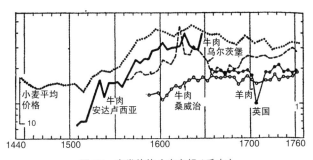

图 24　肉类价格（克白银／千克）

5 年平均数。

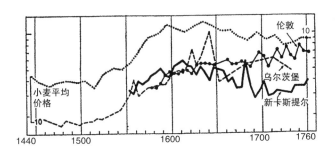

图 25　蜡烛价格（克白银／千克）

5 年平均数。

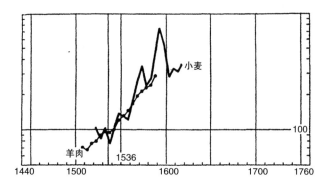

图26 羊肉与小麦：巴黎的名义价格指数。5年平均数 1536年=100。（根据 M.博朗）

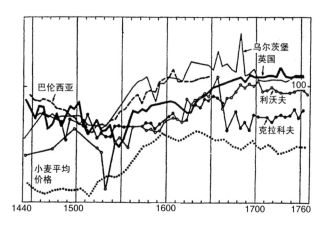

图27 砖头价格（克白银/千块）：5年平均数

对欧洲 1450—1750 年的价格研究 | 177

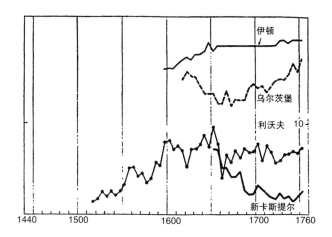

图 28　取暖木材价格（克白银/车）：5 年平均数

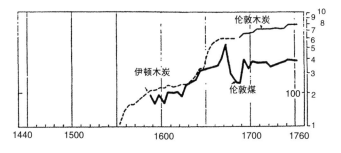

图 29　英国煤炭价格（克白银）：5 年平均数

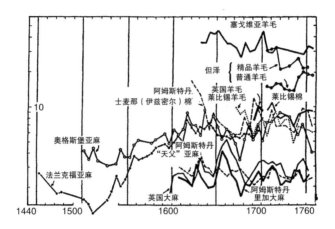

图 30　纺织品原材料价格（克白银/千克）：5 年平均数

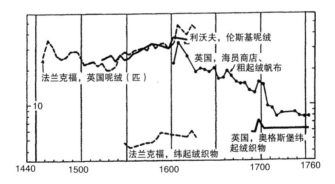

图 31　纺织品价格（克白银/米）：5 年平均数

对欧洲 1450—1750 年的价格研究

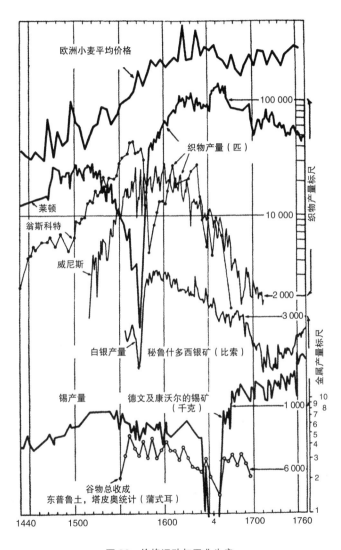

图 32 价格运动与工业生产

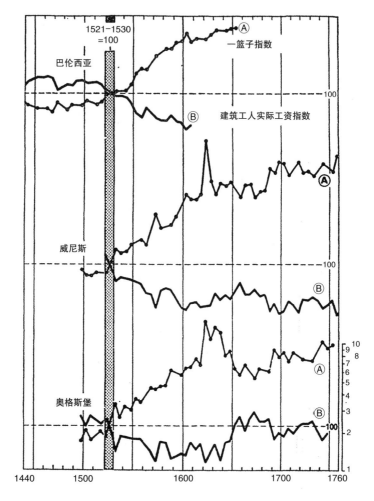

图 33 薪水与生活成本：5 年平均数

（根据 E.H. 菲尔普斯·布朗和谢拉·霍普金斯）

对欧洲 1450—1750 年的价格研究 | 181

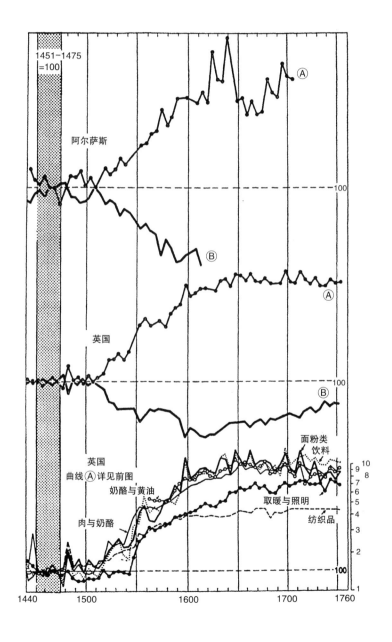

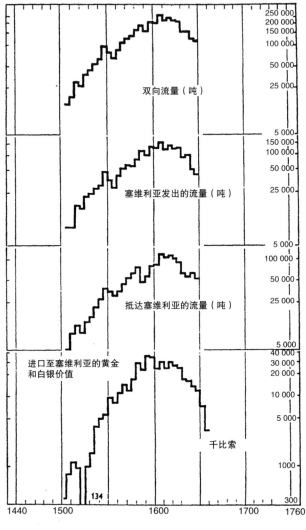

图 34 塞维利亚：港口活动

每周的贸易（根据于盖特和皮埃尔·肖尼）；黄金和白银进口（根据 E.J. 汉密尔顿）

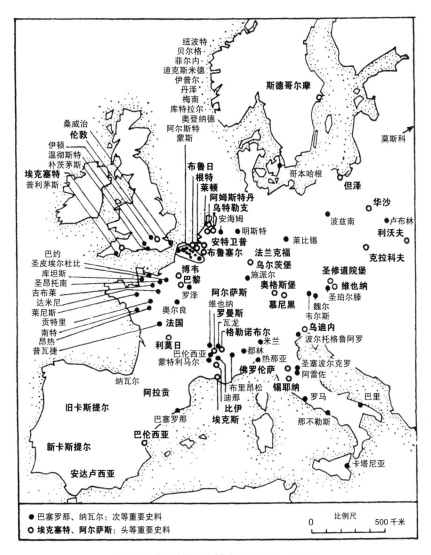

图 35 欧洲价格史史料地图（1450—1750）

（请注意，不同序列的估值是十分粗略的。）

查理五世,时代的见证者
（1500—1558）

后来被称为"查理五世"的这个人于 1500 年 2 月 24 日至 25 日的晚间出生于根特的普林赞豪夫宫（亲王宫），今天这一宫殿已不复存在。他是"美男子"腓力（腓力一世）和"疯女"胡安娜之子，而"美男子"腓力是奥地利的马克西米利安（神圣罗马帝国皇帝）和勃艮第女公爵玛丽之子，"疯女"胡安娜是西班牙天主教双王、阿拉贡的斐迪南二世与卡斯提尔的伊莎贝拉一世之女。同年在巴伦西亚印刷的一段文字戏称"奥地利查理这位耀眼金童的出生求之不得、利益丰厚"，他 3 月 7 日的洗礼给人们带来了巨大的欢乐。他是第二个出生的孩子，但是尼德兰王室家族的第一位男嗣。

由此，他轰轰烈烈的一生就此开启。经过了漫长的大半个世纪，这位老皇帝死于 1558 年 9 月 21 日，当时他住在西班牙埃斯特雷马杜拉的圣尤斯特修道院他让人建造的狭小的房间内，他在前一年退位后就移居那里了。当然，这是辉煌的一生，漫长的一生。长寿，至少用那个世纪的标准来看是如此，因为普通人的生命非常短暂。更何况查理五世还是一位战将，常常被困难的环境和长期艰苦的军营生活弄得筋疲力尽。辉煌，那是确定无疑的，不论是在过去还是今天，无论是对朋友还是敌人来说，他的一生依然令人目眩。他的一生当然也是

16 世纪上半叶的重要证物，在 16 世纪上半叶通过他的遗产、他的创新、他的梦想、他的行动、他的反悔和他的自相矛盾（甚至这一切均是他生活热情的证据），他的一生凌驾于那个时代之上。

人们通常说的不太重要的偶然因素

偶然性，看不见摸不着的力量；或许可以说，为这份惊人的帝王血统和政治基业铺垫的却唯有偶然性。1506 年，父亲在西班牙布尔戈斯早逝使查理继承了尼德兰。在他姊姊——无双的奥地利玛格丽特的监护下，他统治那片国土。1515 年 1 月 2 日，在布鲁塞尔王宫的三级会议大厅他被宣布成年。稍后，1516 年 1 月，他外祖父斐迪南二世去世。这位国王留给外孙整个西班牙王国的领地，其中有他直接继承的阿拉贡王室的领地，以及在他女儿胡安娜成为"疯女"后他管理的卡斯提尔的领地……

除此之外，在这份巨大的遗产中还包括了那不勒斯、西西里、撒丁王国，包括了北非沿岸的一些管辖地和卡斯提尔已经获得的美洲领地"卡斯提尔的印度"（后来经过埃尔南·科尔特斯、弗朗西斯科·皮萨罗、迭戈·德·阿尔马格罗的征服，领地进一步扩张），还有在安德列斯群岛和巴拿马地峡的一些据点。于是，1516 年 3 月 23 日，根特的查理在布鲁塞尔的圣古都勒教堂被宣布为西班牙国王。自此，他成为卡洛斯一世（原文西班牙语，从英语可译成查理一世）。

刚刚过了三年，他祖父神圣罗马帝国皇帝马克西米利安（或者更确切地应该称为日耳曼的国王，因为教皇始终未曾给他加冕）于 1519 年 1 月 12 日去世。西班牙的查理继承了奥地利哈布斯堡家族的领地，并且他马上提出了继承神圣罗马帝国皇帝之位的要求。我们知道，

6月28日,他击败了法王弗朗索瓦一世,最终获得这一皇冠。7月6日至7日夜间,这一新闻就传到了位于巴塞罗那的年轻皇帝那里。依那个时代的传播速度而言,我们可以说,新闻飞向了他。

从这一切事件来说,偶然性明显具有重要作用。查理的产业是一系列不测的环境造成的。同样独特的偶然因素还有,西班牙天主教双王的唯一儿子唐·胡安于1497年去世,膝下无子(尽管与奥地利的玛格丽特成婚);卡斯提尔、阿拉贡、葡萄牙王冠的新继承人唐·米格尔——天主教双王的外孙,继承权得到卡斯提尔和阿拉贡三级会议的承认,也于1500年在圣约翰去世,那时查理才出生几个月。美男子腓力的早逝再加上胡安娜的疯癫(她被关在托德西里亚斯,到1555年才去世)也是一种偶然。在斐迪南国王的宫廷里,人们甚至非常认真地考虑过把西班牙王国交给查理的弟弟斐迪南,就因为他拥有与国王一样的名字,而且在半岛上成长起来。最后1519年6月神圣罗马帝国的选举,如果不是法王弗朗索瓦一世事前的张扬,如果不是富格尔家族和国际资本押宝在"奥地利"身上,结果可能大相径庭。

然而,我们不能说,查理五世不过是这些偶然因素相加的结果而已。

首先,在政治欧洲的巨大棋盘上,王室婚姻的游戏被西班牙天主教双王有序甚至不懈地玩弄。他们的5个孩子(1男4女)产生了6次婚姻,两次与葡萄牙继承人,两次与英格兰王位继承人,两次与勃艮第公爵家族。所有的婚姻一方面促进了伊比利亚半岛的统一,另一方面有利于对法国实现包围。法国是尼德兰和意大利危险的近邻,而且在1494年9月法王查理八世翻越阿尔卑斯山下侵意大利后,法国成为欧洲霸权的谋求者,成为"普世君王"的谋求者,就如不久后人们称它那样……正是这样有意为之并且决非三心二意的游戏,为查理五世创造了王公的集合体、主权的集合体、国家的集合体；人们可以列举出他身上的70多种头衔，使得如何确切地指称他都成了问题。婚姻、继承、王室权利主宰着当时君主制的欧洲。查理五世如果离开他的家族、离开家族为他收集和维持的不计其数的权力，那是无法想象的。1526年，他对勃艮第的要求就是遵循那个时代的通常做法。他并不想放弃鲁莽汉查理（他祖母的父亲、勃艮第公爵）和他的祖先所持有的权利，这些祖先埋葬于第戎附近的夏尔特勒瑟·德·香摩尔修道院里。他对那个地方有一份炽热的情感。

其次，过往的15世纪已经见证了现代王权的兴起：在阿拉贡有约翰二世和随后的斐迪南天主教王；在卡斯提尔有女王伊莎贝拉；在法国有路易十一；在英格兰有都铎国王们……然而，16世纪将处在帝国的印记下。经济学家们常常谈论道，在特定的地方和特定的形势下，企业有最佳的大小规模。那么我们也可以说，在16世纪的推动下，小型的政治单位已经过时了：它们注定走向灭亡，或者至少自行消失。看看15世纪末和16世纪初年的那不勒斯王国就是最好的例子，它命运多舛，生存空间过于狭窄，注定成为土耳其人、法国人或西班牙人的猎物。在这种情形下，阿拉贡依赖卡斯提尔、与卡斯提尔合并，并与法国订立协约后，毫不犹豫赶走了统治那不勒斯的源自王室私生子血缘的阿拉贡人……

新帝国中的第一个并非出现在基督教世界：它就是奥斯曼帝国。在1453年攻占君士坦丁堡以后它不断扩张，接连获取了叙利亚（1516）、埃及（1517）、贝尔格莱德（1521）、罗德岛（1522）和匈牙利（1526—1541）。利奥波德·冯·兰克有一本旧书的标题非常有意思：《奥斯曼帝国和西班牙君主国》。它标明了两个政治巨人推进的平行性，一个在地中海的东边，另一个在西边；一边是奥斯曼帝国，一边是哈布斯堡王朝。在1519年,谁将试图或谁能够统治欧洲的问题依然悬而未决。但人们可以确定的是,不论以何种方式,这样的过程将会出现,也一定会实现。这并非是查理五世众多的遗产所能推动的,单单一人,道路将非常困难。这种帝国倾向也和这个世纪的情势有关,这是一个被置于宏大政治体标志之下的时代,因为它可以承受这种危险的奢侈。

查理五世既非帝国理想的囚徒,也非一劳永逸政策的俘虏

查理五世的政治不能简化成几根粗线条。就其本人而言,由于出生和经历,他就是一位复杂的人物。他在尼德兰这块处于欧洲独特十字路口的土地上长大,1517年被突然空投到西班牙,就此慢慢适应。在意大利和德意志居住了很长时间后,他具有了许多混杂的甚至互相矛盾的倾向和爱好。同时代的人过于匆忙地对他作出判断,回应他的讲话,而这些讲话的真实性依然值得怀疑。当他第一次出现在政治舞台上,他是如此年轻,自然有许多期许,但毫无先入之见。相反,人们注意到的就是他最初的胆怯、他的迟缓、他的笨拙,注意到与少年不成熟相关的方面。他的祖父甚至宣称:"要不是他对狩猎的热爱,我还以为查理是个私生子。"一个西班牙农民看到他嘴巴张开着(他有着哈布斯堡家族的特征:下巴前突,闭嘴困难),就冲他喊道:"先生,要当心了,这里的苍蝇可是傲慢无礼的!"

人们常常描绘他完全依赖他的顾问们。特别是由于查理知道如何听取意见,权衡其他人的论点,他很幸运能在自己身边找到令人钦佩的顾问。由此,在他身上只能辨认出那些伟人们投射下的影子,如乌特勒支的哈德良(Adrien d'Utrecht),他是查理的家庭教师,1522年他接替莱昂十世出任教皇（哈德良六世）；再譬如谢夫尔（Chièvres）曾成为他的总督；再有梅尔库里诺·加蒂纳拉（Mercurino Gattinara）担任他的总掌玺大臣，他走的每一步都受他们的影响。这些看法就是假设查理自己不加思考也没有独立行动。然而我却知道早期存在着他意志坚定的证据，比如1517年针对他姐姐埃莱奥诺拉的做法（对婚姻的干预）。同样在1522年，那时他用法语起草了一份给德意志议会的悲情回应，就在前一天，议会当他的面认可了路德。这份基本的文件是他独自写下的。

这些最初的顾问都是些老人：哈德良生于1459年，死于1523年；谢夫尔生于1458年，死于1521年；皮埃蒙特人加蒂纳拉生于1465年，死于1530年。查理将比他们寿长，当然身边也总有顾问：阿尔贝公爵（duc d'Albe）、佩雷诺·德·格兰维尔（Perrenot de Granvelle）及其儿子阿拉斯主教、弗朗西斯科·洛斯·科博斯（Francisco de los Cobos）等等；他独自一人又如何能承担起这么多国家巨大的行政事务呢？而对这些合作者，特别是他到了成熟年纪的时候，就与他们保持一定距离，偶尔评判他们，只有在他们为他提供服务时才支持他们。弗朗西斯科·洛斯·科博斯1520年就在皇帝身边侍候，获得大笔财富，并有幸留在位置上直到1547年去世。这称得上一位工作狂，同样他也善于揣摩主子尚未明确表达的意思，事先借用过来。

此外，各种事件不也如同他的顾问一般，经常向他做出提议吗？我不想说皇帝没有自己的立场，没有固定的行为准则：他对荣耀和履行义务的关注，对家庭的热情捍卫，对家庭的要求——他希望家庭能够服从、服务，偶尔做出牺牲，就像他自己做的那样。然而，在查理忙碌并总是很困难的生存中心，他陷入了伟大历史的永恒旋风中，这注定让他提出一些当下的、必要的和不可避免的解决方案。请看一下他在窘境之中的表现，1525年2月底和3月初，他在缺钱的绝望下，起草了一份长长的备忘录（我们保存了下来），而这时2月24日帕维亚战役获胜这一令人狂喜的消息竟然还未送达皇帝！因此，我们不要事先将查理局限在一条清晰不变的行动路线里，局限在从一而终的既定方针中。他不得不如此多地更换了他的计划！

因此，要精确地定义查理五世的帝国思想，对历史学家来说是一场徒劳的争论。对于一些历史学家来说，这种帝国思想属于"世俗"的启迪（如果我们可以这么说的话），根据总掌玺大臣梅尔库里诺·加蒂纳拉的建议、教导和立场，就是要达到政治上称霸的简单要求（当时以意大利为中心，这是支配大陆的关键）。对于另一些历史学家来说，这种帝国思想的灵感来自宗教，它是根据天主教双王的强有力传统和西班牙的愿望，有利于进行反对从北非到近东的异教徒的斗争。

一边，人们追随的是研究皇帝盖世无双的历史学家彼得·拉索（Peter Rassow）或卡尔·布兰特（Karl Brandt）；另一边，人们聆听的是梅尼德斯·皮达尔（Menendez Pidal），西班牙博学的和激情四射的律师。当然，在西班牙，征讨异教的十字军理想表现得淋漓尽致，如果我们不能总是说怀有一种天真的虔诚。路易十二谈到天主教王斐迪南时自然而然地说："阿拉贡国王拿起武器攻击我时就如我是一位摩尔人。"我们可以过分简单地相信旧时的这些宣传和反宣传口号吗？这就有点类似今天人们根据领导人的公开宣言来确定他们的政策那样。事实上，皇帝的政策就如其他所有的政策一样是可以有多重解读的，用对立的眼光，或者试图调和，或者用一种政策否定另一种政策都是徒劳无用的。所有的政策或真或假，交替出现，甚至同时实行。

例如，莫塔（Mota）主教 1520 年在圣地亚哥的科尔特斯当着查理五世和在这个半岛尽头召集的"议会"之面确定西班牙君主的观念，即当时查理五世要成为皇帝该如何担当这个角色。对于主教来说（他以君主的名义讲话），君主接受这顶金色的皇冠仅仅是"*para desviar grandes malos de nuestra religión cristiana*"（为了从我们基督教中消除巨大的祸害），为了与异教徒做斗争。这只是在重复西班牙对其国王的执拗忠告。然而，在稍后，皮埃蒙特人加蒂纳拉毫无保留地贡献了另一种观点："*Non solum regna ac dominia hereditaria servare,sed etiam maiora consequi ipsumque imperium augere*"（不能只满足于保住继承下来的领地和王国，而是要进一步有所获得，并扩大帝国）。这强调了帝国的观念，就如加蒂纳拉 1522 年的回忆录中提到查理时说的那样，他是"基督徒最伟大的君主"，他"负有世界君主的使命"。

然而，在这两个事例中，我们真能完全从字面意思去理解吗？莫塔主教的讲话有一个确切的目的：要求得到津贴，我们不能保证他表达的是君主的真实思想。至于加蒂纳拉，我们上面提到的这些话，第一段来自他的回忆录，第二段来自专门送呈君王的报告。而且，在我们看来，这不是一个对话。查理五世听了，但没有回答。

相反，在 1536 年 4 月 17 日的罗马，查理五世从突尼斯凯旋后发表了一篇傲慢的讲话，这是他说的，他亲自说并涉及他自己："*Algunos dicen que yo quiero ser Monarca del Mundo y mi pensamiento y obras muestran que es lo contrario...mi intencion no es de hacer la guerra contra los cristianos,sino contra los infieles y que la Italia y la Cristiandad esten en paz y que posea cada uno lo suyo*"（有人说我想当世界君主，而我的思想和工作表明事实恰恰相反……我的目的不是向基督徒发动战争，而是向异教徒发动战争，我祝愿意大利和基督教世

界处于和平状态，每个人拥有属于他自己的东西。）引文是西班牙语的，就如皇帝在教皇保罗三世、主教枢机团、一长串随从面前发表的所有长篇讲话一样。讲的是西班牙语，因为要激烈攻击法国国王，他怎么能体面地说法语？意大利语又说得不好，因此注定了用卡斯提尔语，他可以用愉悦而光彩的方式驾驭这种语言。但是，从这篇冗长的讲演中抽取我们在梅尼德斯·皮达尔那里得到的尖锐词语，它们孤零零地显得如此突兀，这样做是否明智呢？

实际上，弗朗索瓦一世刚刚占领萨伏伊和皮埃蒙特，自此他开始染指米兰地区，这是垂涎已久但又如此难以捕获的猎物。对于查理五世来说，问题的关键是要强调弗朗索瓦一世对教宗的不忠，强调他不止一次背信弃义，强调他毫无边际的野心。他希望在他的身后能够保持意大利和教皇领的和平，这样他可以向普罗旺斯挺进。他对那里的入侵将无果而终：夺取平原上的拉古莱特和突尼斯远比马赛容易，马赛建造在山丘上，有大炮强力防御！但查理五世没有预见到这一结果。在出发之际，他宣称："我要是法国国王，我就开始投降了，双手合十，绳索套在脖子上……"这是一种最强的用语，就是因为这样的用语，不安的欧洲不会原谅他，法国不会原谅他，君士坦丁堡的土耳其人也不会原谅他。

我们清楚看到罗马激烈演说是处在怎样的背景下。在所有这一切中，同时存在着许多的心计、许多的真诚和许多的真情实感。但就此认为查理五世完全陷入十字军东征理想的陷阱和幻觉里，还是有一定偏差的。此人1529年在维也纳大战土耳其人，1535年攻占突尼斯，在1541年对阿尔及尔不幸的出征中舍生忘死，当然他对十字军东征的积极政策不陌生，但并非无条件的服从者。他可以出于需要牺牲这一政策，不论他说什么或者应该说什么。的确，传统使十字军东征成为基督教世界的典型政策：谁领导了这一政策谁就领导了基督教世界，从中取得首要的地位，或者自认为取得了这一地位。

像梅尼德斯·皮达尔那样，断言这些话出自一位被西班牙所俘获，服从于西班牙的法律、语言，维护其利益与激情之人无疑有夸大之嫌。他在西班牙的第一次逗留（1517—1520）更多地是一次考验，因为他遭遇了他的新臣民的不满。1520年5月，他前脚刚走，卡斯提尔的城市就爆发了起义。含混不清的革命突然发生，又迅速被控制住（1521年4月23日比利亚拉尔战役），它是表明对这位君主的公开敌意的一个证据。

这种最初的不满在他第二次在西班牙逗留时（1522—1529）就烟消云散了。但哈布斯堡家族的罗马帝国也逐渐西班牙化了。西班牙化的过程一点一点地进行，多亏了肩扛着美洲巨大财富的卡斯提尔充满勃勃生机。伴随着新世界的"宝库"，整个欧洲的生活活跃起来，价格上涨，随之巨大的战争费用也大涨。在查理五世巨大的帝国里，将只有一座宝藏、只有一个活力充沛的经济体，这就是从塞维利亚到马德里的经济体，接着它蔓延到整个世界。查理所有其他国家的预算将出现赤字，拖着后腿，卡斯提尔将成为帝国独一无二的中心。但是，这一受限的几何体在1552年之前还未确定。与此相关的更多的是菲利普二世而非查理五世。菲利普二世时代，广袤的帝国将向大西洋倾斜。从父亲到儿子，我们可以说，人们过渡到了另一个时代、另一个帝国、另一个实体、另一种政治意识。

法兰西帝国之梦（1522—1529）

在欧洲广阔的舞台上，查理并不孤独。当他政治生涯开始之时，第一主角的地位依然被法国把持。法国怀有寻求"普世君主"的使命，于是想获取意大利，即这块大陆具有决定性意义的地区，一方面由于它的财富，另一方面教皇领地就在罗马。结果，决定性的行动就是法王查理八世于1494年9月越境下到意大利。半岛的碎片化以及政治虚弱引发了旷日持久的战争，这场名为"意大利战争"的战事实际上瞄准的是整个欧洲的霸权。

查理八世直到那不勒斯的进军显得轻而易举，经过罗马时，教皇亚历山大六世吓得发抖。他以法兰西国王、西西里国王和耶路撒冷国王之名胜利进入那不勒斯（他佩带着一些帝国的标志：左手举着地球仪；头上戴着"皇帝式"的黄金冠）。于是在意大利异想天开的传奇故事的附和下，虚构出一幅可怕的法兰西政策的场景：法国一下子就穿越了地中海，一直到达罗德岛（那里的骑士们感到不安），到达耶路撒冷，到达君士坦丁堡。这可能是梦想，是无稽之谈，但这些无稽之谈却让人们认为，这位年轻国王垂涎帝国的皇冠、基督教世界的第一把交椅。马克西米利安（神圣罗马帝国皇帝）竭力宣传诋毁他，即使在查理八世遭遇失败后，甚至在他死后，路易十二已经替代他出任法国国王，也不放过他。天主教王斐迪南在1510年给那不勒斯副王的一封信中，轮到他重复类似的话：说路易十二有心成为普世之王，残暴压迫他人，攫取没有丝毫权利的其他君主的土地。路易十二最后几年接连有失败和败退。但是突然马里尼亚诺战役（1515年9月13—14日）又使得上述疑虑重新出现，因为法国又处在优势。弗朗索瓦一世又重新占领了米兰地区，由此切断了或几乎切断意大利与德意志、法国的陆上联系。次年，与教皇莱昂十世在博洛尼亚签署的教务专约，成功地建立起这种优势。因为在争霸欧洲的"芭蕾舞"中，会见和控制教宗是一种把持第一主角的方式，就如在更早的时候教宗权和帝国权力之争那样。

回溯历史，我们可以想象有一个地跨阿尔卑斯山两边的法兰西帝国，该帝国以里昂为中心，这一伟大的时代开始于路易十一统治的时候。当时的法国在人口、生产和财富上都在充分地上升。有点质朴，稍显落后，用我们现在的话说是"欠发达"，但它对于意大利商人来说是一个有吸引力的行动场所，特别是对米兰、卢卡、热那亚和佛罗伦萨的商人。他们给这个大邻国带来了他们的经验、他们的资本、他们的工业产品，外加来自近东的香料和胡椒……当时意大利的创意所能创造的东西可谓超乎今日经济学家的想象。

然而，正是查理五世和欧洲（我要强调一下"和欧洲"）在哈布斯堡家族登上舞台之际粉碎了法国这一计划中的、可能性并不太大的帝国成功。使查理五世获利的1519年6月皇帝选举从某种意义上来说是国际金融的胜利，国际金融资本由奥格斯堡的富格尔家族和维瑟家族牵头，也带动了一些佛罗伦萨和热那亚的银行家。这也证明了，当时国际资本主义（也包括意大利资本）决定性的中心舞台在奥格斯堡（其中的商人是中欧和阿尔卑斯地区的银矿主）和安特卫普（它集中了低地国家的所有力量，低地国家是欧洲巨大的交叉地，是查理五世力量的中心）。然而，初次失败并未击倒法国人的傲慢和信心。他们大声喊叫和威胁，他们表现出如此强大的实力和金钱，以至于在金帐营与法王会晤后，过于谨慎的亨利八世和他的顾问托马斯·沃尔西以"均势"为由决定支持他们认为较弱的一方查理五世，反对他们认为较强大的弗朗索瓦一世。另一个迹象：教皇莱昂十世自己也奋起反对法国人。

开始于1521年的冲突给为法国服务的雇佣兵带来一系列的挫折和失败。神圣罗马帝国的军队更会打仗，装备也更好（用夸张的话说,他们大量使用火枪)。对法国实行网状包围的哈布斯堡外交进展缓慢,但明显的效果弥补了速度:它懂得预测,利用对方弱点。它以它的方式构建了令人惊讶的"情报机构"。例如它利用了陆军统帅波旁(connetable de Bourbon)的失望情绪。而在军事上,1525年2月24日在帕维亚战场上,不到1小时,以闪电般的一击,取得胜利。法国丢失了米兰地区,法王被俘。人们看到了灾难后的政治后果:法国国王为了重获自由签订了灾难性的马德里和约(1526年1月14日),法国放弃对意大利的要求,割让勃艮第,承诺迎娶查理五世的姐姐、葡萄牙国王的寡妇伊丽莎白[1],这位寡妇一度许诺给陆军统帅波旁。一直受到监视的这位囚徒在2月17日见到了他未来的妻子,她在他面前下跪,法王扶起她,根据当时法国的礼节亲了她嘴……

后续情况也同样为人熟知。获得自由的弗朗索瓦一世背信弃义,没有履行和约,没有割让勃艮第,重新投入战斗。这一次欧洲平衡的机制有利于失败者:科尼亚克联盟(1526年5月22日)为他带来了英格兰、教廷、米兰大公斯福扎、佛罗伦萨、威尼斯的支持。愤怒的查理五世对着弗朗索瓦一世的特使咆哮:"我又没向你们的国王要钱,我要求的是这位非常信基督的国王遵守他的诺言。"但是,法国国王不守诺言。1527年,对罗马的洗劫是查理五世对教宗克莱芒七世低劣的惩罚。1528年,劳特雷克(Lautrec)率领的法军越过整个意大利兵临那不勒斯城下,但是瘟疫造成军队大量死亡,而安德烈·多里亚(André Doria)亲王投靠了帝国一边,撤除了该城的海上封锁。结果

---

〔1〕 原文如此,而史书记载,嫁给弗朗索瓦一世的查理五世的姐姐、也即葡萄牙国王的寡妇,名奥地利的埃莉诺,或哈布斯堡的埃莉诺(Éléonore de Habsbourg ou d'Autriche)——译者注。

和当年帕维亚之战一样完败。热那亚舰队的增援也撤走了,法国海军不得不面对皇帝的双桅战船。几年以后,法国将只有依靠奥斯曼帝国的舰队的支援才避免灾难性的劣势。

失败的和得到拯救的法国

对法国伟大的第二次清算促成了康布雷和约,或称夫人和约(1529年8月3日)。参加谈判是两位女亲王,一位是弗朗索瓦一世的母亲、萨伏伊的路易丝(Louise de Savoie),另一位是查理五世的婶婶、以皇帝名义管理低地国家的奥地利的玛格丽特,尽管二人有良好的愿望,但签约并非没有困难。条约基本内容如下:弗朗索瓦一世放弃对意大利的要求,解散联盟,特别是与威尼斯的联盟;查理五世放弃对勃艮第的要求,放弃在欧洲中心建立大陆帝国的梦想。

但意大利是属于查理五世的,他在那儿表现为一个温和的征服者。1529年8月12日,他在热那亚下船。1530年2月,教皇克莱芒七世在博洛涅为他作为神圣罗马帝国皇帝加冕。距离当年年轻气盛的弗朗索瓦一世与教皇莱昂十世签订教务专约差不多15年,形势发生了多大的逆转!无疑弗朗索瓦一世与查理五世又有两次重起战端,一次是1536—1538年,另一次是1543—1545年。教科书列举在弗朗索瓦一世死前二位对手进行了四次战争。但实际上在最初两次交手以后,所有问题基本定局,也许我们也不应该过分夸大皇帝的胜利:到1529年,达到了一种平衡,两位君主不论谁都无法偏离这样的平衡。

既成事实是,法国将不会达到历史学家们所称的优势地位,法王不会成为当时人们在争论时所称的"普世君主"。根据他自己的法学家宣称,弗朗索瓦一世将是"他自己王国中的皇帝",而不适用于王国以外。如此，法国的伟大被延后了一个多世纪，一直要到路易十四时代。反之，查理五世也无法除去法国这个巨大的障碍。用当时的交通速度来衡量，法国领土巨大，似乎在他拥有的土地上挖去了一块，打断了他统治区的连续性。查理五世把他的统治权委托给他的家族成员，如他把低地国家交给他的婶婶玛格丽特统治直至1530年（她那年去世），然后又把统治权交给他令人敬佩的妹妹匈牙利的玛丽（匈牙利王路易的寡妇，匈牙利王于1526年8月29日在反对土耳其人的莫哈奇战役中战死沙场）。他还把奥地利的国土出让给他的弟弟斐迪南，任命他为罗马人的国王，即他在德意志的代表。即便如此，他从自己的国家到另一个国家依然非常困难。他的旅行几乎就是真正的远征，尤其是每一次都需要绕过法国。1555年10月25日，当他退位到根特时，他计算了他众多的迁移："9次去德意志，6次西班牙，7次意大利，10次低地国家，4次在法国，有时和平有时战争，2次到非洲……"事实上，他和平地通过法国仅有一次，这是在1539年12月到1540年1月，当时在安内·德·蒙莫朗西（Anne de Montmorency）的安排下，两位国王有短时间的合作。就在那次的时间里，从比利牛斯山区到尼德兰边境，他穿越了这个虽然给予他美妙和奢华接待但依然是敌对的国家，前去打击根特的起义者（法国就是如此出卖了他们）。其余的时间，查理五世从来未能利用法国的这一最重要的交通枢纽。有两次（1524年和1536年）他曾经攻打普罗旺斯，这是一条自然通向朗格多克和西班牙的道路，但是这条道路拒绝向他开放。同样的还有勃艮第，1526年曾经在法律上获得，但在4年后最终失去。

显然，从法国的角度来说，它有一种被围的感觉，它被包围了。但它的国土广阔，以至于战争咬不上它：战争总是以一种外围的或者表面的方式影响到它。除了有一次，1544年皇帝从低地国家出发，向巴黎进发，直到靠近莫城一带的马恩河才被阻止。不过，他的军队马上遇到了极大的困难，以致皇帝宁愿放弃他占据的地方，与弗朗索瓦一世草草签订了克雷皮昂拉奥努瓦（Crespy-en-Laonnois）和约。事实上，法国割裂了从四面八方威胁它的国家。无人能够回答下列两种情形哪个更坏：一个是从米兰、弗朗什－孔泰和低地国家包围法国；一个是感觉到被这种警惕性困住了。因为这两种情形都有它的不利因素。

总的说来，法国失败了，也获救了。就它的君主，而非它本身所怀有的希望而言是失败了，但同时也获得了拯救：聪明的人回顾这段历史会发现，从1536年开始在萨伏依和皮埃蒙特安家（将在1559年轻易放弃）以后，法国从意大利战争的"硝烟中"吸取了许多实际的东西。特别是人们认识到，法国经历了比其对手所设想的更加坚实和艰难的考验。拉伯雷甚至想把帕维亚的逃兵变成"削去尾巴和耳朵的狗"。这是一种政治呐喊。更为明确的是，弗朗索瓦一世的语言是自私的民族国家的语言。这是马基雅维利在他去世后很久还在教导人们的语言。而在查理五世一方，他一直活在"另一个世界"里，这是一个传统的和过时的世界。

此外，欧洲的均势保持了天平的平衡，而这种平衡对皇帝过分有利了。土耳其的推进（我们下面将提及）在这个不断出现问题的平衡中也是一个因素。甚至没有所谓的新月与百合花的联盟（1535），这股巨大力量本身或与法国之外的势力共谋也会进入决定西方命运、决定地中海命运、决定全世界命运的政治游戏中。因为，逐渐地，在欧洲身后，其他大陆的身影会出现在帝国政治的背景之中，帝国政治也将扩展到全世界。

地中海丧失大半（1538）

大的政治局势——或者更确切地说应该是大的历史——让西班牙没有去征服狭窄的直布罗陀海峡对岸的马格里布。西班牙需要同时应付美洲和意大利战争——这些重大的荣誉之战让西班牙偏离了传统的发展道路，并且在这一点上比法国更甚。

有些西班牙人也许已经在非洲海岸的若干位置定居：梅利利亚（Melilla，1497）；米尔斯克比尔（Mers el Kébir，1506）；奥兰（Oran，1509），阿尔及尔（1510—1516）；1529 年以前一直由西班牙人占据的岩石小岛阿尔及尔的佩尼翁（Peñon d'Alger，这座岛屿保护和封锁着正对西北风的港口，而西北风一直是内海的一大困扰，尤其是在冬天）；1510 年柏柏尔的博纳（Bône）和的黎波里（Tripoli）。为了更进一步，他们还需要在地中海拥有一支由双桅战船和货船组成的大舰队。1528 年，安德烈·多里亚投入查理五世阵营解决了部分问题。但此时土耳其舰队已经成了巨大的威胁。早在 1480 年，占领和洗劫奥特兰托（Otrante）就早已展现了土耳其舰队的力量，这是此前与威尼斯屡屡作战历练出来的。但奥斯曼帝国最关键的突破，是让阿尔及尔脱离了西班牙的庇护（1516）。阿尔及尔在巴伯鲁斯（Barberousse）兄弟治下转变成了活跃的贸易之都，立即成为地中海旅行的交汇点。伊斯兰海洋势力与土耳其人在大陆的斩获齐头并进（叙利亚，1516 年；埃及，1517；罗德岛，1522；贝尔格莱德，1521；莫哈奇，1526……）整个东地中海都臣服于土耳其人的脚下，资源都动员了起来，无论是群岛上的希腊人（他们是天生的水手），尼科米底亚的森林，还是黑海、多瑙河沿岸的小麦……除此之外，土耳其政府还以粗暴的手段大肆征发人力、桨手、士兵。

由此可见，未来可以预见到的战场必然位于两个地中海世界（东与西）的连接处，即杰尔巴（Djerba）和的黎波里海岸到西西里和希腊海岸之间。对于伊斯兰世界，最薄弱也最暴露的是非洲海岸：查理五世远征此地并拿下了突尼斯（1535），在这座城市里扶持了一位君主。这位君主虽然不久之后遭到罢黜，但还牢牢把守着狭窄的拉古莱特要塞：一直到1574年，这里都有西班牙卫戍部队轮换，饱受饥饿与无聊之苦。这场轻而易举的胜利（扬·费尔梅恩 [Jan Vermeyen] 的毛毯绝佳地反映了这种英雄主义和浮华的氛围）带来了一个重要的结果，即让这位皇帝喜爱上了海上远征。所谓远征，也即劫掠，在此过程中，无敌舰队的船只基本上都粘着军队，军队在上岸后也并没与舰队分离。1524年和1536年入侵普罗旺斯这样的陆上远征就是例子。安德烈·多里亚亲王也许是让皇帝喜爱上海洋战争的重要角色。

但突尼斯也是众多幻觉之源头。因为在现实当中，在地中海，无人能单独与苏丹的海军势力抗衡。需要整个基督教世界的力量。但是，在这个汇合点，一直看不到法国的身影，也没有威尼斯庞大的舰队亮相。这个圣马可共和国在这个时代仍旧是基督教世界最富裕的城市，尽管地中海已不再是通往东方和遥远的香料国度的唯一途径。自发现好望角、从葡萄牙能直抵东方以来，里斯本、塞维利亚、安特卫普成了新财富、世界新贸易的集合点。但黎凡特的港口并没有关闭，广袤的土耳其世界还在扩张，威尼斯依旧是商贾云集，吸引着这些低物价国度的利润与必需品供应，而它也能将自己的部分产品脱手。它的梦想：不要再度和这庞大的对手交锋，同时通过贸易优势避免受到攻击。

但这个敌手有自己的追求，自己的狂热，自己的蓝图。1536年，它突袭了威尼斯，威尼斯虽然有所顾虑，但不得不向查理五世请求海军支援。在两年时间里，神圣同盟将会阻止巴伯鲁斯（晋升卡普丹帕夏［Kapudan Pacha］，苏丹的海军将军）率领的奥斯曼舰队的活动。帝国外交按照往常的习惯收买私掠船，想要让其哗变：紧随其后的是无休无止的商谈，留下了大量尚未校勘的档案文书。谁在欺骗谁？抑或更可能是相互欺骗？不论怎样，1538 年 9 月 27 日，在阿尔塔（Arta）湾，阿尔巴尼亚海岸的边缘，两支庞大的舰队在普雷维扎（Prevesa）相会。

　　这次交战具有决定性，虽然历史书很少对之大书特书，但它的后果辐射了整个地中海空间。的确，冲突不是那么尖锐。在普雷韦扎，热那亚人安德烈·多里亚难道没有因为血液中流淌的热那亚人和威尼斯人的世仇而对威尼斯人表现得颇有保留吗？他难道没有在会谈上受骗吗（巴伯鲁斯称只有以突尼斯为代价他才可能叛变）？不管怎样，基督教军队并没有完全动员起来，巴伯鲁斯没有遭到包围，甚至于战场也丢给了异教徒。他们确实是占领了科托尔（Cattaro）湾河口的卡斯泰尔诺沃（Castelnuovo），但卫戍部队却没有足够的物资。次年，它就被巴伯鲁斯攻陷，命运就类似于 1533 年到 1534 年西班牙人在伯罗奔尼撒海岸占领的科伦（Coron）。

　　强调这些事件的重要性是否合理？是也不是。如果我们只考虑这些事实本身，那这样做并不合理：它们实际上只是很小的事件。但它们的后果相当严重。威尼斯被战争的开销压垮，不满于其盟友的延期支付，也基本不信任皇帝的决心（皇帝在普雷韦扎之战后的那个冬天曾承诺亲自率舰队征讨异教徒）。简而言之，在法国的调停下，威尼斯与土耳其人签订了代价沉重的和约，1539 年 3 月 12 日由总督莫切尼戈（Mocenigo）宣布。正是这背叛之举赋予了普雷韦扎以土耳其人取得了令人惊讶的胜利的印象。没有了威尼斯，查理五世就不再是地中海的主宰。他从此处在了劣势地位，这将持续四分之一个世纪之久，直到基督徒于 1571 年 10 月 7 日在勒班陀（Lépante）复仇为止。25 年的时间里，土耳其人将会为所欲为，强推法律，洗劫基督教世界沿岸，组织大规模的抢劫活动，吸收基督教世界的物质、财富和人力。

对于较为弱小的一方，他们不得不在恶劣的气候下活动。从秋分时节起，地中海就进入了坏时节，差不多一直要持续到来年春分。土耳其舰队掉头返回伊斯坦布尔和他们的冬季营地。于是就可能借着坏时节里的几个好天气进行一场短途的远征。阿尔及尔远征就是如此计划的。基督教世界的舰队在巴利阿里（Baléares）群岛集中。1541 年 10 月 23 日，舰队出现在了乌德·埃尔·哈拉赫（Oued el Harrach）入海口，船上的士兵登陆。这座城市墙垣坍圮，似乎难以抵挡。但就在这时，奇迹青睐了这座城市：暴风雨突袭了舰队，迫使它往东到马提夫（Matifou）海角的后面躲避。军队返回海岸，登上了躲过这场灾难的船只。舰队在布日伊短暂停留，随后返回巴利阿里群岛。1541 年 12 月 1 日，舰队抵达迦太基，躲避港口外最后一场大风暴。

这场败绩是查理五世首次大败，它助长了对手的傲慢与势力。土耳其人的胜仗和劫掠可谓数不胜数。有一个事件可以体现出基督教世界的绝望，它内斗不断，成了伊斯兰世界的猎物。当弗朗索瓦一世和查理五世再度开战的时候——这是两位为法国服务的大使（热那亚人切萨雷·弗雷戈佐 [Cesare Fregoso] 和西班牙人安东·林肯 [Anton Rincon]，两人于 1541 年 7 月在帕维亚被当众杀害）被暗杀后两人的最后一场战争（1542—1544）——土耳其舰队将会协助法国人包围和占领尼斯——虽然这无济于事；随后，土耳其舰队会在土伦过冬，这座城市预先已经清空了居民。"我们真是不幸,"当时一位法国诗人写道,"生活在这样一个时代!"

短暂掌控德国:1547—1552

贯穿其整个统治生涯,查理五世都在与德国对话。这也将是这位年迈的皇帝最后的举动,也是他在逝世前不久、让出皇帝头衔之后还在操心的事。但这场对话通常是以较低的声音进行的,仿佛皇帝有其他更好的事情要做。只有三四次,谈判被提到很重要的位置,而此时人们听到的就只有这谈判,它穿破了世界的喧嚣,主导了世界。这些轰动性的事件不会不受人注意就过去:1521年,与路德会晤;1530年,震惊世人的奥格斯堡大会(不幸的是,这场大会没有第二次梵蒂冈会议的那种热忱,但又怎样呢!);1547年4月10日,决定性的米尔贝格战役:在此役之前,是一个德国,在此之后,是另一个德国;最后,1555年9月25日奥格斯堡和约签订,真可谓是南特敕令的先声……

与路德会晤

对于一位小说家而言,没有什么比1521年4月18日路德在沃尔姆斯帝国议会前现身的一幕更具戏剧性了。查理五世——我们别忘了——才刚刚踏上了君主生涯。他年方21。在前一年也就是1520年的10月23日,他在亚琛的长方形大教堂加冕为皇帝。路德是携带着皇帝给他的通行证来到沃尔姆斯的,此时是4月16日。翌日,他将参加帝国议会,但要有一天的时间容他思考。因此,伟大的会晤发生在4月17日,这位僧侣将先用拉丁语,随后用德语发表长篇演说。

这里我们无法详述它的大意。重要的是他回答了对方向他提出的问题：他是否会认错？"不会，除非有人用经文里的证据或者明显的推理说服我，"他答道，"因为我既不相信教皇，也不相信大公会议；它们犯错或者自相矛盾是常有的事。唯有我带来的这些文本能让我信服。我的良心接受的是上帝的言语。我不能也不愿撤回任何东西，因为违背良心之行为既非没有危险，也谈不上诚实。愿上帝助我！阿门。"当然，这不是他的原话。他是不是以此结束都未可知，而最初受人引用的文本是这样说的："我只能这样做。我坚持我的立场。愿上帝助我！阿门。"

这是一个十分宏大的场面，路德的支持者这样说，这样想；但路德的敌人在这个时刻并没有这种感受。"印象平平"，威尼斯大使孔塔里尼写道。"他不足以让我变成异端"，查理五世这样吐露自己的心声。但他是不是真的听懂了这拉丁语和德语的演说？这两种语言他都不精通。但这不妨碍4月18日或19日，这位年轻的皇帝亲自用法语写了一篇长长的声明，这声明随后将翻译成德语："我将坚定忠于康斯坦茨大公会议所制定的一切。显然，如果有某一位修士反对整个基督教世界的观念，那他肯定是错的，否则基督教世界就是被骗了一千多年。我也坚定地把我的王国、财产、朋友、身体、血液、生命、灵魂献给正统信仰。因为，如果在你们的时代，因为你们的疏忽，导致损害基督教宗教的异端出现、渗透到人心之中的话，那这于朕和你们——高贵的日耳曼民族的成员——都会是一种耻辱。"

5月26日，在一场参会者减少到几个人的帝国议会上，路德被宣布逐出帝国。萨克森选帝侯的骑士带着他到了瓦尔特堡（Wartbourg），他将在此躲避直到来年的3月1日。但其实早在谴责路德的这次帝国会议之前，在纳瓦尔和海尔德兰（Gueldre），帝国已经开始与弗朗索瓦一世交锋。皇帝向低地进发。他不得不放任德国的脾性、宗教激情还有暗弱无序的状态。政治第一，战争第一。对于皇帝来说，其他都不重要，也不再可能重要。

奥格斯堡帝国议会

差不多 10 年之后，在奥格斯堡这座富格尔家族的城市召开了帝国议会。会议从 1530 年 7 月一直持续到 11 月。皇帝此时是意大利的主宰，摆脱了法国的干扰，因此自信满满。他是否会像众多贤明而热忱之人希望的那样，解决路德叛乱所引爆的宗教冲突呢？这场冲突贯穿德国历史中的所有剧变，尤其是 1525 年残酷而短暂的农民革命，路德终于对其大加批驳。他是新教诸侯的朋友也是囚徒。

在很多观察者或者涉事者看来，调解和妥协仍旧是有可能的。加蒂纳拉就是这种观点的支持者，但他在 5 月 4 日去世，都没有等到帝国议会召开的那天。所幸，还有别的朋友支持伊拉斯谟和宗教和解，比如皇帝的一位秘书阿隆索·巴尔戴斯（Alonso Valdès）。同样，在新教徒一边，有梅兰希通，他在有关主教等级制、七圣事、告解圣事等问题上不断做出妥协。他唯一的要求，是维持在圣餐礼中使用面包与葡萄酒。更远些，在弗赖堡（Fribourg-en-Brisgau），伊拉斯谟忧心忡忡，但无能为力。在科堡（Cobourg），路德也在远远地追踪这场冲突，他感到十分愤怒：与其作这些束手束脚的妥协，不如来一场战争……尽管如此，在 9 月，敌人们同意了 28 条中的 21 条，但剩下的 7 条仍在讨论之中。啊，要是没有世俗化的教会财产的问题，不必归还就好了！"路德宗的诸侯称他们凭良心说真的不知道用何种方式归还，"曼图亚的贡扎格（Gonzague de Mantoue）的一位通信者称。双方都援引自己的良心和经文。一天，萨克森公爵愤怒地说道，"经文，我绝对不是它的敌人"。"我更不是"，皇帝反驳道……

这些长篇累牍的讨论最终什么也没产生，在教皇克莱门特七世看来，这些讨论毫无礼节，尽管他在博洛尼亚进行皇帝加冕时曾许诺召开一次大公会议，但只是嘴上答应。当新教徒离开奥格斯堡的时候，一切都悬而未决。留下来的天主教徒宣布事态维持原状至1531年4月15日：过了这个期限，主教等级制会重新成立。但这只是说说罢了，并没有实效。更何况在1532年，德国的边界受到（或者看似受到）了土耳其人的威胁。帝国召开了新的帝国议会，商讨对抗异教徒所必需的支援问题。但作为交换，1532年7月23日，新教徒诸侯们取得了在他们国内自行组织宗教生活的权利，与此同时，他们期待召开普世大公会议，这是他们一直都在要求的。

人们说，查理五世的错误在于去了奥格斯堡，但没有带上士兵。

米尔贝格大捷

但查理五世将在15年后的1545年率军重返德国，这样做可谓恰到好处。现在，他再次在西边腾出手来，很快，东边也将安定：在西边，他签订了克雷皮和约，和约带有许多注定无法履行的承诺；而在东边，斐迪南将和土耳其人在1546年签订停火协议。锦上添花的是，教皇敦促皇帝对斯马尔卡德（Smalkade）同盟的新教徒展开行动。时代已然大变：在人们的期盼当中，大公会议终于于1545年12月13日在特伦托开幕，但它没有带来和解，相反，路德于1546年2月18日去世（他预言，"等待这个世界的没有什么好事"）。次年，亨利八世辞世，不久，弗朗索瓦一世在3月31日到4月1日的那个晚上撒手人寰。但最戏剧性的死亡，值得犯罪小说大书特书的，是年轻的奥尔良公爵于 1545 年 9 月 8 日去世。人们曾以为他是皇帝下令暗杀的，但这可能性不大。不论如何，查理五世从此就无须兑现对这位年轻亲王的承诺（让渡米兰地区）——这其实是克雷皮和约的核心——而是将此地授予了他自己的儿子，西班牙的菲利普、未来的菲利普二世。

让我们暂且搁置这各色各样的事实。关键在于，皇帝又一次得以在缠绕他的各种任务中，选择唯一一个任务，并竭尽全力完成。更何况在政治形势之外，整个西方还面临严峻的经济和社会难题。然而，在这倒退的、危机四伏的大环境下，只有非常富裕的国家才能免于形势的桎梏。查理五世正是用从西班牙取得的钱攻打德国。

虽说如此，在攻打之前，他等待时机、谈判、观察……他可谓只身一人参加了雷根斯堡召开的帝国议会。但他下达了指令让必要的活动得以展开：钱和军队都向德国进发，前者通过低地，后者通过米兰，还有一些军队则是就地征召。"你知道，"1546 年 6 月 9 日他向妹妹匈牙利的玛丽写道，"就像我向你告别时（是年 3 月他离开低地之时）说的，我一直都极力避免诉诸武力，但发现除此之外难以用任何手段安排和处置德国的问题。"但他补充道，"我没能成功"，德国诸侯不再到会了……

因此，在信仰悬而未决而同时不满高涨的德国爆发了战争，德国的臣民饱受诸侯们的盘剥，"直至最后一分钱"。他们想要的就是从可能的变革中获益。斯马尔卡德联盟的各路盟友极力阻止帝国军队向多瑙河集结，然而德国长期以来的内部和平虽然对新教发展极为有利，却不利于操习战法。盟军的行动错过了时机，不得不向北面黑森和萨克森的方向撤退，而帝国外交不久之前还让萨克森的莫里斯叛变，对盟军造成了突然一击。萨克森的莫里斯是个奇怪而充满谜题的人物,他代表的是萨克森家族次子的一支,在德累斯顿统治,而长子的一支拥有选帝侯的身份,在莱比锡统治。背叛者违背了选帝侯身份的承诺,染指长子家族的土地。突然间新教德国分化了。在1546—1547年冬天,帝国军队占领了南方的大城市:奥格斯堡、乌尔姆、斯特拉斯堡、法兰克福。受到威胁的诸侯们——帕拉丁选帝侯、符腾堡公爵——前来要求他们的原谅。符腾堡公爵患有严重的痛风,无法在皇帝面前下跪;因此,是他的仆人代他下跪……整个南方德国臣服于皇帝脚下。

自然而然,皇帝把这个轻而易举的任务交给了他的将帅,即他的弟弟罗马人国王斐迪南以及萨克森的莫里斯来完成。但后者迫于萨克森选帝侯顽强的抵抗而收回了支援。帝国军队因此从3月开始北进,但天气并不利于行军,因为这是个阴郁的春天。军队穿越了波西米亚,波西米亚此时早已准备好起义反抗斐迪南,而查理五世的军队兵不血刃就让它再度臣服;军队在易北河陡峭的河谷与萨克森人交战,在德累斯顿周边米尔贝格的高地,在夜色和晨雾的掩护下,帝国军队穿越了这条河流,奇袭了毫无防备、正在行军的萨克森军队。到了晨雾消散的时候,萨克森人才发现了帝国军队的突袭:军队顿时四散而逃。萨克森选帝侯约翰·弗里德里希落入了胜者之手。整个萨克森都被占领了。不久之后,黑森伯爵领主乞求皇帝的宽恕;他将会被软禁起来,和囚徒无异。

1547年的这个夏天,查理五世达到了权力的顶峰。米尔贝格大捷与帕维亚的胜利有许多共同点,也许是这位君主本人的杰作,与阿尔巴公爵的成功统率相比也不逊色。别忘了,皇帝还会要求提香(Titien)绘制他手持长矛在米尔贝格战场上的画像……在帕维亚,他虽然取胜但并不在场。

奥格斯堡的过渡协定

这是不是一场全面胜利？也许是，但却短暂。皇帝对诸侯们取得了完胜，将他们掌控在手中。但他没有战胜各族人民。他们成功保卫了马格德堡和不来梅这两座通往北方、依然处于独立状态的新教德国城市。这就已经让皇帝的胜利大打折扣了。三十年战争中一切大的辩论（这经常重演）都将会以鲜明的方式证明这一点：除非占领波罗的海沿岸还有北海，否则就不可能主宰新教德国。而且，在宗教问题上，军队往往不能解决任何问题。将新教牧师像狗一样驱逐出德国南方是再容易不过的，但他们可以去更遥远的地方。一切都需要从深层加以解决，而此时德国所处的是相当新颖的局面。

不过，表面上，一切都似乎在同样的布景中重新开始，因为就像 17 年前那样，奥格斯堡召开了帝国议会。会议从 1547 年 9 月 1 日开到了 1548 年 6 月 30 日。但第二次奥格斯堡会议不是第一次奥格斯堡会议的翻版。宗教激情更加强烈，立场也更为强硬了。这 10 个月里，只有争吵、徒劳的谈判、无益的愤怒和各种没有预料到的复杂情况。在加尔文的领导下，1540 年以来日内瓦出现了一种新的新教主义。加尔文主义采取不妥协的立场，没有任何和解的精神。天主教徒和教宗也采取了不妥协的态度。保罗三世在 1540 年认可了耶稣会士。在特伦托大公会议上，还没等新教徒代表到场，天主教徒就径自处理了若干决定性问题，比如伪经、武加大圣经、原罪、传统的重要性等等议题。简而言之，反宗教改革启动了，而且它将寸土不让。其他还有一些迹象：教皇在米尔贝格战役之前就已将其军队从帝国军队中调走；此外，他还将大公会议从特伦托移到了博洛尼亚。对于德国新教徒来说，前往特伦托就是去帝国的领地；而到博洛尼亚，这是出了帝国。

最后，争执不仅仅在于宗教，而且也在于政治。就如众多基督教世界的君主（尤其是意大利的君主）一样，教宗不愿接受皇帝的摆布，不愿向他卑躬屈膝。保罗三世说道："基督是对着圣彼得而不是恺撒说的这番话：你是彼得，我要把我的教会建造在这磐石上。"这让1549年9月10日那次耸人听闻而且富有戏剧性的暗杀极具重要性。被害者是保罗三世之子，皮埃尔·路易吉·法尔内塞（Pier Luigi Farnese），他的父亲于1545年授任其领有帕尔马和普莱桑斯，这两块领地都升格成了公爵领。这次以民众叛乱为伪装的暗杀不可能是米兰统治者费兰特·冈萨加（Ferrante Gonzaga）策划的。在那样的情形下，游说，威胁，甚至还有查理五世驻维也纳的代表迭戈·门多萨（Diego Mendoza）所强调或是高层人士在博洛尼亚大公会议的神父们面前所提出的催促又有什么用呢？

事后，历史学家反思皇帝本能够做些什么，甚至本应该做些什么。既然理论上一切都和普世大公会议（博洛尼亚大公会议）的决定有关，除了等待、争取时间、防患于未然之外，还能做什么呢？奥格斯堡过渡协定是针对一个大问题所给出的平庸的解决办法。它用威权的手段确立了一种双方看似都能接受的生活方式（modus vivendi）。会议的文本是由两位主教和一位新教徒，阿格里古拉（Agricola，勃兰登堡选帝侯的牧师）撰写的。它的26条纲领并不能解决任何问题，反倒是让所有人都感到不满。还有什么必要将其一一罗列呢？七圣事大体上保留了下来；主教等级制没有改变；略带虚伪的是，教士婚姻得到认可，还有使用酒与面包的圣餐礼；弥撒被视为在感谢主恩。事实上，教宗要等到充分了解了这些条款后才会同意，而且迟迟到1549年8月。至于新教徒，他们采用的过渡协定文本不尽相同，无论是在勃兰登堡还是在萨克森都是如此……

不过，如果说任何东西都没有落实的话，也就绝不会有任何妥协达成。尤其是在保罗1549年11月10日去世后，他的继任者儒勒三世呼吁和解的时候。刚就任，他就同意将大公会议从博洛尼亚移回特伦托，问题就变成了如何在那里接待新教徒代表。

西班牙的菲利普将不会是德国皇帝

没有妥协，政治上也没有什么事情得到解决。问题在于如何将选举制的帝国转变为世袭君主制。如果诸位诸侯对此表示同意，那对于混乱的德国政治而言——一位政治家说道——就会实现"一场自上而下的革命，将会根本性地改变帝国"。但除了在纸上，这一切又如何可能呢？

第一个条件，哈布斯堡家族内部需要有统一的意见，但显然情况并非如此，这让查理五世大为惊讶和失望。他一直都在捍卫这个家族的权利与特权；他可以说是透过这个家族来看欧洲和世界的。他以其亲属为中介统治着各个国家：奥地利的玛格丽特；匈牙利的玛丽；1521年起担任其代理长官的斐迪南，随后于1530年当选罗马人国王；随后是他的侄子马克西米利安，后来还成了他的女婿；最后，他的儿子菲利普，1542年年纪轻轻（才15岁）做了西班牙王国的摄政王。应该说，查理感到自己年老体衰，希望选帝侯能给他一个正式的承诺，选举其子做帝国的主人。不是马上选举，因为斐迪南已经是罗马人国王，因此是下一位取得金色王冠的人。但在未来，斐迪南的继任者应该是菲利普。

然而，斐迪南和他的儿子马克西米利安对于查理的要求表现得十分沉默。事实上，斐迪南派已经组建了一个独立的家族：1522年，查理将其在奥地利埃尔布兰德（Erbland）的部分领地让渡给了他；1526年，在莫阿克的灾难之后，斐迪南取得了其姐夫匈牙利的路易的继承权，也就是土耳其人征服之后所剩的那部分匈牙利外加广阔的波西米亚王国。斐迪南派有充分的理由拒绝放弃皇帝头衔。匈牙利的玛丽两次从低地赶到奥格斯堡与敌人和谈，就如皇帝所写的，"为了维护我们家族的荣耀"。很快，家族的秘密讨论逐渐变成了公开讨论。马克西米利安是泄密的源头。1550年12月，皇帝甚至向匈牙利的玛丽写道："我可以向您保证，我已无能为力，精疲力竭。"

为了了结这个没有结果的讨论，1551年3月9日，查理五世命阿拉斯主教撰写了一纸敕令，这是在极为保密的情况下在皇帝本人的寝宫进行的。他要求其弟弟和侄子遵守这个文本。当皇冠到了斐迪南头上时，菲利普将取得罗马人国王的头衔；待菲利普继皇帝位后，轮到其表弟马克西米利安取得罗马人国王头衔。另外，自斐迪南继位皇帝起，菲利普就将取得帝国代理（vicaire imperial）的头衔，也就是帝国对意大利领地的"封建"权威。但所有这一切很快就会被局势所打乱。

德意志诸侯实际上并不希望看到这样的解决方案。知道这一点的斐迪南派就依托着一众诸侯的德国，顺着它的愿望走。命运之轮很快就飞速旋转起来。皇帝的胜利凭借的是时势的机缘巧合，但它也预先决定了这种胜利注定是十分脆弱的。总之，它之所以可能，是因为欧洲暂时没有注意到。然而，欧洲的沉默只持续了没多久。米尔贝格之后，帕维亚之后发生的事再度发生：反对胜者的联合运动。

反对查理五世的欧洲

包括土耳其人在内的整个欧洲将会根据欧洲势力均衡这一单调的法则反对查理五世。也许这还需要一点时间。亨利二世的法国到1550年3月24日才摆脱了与英国的战争（争夺布洛涅）。土耳其人为了在地中海采取行动，等到查理五世袭击非洲突尼斯海岸一个极小的港口德拉古特（Dragut）才找到由头。土耳其人于是发动远征，于1551年8月14日从马耳他骑士团手中重新夺取了柏柏利亚（Barbarie）的的黎波里，而马耳他骑士团是1530年查理五世在那里布置的守军。最后，德国新教徒将会与法国国王联手，让皇帝在军事上处于险境。在洛豪（Lochau）附近秘密举行的会谈决定将三个主教辖区割让给法国国王：梅斯，图勒和凡尔登。香波条约（1552年1月15日）和弗雷德瓦尔德（Friedewald）军事协议（同年2月17日）重申了这一条款。

这些协议的灵魂，来自萨克森的莫里斯。这是一位谜一样的诸侯，丝毫不以不择手段为耻。他以整顿马格德堡秩序为由，在手头维持了一支雇佣军，而皇帝因为经济原因，从符腾堡撤回了西班牙和意大利军队。原则上，新教徒诸侯应该沿着莱茵河行军，与法国国王会合，共同突袭莱茵河沿岸毫无防备的天主教地区。然而，亨利二世一路上占领了图勒和梅斯，在1552年5月早早抵达了莱茵河。但没人在那里欢迎他的到来。于是他屡战屡退，在回程的路上也未能占领凡尔登。其原因在于萨克森的莫里斯更希望猛攻没有防备的皇帝，迫使其放弃奥格斯堡。这位诸侯于1552年4月4日进入奥格斯堡城。查理此时正在因斯布鲁克，没有军队。对于他来说，最好的办法就是谈判，争取时间。斐迪南安排了一次停火，甚至在4月19日还在多瑙河岸边的林茨召开了一次帝国议会。但是，利用停火协议中未明确的几点，萨克森的莫里斯将军队一直推进到了因斯布鲁克，并于5月23日将其攻陷。查理五世被迫向东逃跑，穿过了还被冰雪覆盖的阿尔卑斯山，一直到了奥地利的菲拉赫（Villach），此时是5月27日。

显然，查理五世丧失了德国。皇帝受到了突袭，尽管早已有很多人就此警告过他。这次，卓越的帝国外交因为过于算计而被欺骗了。但年老的皇帝迅速组织起了巨大的人力和财力，让他得以同时面对三场战争：对抗土耳其人，对抗法国国王，对抗新教德国。无论是对土耳其还是法国（尽管1552年3月10日他与亨利二世签订过短暂的停火协议），他都不能指望有半点休息。因此，明智的选择就只有与德国和解。在德国这边，一切对话皆有可能，斐迪南负责谈判，而对斐迪南，查理五世最终重拾了信任，而在此之前他对这位弟弟有过最坏的怀疑，甚至一度相信他与新教徒串通一气——这当然是无稽之谈。

另外，德国的诸侯们由于习惯了此前的和平生活，也在狂热地寻求和平。用萨克森的莫里斯本人的话来说，是"无条件的永久和平"……这个草草决定的和平由帕绍条约确立，并于1552年8月15日得到皇帝批准。于是，莫里斯带着一部分军队，取道匈牙利，前去与土耳其人作战。但他在法兰克福周边留了一部分曾陪他反抗查理五世的军队。他们在勃兰登堡侯爵阿尔伯特·阿西比亚德（Albert Alcibiade）的率领下集结，此人因为善于劫掠而成了德国众所周知的丑闻：这是三十年战争那令人不齿的抢劫表演的预演。查理最后调遣的是声名狼藉、被廉价收买的意大利雇佣军。事实上，他下定了决心要抗击法国，所以带着他的意大利、西班牙和德国（为数不少）军队穿越德国，包围了梅斯。

攻击法国是符合逻辑的，从意大利到低地，法国重新点燃了反对皇帝的战火。1552年7月，锡耶纳就喊着"法兰西！法兰西！"起义。而攻打梅斯也是合理之举，因为梅斯是法国征服帝国领地的标志。但在11月包围这座城市是否合理呢？守军将领是弗朗索瓦·德·吉斯（François de Guise），他拥有充足的炮兵，严防死守。至于包围者，他们身处已被夷为平地的城市周边的乡村，在这个严酷的冬天没有什么遮蔽。当安布鲁瓦兹·帕雷（Ambroise Paré）想要支援被包围者，在夜间抵达现场的时候，他发现查理五世的士兵生着火挤在一块儿：穿过这些火堆进入城市如同儿戏。

但是，我们不妨再一次发问，查理五世和阿尔巴公爵是否可以采取别的行动？不攻击梅斯，那他们辛辛苦苦聚集起来的军队就可能自动瓦解。攻占了梅斯，可能还有机会重新打开德国问题。但查理五世未能如愿。1553年1月1日梅斯之败恰恰是决定性地巩固了德国和约的条件，这和平在当时只不过是表面上的，因为旋涡不会当即平息。就这样，解围之后，阿尔伯特·阿西比亚德率领自己的军队离开了，对他来说，没有什么天主教徒和新教徒之分；他眼里只有可供劫掠的人与财物。他一直到1553年7月11日才被萨克森的莫里斯在吕讷堡（Lüneburg）正法，但莫里斯不久也因伤去世。

因此，德国将因为奥格斯堡和约（1555年9月25日）而得到安宁（甚至包括长期以来追求的宗教上的安宁，而且说起来多少还带点真诚），这是一种妥协，每个教派都得到了自己的领地和好处。我们再重复一遍，这可谓是南特敕令的先声。

与英国联姻

查理五世于1553年1月1日离开了梅斯周边。很快他于1月6

日到了布鲁塞尔。他会在他儿时和少年时代居住的地方待到1556年，然后回到西班牙——这是他最后一次远行。在低地的这几年是我们极易观察的，他没有无所事事。我们知道，皇帝与法国国王重新开战，梅斯之围只不过是一个插曲。1554年，还有另外一段插曲。在布洛涅附近的朗蒂（Renty），在一条名为阿河（Aa）的小河，上演了骑士精神之战。这差点就成了法国国王的灾难：亨利二世险些被帝国军队俘获，堪比弗朗索瓦一世在帕维亚的险境。

在低地这个十字路口观察世界，这不仅仅是在观察法国、回击它的攻势，也是为了观察正在平息的德国，而且还能近距离观察英国事务。然而，英国事务出现了始料未及的变故。天主教徒玛丽·都铎，也就是查理五世的侄女，继承了其哥哥爱德华六世（1553年7月6日去世）的英国王位。皇帝一度想要亲自迎娶这位女君主，随后他改了主意，让丧偶8年的儿子菲利普作为婚姻候选人。谈判进展迅速，其主心骨是孔图瓦·西蒙·列那（Comtois Simon Renard，人们说他"人如其名"[1]）。1554年7月12日，玛丽·都铎签署了婚约。13日，菲利普带着庞大的舰队从拉科鲁尼亚出发，6天后抵达南安普敦。7月25日，婚礼在温彻斯特举行。

这可谓巨大的成功。这是又一块极为重要的拼图，虎视眈眈环绕法国。显然，婚姻只是一种脆弱的成功，有时候也很短命。但是，我们不要因为其结果无足轻重而有所预判。事实上，这场婚姻没有产下子嗣，在英国重新建立天主教信仰也是困难无比、不尽人意而且血腥异常。女王比她的丈夫年长，于1558年逝世，政治还有英式的生活随着伊丽莎白而重回自己的道路。但是，在1553年，没人能预料到

---

〔1〕 法语中"列那"即狐狸。——译者注

这种结局。在数年间，人们大可以认为，而且查理五世本人也认为，他取得了巨大的成功。他甚至还十分严肃地考虑了要给这场结合诞生的王子留什么财产：在他看来，留给他的应该是英国和低地。这种政治架构很奇怪，但十分可行，不过再无可能诞生于世。

查理五世退位

查理五世退位并非因为健康状况不允许他继续执政，也并非因为对生活、荣耀和人事感到厌倦（虽然确有其事）。他是想通过退位在生前解决棘手的继承问题。和在其他很多领域一样，对于这个领域，他所做的是他能够做的，而不是他希望或者长期准备做的。因此，不要认为他有多么伟大的思想。

我也并不认为查理五世敏锐察觉到了以西班牙为中心的大西洋帝国正在成形，所以脱离了欧洲大陆广阔的政治架构。他在近半个世纪里都不得不围着欧洲政治团团转，仿佛笼子里的松鼠。如果说他将德国从菲利普二世的遗产中分离出去，这是因为他被迫在德国这个方面放弃一切大一统政治。在他最后退位（1558年2月28日）的很早以前，哈布斯堡家族就分裂为两支：维也纳的哈布斯堡家族和——当菲利普二世确定在西班牙扎根的时候——西班牙的哈布斯堡家族，这对于欧洲地图产生了深远影响。三十年战争从这个角度看，可以说是两支哈布斯堡王朝的重新聚首。

不论怎样，我们不能将查理五世退位说成是他突然间做出的决定，是受到了这个或那个事件的压力，或者说是因为某种精神心态。他接连不断的放弃是时势的产物，是在长期内逐步进行的。通常，我们只看到了1555年9月8日在根特举办的哀婉动人的仪式。这是他第一次公开表明出世的意愿,但在此之前,他在 1545 年曾将米兰授予其子;1554 年,他让渡了那不勒斯和西西里;因此,与玛丽·都铎结婚的是一位拥有两个头衔的国王。1555 年,在根特,在布鲁塞尔宫的大厅,他仅仅是放弃了低地,将其交给自己的儿子——注意这是在与法国新订和约的前夕,而可想而知的是,沃塞勒(Vaucelles)停战协议有漫长的讨论,早在其受到批准的 1556 年 2 月 5 日之前就已经基本达成。在演说中,查理解释了他为什么做此决定,历数了他的疲惫,他所受到的欺骗。"尊奉宗教,"他建议儿子,"坚持不懈;维护天主教信仰的纯洁性;视我国的法律为神圣而不可侵犯,不要试图侵越你子民的权利与特权。而如果日后有一天,你想像我一样,到私人生活当中去寻求休憩,你可以找一位配得上的儿子,带着今天我将权杖交给你时的愉悦,将权杖交给他。"这最后一句话,虽然不像其他几句话那么备受引用,却表明了查理五世对自己这位模范儿子的巨大的爱和尊重,也正因为这样一位儿子,他才可以期望自己远远地提出建议便足矣。

1556 年 1 月 16 日查理悄无声息地放弃了卡斯提尔和阿拉贡王国及所有附属省份时,沃塞勒停火协议尚未批准生效。在这第二次退位之后,当他在 1556 年 9 月 17 日于弗莱辛登上一艘豪华的比斯开船的时候,他除了皇帝什么也不是了(到 1558 年 2 月 28 日前他仍保留着皇帝头衔)。

退隐与逝世

9 月 28 日,查理到了拉雷多(Laredo)。他的这次旅程十分之快,让人们始料未及,与他随行的有他的妹妹们:弗朗索瓦一世的遗孀埃莱奥诺尔（Eléonore），还有匈牙利的玛丽。在这几天时间里，由于有的仆人生病，船队有的在桑坦德尔（Santander）而没有在拉雷多登陆，皇帝遇上了若干麻烦：他身边缺了仆人、医生还有邮差，甚至没有每天早上在他身前念弥撒的神甫。随后，事情走上了正轨。10月13日他抵达布尔戈斯（Burgos），这里，城市钟鼓齐鸣迎接他的到来。在通往巴利亚多利德的路上，唐卡洛斯（Don Carlos）前来拜访。皇帝很快就为这位孙子感到难过，因为后者性格乖张，而且还没有教养，也从不知道什么时候应该脱帽什么时候应该戴帽。皇帝回答了他的问题，给他讲述了自己经历过的战争，以及逃往因斯布鲁克的故事。"即便在这种情况下，"孩子喊道，"我也不会逃跑。"……在卡斯提尔的首都巴利亚多利德，查理五世见到了他的小女儿，葡萄牙王子的遗孀胡安娜公主。她在菲利普二世留在低地、留在"多雾的北方"时统治卡斯提尔王国。稍事歇息，他就动身前往埃斯特雷马杜雷（Estremadure），前往瑜斯特（Yuste）修道院，这是他选择的最终归隐的地方。修道院在普拉森西亚的另一边，在通往葡萄牙的大路上。人们在修道院回廊中（但和热罗姆派修士的生活分开）建造其行宫期间，他住在哈兰迪利亚（Jarandilla）的奥罗佩萨（Oropesa）公爵的府邸上。

虽说他为在自己的房间里建造或者重建壁炉而费了番工夫，但他很喜欢这座屋子。事实上，他来到一个11月份雨水泛滥也常有寒潮的地方。这地方虽然美妙，但却地处偏僻，没有什么物资，面包都很少见，只有栗子不错。要养活一帮随从（虽然人数不多）是个问题。当法国和匈牙利王后前来造访的时候，仆人们感到填不饱肚子。只能苦中作乐。皇帝一直以来吃东西都毫无节制以至于损害了健康，每次他收到略为精致的食物，都会高兴一番：鱼，新鲜的牡蛎或者腌鱼，鳗鱼泥，哈玛的山鹑，托尔德西利亚斯的香肠……但他对于这荒野生活比他的仆人更能适应，愉快地接受了各种不便。比如他花园里的瓜怎么也长不好，他感叹道，"歪瓜也比好黄瓜强"（que es mejor un ruin melon que un buen penino）……

待瑜斯特的住所造好已经是 1557 年 2 月 3 日，若干在修道院没有地方住的仆人被遣散了。在这个房间里，他将度过生命的最后时日。这间房子有一扇窗，对着教堂的祭坛，位置恰到好处，让他可以在床上听弥撒。除了卧室外，他还有一间更衣室，一间大会客厅。透过窗户他可以看到修道院游廊的橘子树，还有山上干枯的橡树……他的大管家奎哈达（Quijada，他在秘密地养育日后的奥地利的胡安 [don Juan d'Autriche]）——这是皇帝与美丽的克拉拉·布隆贝格（Clara Blomberg）在 1546 年生的亲生儿子——对这里的生活感到难受："这是我见过最孤单、最忧郁的生活了，只有那些弃绝了财富与俗世的人才能接受这样的生活。"但这种匮乏的生活并没有让查理五世感到不快。另外，这位隐士还有很多俗世的烦扰找上门来，有大量信件给他带来新闻、礼物、物资还有拜访，对于其中一些人，这位闻名遐迩的长者是拒绝接见的……

相比此前的 5/6 年，他的健康状况没有变好也没有变坏。痛风是他的噩梦，信中他也反复讲了各种部位的疼痛。但今天有没有医生能够为这时好时坏的健康状况下个判断，尽管这位病人总是对这些病痛了如指掌？事实上，在他定居瑜斯特之后的那个春天，在其子菲利普派遣的鲁伊·戈麦斯（Ruy Gomez）造访之后，他再度被各种事务还有不安所占据。在哈布斯堡家族的宿敌教皇保罗四世不合时宜的热情干预下，帝国与法国重启战事。当然，查理五世不会亲自处理这些事务。不过，他还是会给建议，会激动，会有所牵挂。有时候，他会亲自出马，但他亲自操刀完成的只有一件事，那就是有关葡萄牙的玛丽公主的谈判。玛丽是奥地利的埃莱奥诺尔的第一次婚姻养育的女儿。通过谈判，他成功让她前来西班牙见她的母亲，也就是前法国王后。但他未能让她一直待在后者身边。但这属于家庭事务。对于俗世的事务，国家的事务，他给建议——主要是给胡安娜公主，因为是她在巴利亚多利德统治西班牙王国——的时候都十分小心，生怕摄政王的权威有丝毫减损，哪怕是表面上。也许有时候激情会让这位老者按捺不住，比如当他得知美洲运来的白银分发给了商人，而没有被征收来为国王服务的时候；或者是人们在巴利亚多利德发现了一个"新教徒"团体的时候，此时他会大为光火，他希望把犯人就地正法。但他真正考虑要采取实际行动的只有一次。

旺多姆公爵、纳瓦尔国王（但西班牙纳瓦尔已经在 1512 年被虔诚者斐迪南 [Ferdinand le Catholique] 占领）安托万·德·波旁（Antoine de Bourbon），在重启其岳父亨利·德阿尔布雷（Henri d'Albret，1555 年 5 月 25 日去世）相当仓促的谈判的同时，试图以丧失了纳瓦尔领地为由要求取得米兰及伦巴底国王的头衔。作为交换，他会让西班牙人进入法国南部，帮助他们占领巴约讷、波尔多和吉耶讷（Guyenne）：这种以背叛为基础的谈判是哈布斯堡外交尤为擅长的。1556 年 2 月 5 日的沃塞勒停火协议中断了这个诡计，但随着和法国重回敌对，就到了不能让安托万·德·波旁继续观望的关键时刻。然而，一切事务（最终以失败告终）重新回到了查理五世的手中，这是菲利普二世本人下达的命令。谈判进行得十分激烈，以至于有必要在比利牛斯山脉集结一支军队。查理五世想要掌控这场谈判。当时旁观查理五世的大指挥官路易斯·德阿维拉（Don Luis d'Avila）在 1557 年 8 月 13 日写道："我出于爱而认为，他为他的儿子带去了巨大的勇气，还有旧时的习惯，因为他是在战争中成长起来的，就如人们说蝾螈是在玻璃厂的火炉里历练而成的。但带着一帮（他将需要征召的）新招步兵，还有各路领主的骑兵 [即组成侵略军的全体附庸]，简而言之，一个临时拼凑起来的军队，我不知道他如何用它与世界上最善战的军队交手。"最后，这种大费周章的动员没有发生，年迈的皇帝仍旧待在瑜斯特，听着尘世的喧嚣，回忆着他过去的岁月，准备着最后的旅程。

这最后的几个月我们几乎可以日日追踪，这让我们熟悉了这样一位置身事外的人物，一位思想十分有高度的人物。这种自愿的归隐，无论其原因究竟为何，证明了其超脱于世，放弃了虚荣，这在那些过去曾占据世界舞台的人当中是十分罕见的。很有可能就在距离他死前不到一个月，他为自己举办了葬礼，好让自己得以在生前参与并在葬礼上祈祷。"在生前为某人秉烛与在其死后这样做的价值相当"，他会这样说。在当天念诵死者的瞻礼祷文大概也是他的主意，念的是圣诗和经文，遵循的是每年 5 月初纪念他 1539 年去世的妻子皇后伊莎贝拉的仪轨。

新世界

但如果我们的关注点像到目前为止那样，只停留在欧洲的事件上，那我们就无法充分理解查理五世的历史。在 16 世纪之初，大西洋彼岸的新世界发生了什么？如果我们要总结查理五世的生平，这个问题就是重中之重。

用残酷（还富有英雄主义）的方式征服广袤的新世界（除去很久之后法国人和英国人定居的北美北部以及南美东部的巴西——在那里，葡萄牙人将缓慢地在海岸上定居，这是通往印第安群岛的必经之处,他们还建立了甘蔗种植园,但这一切真正启动是在 1550 年以后)。这由西班牙征服者所统治的美洲,从加利福尼亚到智利,再到拉普拉塔河(Rio de la Plata),在查理接过西班牙王国大权的时候还并不存在(当时西班牙人只占领了安的列斯群岛的若干地点)。它是在暴风雨和涡流中,伴随着查理漫长的统治而建立起来的。

请注意,这块殖民地虽然大,但人烟稀少:只有在墨西哥平原才有比较稠密的人口,还有就是在安第斯山脉今天哥伦比亚、厄瓜多尔、玻利维亚和秘鲁共和国的位置。其他地方都是人迹罕至。到处都有前所未闻的困难要解决。但征服活动只有在印第安人相当稠密的地方才比较迅速而且有利可图,因为那里有着成型的社会,是容易捕捉的猎物。征服者们带来了火器、马匹、猎犬,这些当然都是优势,但更大的优势在于他们对战争的理解,旧大陆那种毫无怜悯的战争也不幸地装在他们的行囊里。美洲印第安人的观念里只有仪式性的战争。就防卫白人殖民者而言,他们不及那些更为原始的社会,比如安的列斯群岛的加勒比人、今天智利的阿劳卡尼亚人、北墨西哥的奇奇梅克人等等。这些社会注定会是殖民者的盘中餐,从最开始的会面起就被骗得团团转:1519 年 11 月,墨西哥的蒙特祖马败于埃尔南·科尔特斯(Hernan Cortès);印加皇帝阿塔瓦尔帕(Atahualpa)1531 年 11 月 16 日面对弗朗西斯科·皮萨罗(Francisco Pizarro)还有他的少量士兵时也是如此。在那些财富集中的地方,一切对于征服者来说都相对容易。这些城市看似真实,又如梦幻,比如泻湖边上的墨西哥、沉睡高山里的库斯科。

另外,征服者的探险家们也不得不意识到他们自己也受到了最残酷的欺骗。他们也不得不像印第安人那样衣不蔽体,以树根和蜥蜴为食……1536 年在拉普拉塔河畔建立的布宜诺斯艾利斯难以发展下去,在印第安人的袭击中被毁。这座城市会在1580年重生，但依然要面对同样的这些印第安人，居民将会辛酸地抱怨人力短缺，不得不靠自己的辛勤劳作维生。

在勾勒了这些大的线条之后，我们可以说，这场"征服"在时间上差不多与查理五世的统治时代同时。它基本没有超过1540年，最多到1550年就告一段落。过了这个年代以后，整个一代征服者消失了——或寿终正寝（这很少见），或暴毙身亡。埃尔南·科尔特斯在塞维利亚附近去世（1547年12月2日），人们说他死得很悲惨；弗朗西斯科·皮萨罗光天化日之下在其吕纳官邸遭到暗杀，被割喉身亡，这是1541年6月16日……有规律就总有例外：比如佩德拉利亚斯·德阿维拉（Pedrarias d'Avila），这位残暴无度之人将会作为尼加拉瓜总督活到90岁；又比如贝尔纳尔·迪亚斯·德尔·卡斯蒂略（Bernal Diaz del Castillo），他也活了很久，有时间撰写他的战纪。

当我们沿着这出戏剧的主线考察，我们会惊讶地发现，这场西班牙王国的征服运动是自发进行的，西班牙并没有实际的领导。但它居然或快或慢地让原住民臣服于西班牙王国。事实上，这些征服者在征服过程中与半岛保持着联系，无论是观念上，习惯上，风俗上还是信仰上。黄金和白银，奴隶抑或印第安农奴，这在那里都是珍贵的财货，但在他们眼中，旧大陆的葡萄酒，面粉，油，纺织品才弥足珍贵，这一切都只能由西班牙船只在塞维利亚装船，才能运到征服活动所打造的新西班牙——新卡斯提尔或者新格林纳达。从最开始，这种生物上的依赖就存在了。很快，欧洲舰队会带来非洲黑奴，他们对于维持新殖民地不可或缺。

虽然不能说是不费吹灰之力，但西班牙政治的游戏没有遇到难以克服的障碍。1503年起，人们就在塞维利亚组建了贸易公署（Casa de la Contrataciòn），而塞维利亚是往来"印度群岛"船只的汇聚地。1511 年，印度群岛议会（le Consejo de Indias）正式成型。这是西班牙统治美洲的两个基本性的制度。查理五世继承了它们而无须自己创立。同样，在他登基以前，定居在塞维利亚的外国商人（首先是热那亚人）就建立了长期信用体系，这让西班牙征服者从 1506—1507 年起就能稳定地从旧世界取得资金支持。"商人资本主义"（capitalisme marchand）在这里也没有迟到。

不过，这些很早之前就打下的坚实而古老的基础并没有减少查理五世的担忧和功绩。事实上，他需要在远处调停征服运动的风暴：对于新西班牙（宽泛意义上的墨西哥）的事务，这是相对容易的；但对于有关秘鲁的问题，矛盾就比较尖锐。在墨西哥，随着 1527 年 12 月 13 日殖民地高等法院（Audiencia）的建立，埃尔南·科尔特斯失势，而 1529 年安托尼奥·德·门多萨（Antonio de Mendoza）被任命为第一任总督之后，皇帝成为了毫无争议的主宰。在秘鲁，皮萨罗和他的同伙阿尔马格罗（Almagro，随后是阿尔马格罗之子）之间的争吵，在 1537—1548 年间引发了西班牙人血腥的内斗。但遥远的西班牙征服在发号施令：安托尼奥·德·门多萨，第一任墨西哥总督，还将会成为秘鲁的第一任总督，他漫长的统治将会带来显见的秩序。

在这"帝国"的壮举中，尤其是在 1542 年制订新印度群岛法律的时候，很难说清楚查理五世参与了哪些活动。毋庸置疑，西班牙在那里定下了未来几个世纪的命运。但我们不能混淆长期与短期，将前者的分量赋予后者。查理五世与北美帝国的建造者们不同，他并没有明确感到自己正在打造一个现代帝国，事实上也是欧洲第一个海外殖民帝国。"皇帝陛下，"埃尔南·科尔特斯向他写道，"您可以得到新西班牙皇帝这个新头衔，它所带来的权力和利益不比德国皇帝的头衔差。"但皇帝是否被他的言辞说服了呢？

虽说如此，西班牙与美洲之间的联系必然为帝国带来新的维度，我们想要说的是查理五世本人所代表的势力集群。当然了，西班牙人的这种扩张在菲利普二世的时候将会更为明显了然，但新美洲已经影响到了查理五世的决策，也影响到了一直单调地伴随着它的欧洲斗争。西班牙组建印度舰队（Carrera de Indias）的目的正是为了在美洲金银抵达、运给西班牙商人和卡斯提尔国家的时候防范大西洋的法国海盗——美洲白银已经成为了欧洲经济和政治生活的一大要素。

如果我们要不惜一切代价找到这个时刻在哪里，我们不妨说是1552年。当时，西班牙为了支援逃往因斯布鲁克的皇帝，在梅斯之围之前和期间打开了它的港口，允许银块银条流出。资本主义对于查理五世的帮助之大，令人称奇，而这整个资本主义，从他统治之初就是以阿尔卑斯和匈牙利的矿山，还有奥格斯堡这个关键城市（富格尔家族的"帝国"角色是很显著的）为基础的。但是，在查理五世统治的末期，资本主义的洪流越发紧密依赖于抵达塞维利亚的贵金属。最重要的贸易也都是在塞维利亚进行的：手牌已经从富格尔家族转到了热那亚银行家的手里……

对查理五世统治的总结

1555年退位以后，在其生命的最后时光，时人就急于为这位皇帝的统治下整体判断。而且他们乐于讨论其中的失败。有一位威尼斯人说，在他看来，皇帝搅动了世界，但未能实现自己的雄心。对于蒙吕克来说（他将弗朗索瓦一世和他的对手放在一个篮子里），这两位帝王都为西方造成了上百万人的不幸——这个说法是很有道理的。"要是上帝想要这两位君主和解,他们脚下的地也会大震。"……但我觉得历史学家不能概括得如此简单。

在成功之外,应该怎样理解失败?查理五世的一切活动——我们之前已经尝试概括了,但还没有作任何评价——反映的是世界这个复杂棋盘上身处困境的一方。那么,与其说讨论胜者或者败者,我们不如尝试摆正棋手的位置。我们应当将棋子放到适当的格子里,分析他们各自的实力,把敌人们走的棋子也摆到他们面前——我说的是敌人们,包括法国、土耳其人、新教徒,以及德国诸侯……还有一部分并不按照惯常规则行动的棋子。

而且,皇帝从来不是自行决定如何下棋的,他还必须听取顾问的意见,要考虑到各个棋子的价值、各个格子、敌人的传统走法、不同招数不可兼得的好处。我们不想过度简化,但应该说他必须做出选择:是去这里还是那里,把钱用在这里还是那里,攻击这里还是那里……今天,在某些时刻,我们虽然可能无法重构出活着的、运动着的棋盘,但我们至少可以捕捉皇帝的招数,也就是摆在他面前的那些选择。

正因如此,就在克雷皮和约的翌日,西班牙展开了大讨论,从1544 年的 11 月持续到了 12 月。对于这个讨论我们拥有详细的记录。确实,这些讨论纯粹不过是政治活动:它们没有产生什么重大的后果,最终没有形成决议,但它们让我们得以洞悉帝国政治的智慧。问题在哪儿?针对条约所提出的非此即彼的选择作个决断:究竟该放弃米兰,还是放弃低地。如果选择前者,奥尔良公爵(当时是法国国王推定的继承人)会迎娶安娜,也就是斐迪南一世的女儿;而如果是第二种情况,他会迎娶玛丽亚,也就是查理五世的女儿。然而,在巴利亚多利德,讨论异常激烈,没有形成多数意见。

讨论分为两派，谁也占不了上风，其激烈程度远胜于一般的选举争议。这次，两派的头目分别是年迈的托雷多枢机主教胡安·帕多·伊·塔维拉（Juan Pardo y Tavera）和年轻的阿尔巴公爵。对于枢机主教来说，无疑应该放弃米兰。实际上，低地是一个世袭制国家，对于制约法国的野心是不可或缺的；相反，皇帝从1535年起占领的米兰（在最后一位斯福尔扎家族继承人去世之后）是一个 estado inquieto, posseydo sin muy justo titulo（"一个不安之国，对它的占有缺乏很好的名分"）。而且，这是"基督教世界所有不幸和分歧"的原因所在，它只会不断让西班牙花钱和陷入战争。因此，应放弃米兰，不再介入意大利政治（很长一段时间里这都是皇帝的政策）。对于阿尔巴公爵来说，道理则是反过来说的。没有了米兰，查理五世就再也没法穿越阿尔卑斯前往德国和低地，而必须走大西洋航线，这本身就是很麻烦的事。失去了米兰，也就失去了热那亚，而这是皇帝维持那不勒斯、西西里乃至撒丁岛的重要关节。因此，他的结论是：放弃低地，固守米兰，甚至要扩大米兰的重要地位，染指皮埃蒙特。

我们是否需要像令人尊敬的历史学家费德里科·夏波德（Federico Chabod）那样，同时也按照我们在一步步遵循的分析那样，认为枢机主教的论点是在重申伊莎贝拉女王的古老政策：避开意大利的烟雾，反之将精力投入柏柏利亚这边，投入到与伊比利亚半岛紧接的北非？这位枢机主教不是在15年前就在说：Esto es lo que a de durar y quedar a sus succedores y lo de allá es gloria transitoria y de ayre ——"能够持久留在您继位者手中的是非洲；意大利只不过是短暂的荣耀，是一阵风"。

容我重申，所有这些讨论都没有产生现实的后果：就在决定将要产生的时候，年轻的奥尔良公爵于1545年9月9日被暗杀身亡。但这些讨论让我们更能够看清查理五世的统治。他的整个国家是各种势力、不同利益（通常这些利益还会有分歧）的长期联盟：西班牙梦想占领柏柏尔人的非洲；意大利，无论是西班牙还是非西班牙部分，都担心土耳其人和他们的无敌舰队；低地则想要商人有和平的环境，尤其是与法国谈和，这样北海才会有和平的贸易和渔业；德国则在寻找着不可能的均衡，想要解决它的宗教纷争……

当然了，皇帝本人，在其内心深处，在其具体行动当中，从来没有因此成为囚徒，它一直都是这些鲜活的力量中的一支。但在每一个节骨眼上，他需要与某一方和解，让步，又要放过另外一方。他没有什么犹豫的机会，选择自然摆在他面前：比如在1552年，他丧失了德国；随后，他在1553年明智地放弃了德国，赢得了英国。

从这些进进退退当中，我们并不能总是当即做出判断，我们还需要往后退一退。政治就好比"珀涅罗珀的织物"，它从不完结。如果我们想要作个总结，应该说，尽管查理五世努力了，但他在地中海对土耳其人有一半时间都是失败的。对法作战也没有输赢：法国虽然处在帝国包围的中心，却维持着独立，从包围中解脱了出来；他在英国的胜利只是假象，在1558年9月随着玛丽·都铎的逝世而轰然倒塌。他在意大利取得大胜；至少在表面上，他在低地胜出（在他的设计下于1548年脱离了帝国的行政管辖权）；他扫清了德国的乱局，决定了他的事业的未来，也就是菲利普二世的继承问题。最后，他还在美洲胜出，虽然他对此没有太多意识，也许也并没有一直亲力亲为。

不过，这些评价可能还不是完全准确的。也许，为了合理地评价查理五世的业绩，有必要放到他去世之后，一步步检视其子菲利普二世的统治（1555—1598）：1559年，法国人在西班牙军队前溃败；低地民众起义（1566—1572），这将会成为菲利普二世"帝国"难以治愈的癌症；土耳其人在地中海退却（勒班陀，1571）；与德国日渐分道扬镳（要等到1618年三十年战争之初，维也纳和西班牙的哈布斯堡家族才会重建紧密的联系）；美洲银矿的产出随着菲利普二世的统治而节节攀升，物质上的胜利将菲利普抬到了世界势力中的首位（即使在中国，西班牙国王也是白银的国王）。事实上，菲利普二世的帝国完成的是查理五世统治末年的转变，西班牙成了一个大西洋帝国，它的命运于其海军的命运相连，而1588年无敌舰队的大败为之撒下了最初的阴影。

回溯历史，历史学家难以抵制向菲利普二世提出一些无用的建议的诱惑：卡洛斯·佩雷拉（Carlos Pereyra）认为应该彻底放弃低地；古农·鲁本（Gounon Loubens）认为应该把里斯本定为首都（西班牙国王于1580年成为这里的主人）。我们也有自己的看法：奥利瓦雷斯伯爵应该下台，他在1621—1640年间将西班牙的军力投入到地中海和欧洲，而没有看到海外（ultramar）……但历史无法重写。只要是事实的东西就无法再作讨论：查理五世的帝国在转型中幸存了下来，转向了西方，转向了广袤无垠的大西洋。菲利普二世掌控着其父亲所没有的手段，即便他没有皇帝这一尊贵的头衔。

查理五世的真面目

读者也许已经注意到了：自始至终，在这篇篇幅巨大的概述中，查理五世的历史都超越了他本人。他本人迷失在了各种问题、各种转折之中。我们有必要努力将他本人从这些光芒中抽取出来，这不是为了看到他，而是为了瞥见（apercevoir）他，因为他不是那种历史学家可以与之作深入对话的人。相比其子菲利普二世，他显得没那么遥远,但他也依然模糊、神秘、难以触及。历史学家一直都在尝试剖析他的思想、脾气、性格,但从未成功。没有什么比这更困难的了;可疑的证言太多,但这书写狂潮,在 16 世纪,就好比是贫瘠时代的文艺复兴。在这故纸堆当中找寻这位皇帝的人格,就如海底捞针一般困难。

确实,我们看到他有历年的画像。但它们是否真实?如果是的话,又是否写实?他孩提时代的画像据说是伯纳德·范·奥利(Bernard van Orley)所作,而阿拉斯收藏的一副肖像画以张扬的笔风刻画了生命末年的皇帝。(但这副颇有颠覆性的画像是不是真品?)从儿童到老年,对这一系列画像人们有过细致的研究,从中可以归纳出画中人脸部的典型特征:不宽的鼻子,张开而变形的嘴巴,哈布斯堡家族的凸颌在他身上十分明显,还有不佳的呼吸系统,扁桃体非常规生长更是阻碍了呼吸。皇帝从很早就受到哮喘困扰。他年轻时候的画像就已经和后来的那样,丧失了愉悦、生活幸福感和从容。即便是 1548 年提香的那副坐像,也给我们一种糟糕的照片的感觉。通过这可能会冒犯人的感触,我们只想说明,这幅画像和其他的那些一样,都没有穿透他从缺乏父母关爱的孩提时代就戴上的面具而看到他的真面目:将他养大的是特梅雷尔的遗孀格兰德(Grande)夫人,随后是他的姑妈奥地利的玛格丽特。他继承了沉重的遗传病,疯子胡安娜既非这遗传病的第一环,也不是最后一环。他也要花上好几年时间才摆脱他老师们的控制,谢弗勒(Chièvres)领主乌特勒支的阿德里安(Adrien d'Utrecht)于 1521 年去世。在此之后不久,这位年轻的皇帝屈服于时尚,留起了胡须。

这是忧郁、严肃、充满艰辛旅途和无法完成的任务的一生:这位皇帝有点像"权力的玩偶"。他的消遣是:狩猎,这是同时代所有男人的共同爱好；女人，而且毫无节制（"他义无反顾地投入了维纳斯的快活当中"），这和当时所有王公都一样，但却有着他们并不总是拥有的鉴别力；饮食铺张，就如人们所说：他强健的体魄年复一年在抵抗一个毫无节制的胃。一天，大管家奎哈达记道，"国王们也许是想要自己的胃和他的体型从众人中脱颖而出。"我们知道，查理五世退隐瑜斯特的时候放弃了一切——而餐桌上的快感除外。

也许在其艰难而严肃的一生中，只有一段真正幸福的时光，也就是他与葡萄牙公主伊莎贝拉结婚后的那段日子。她比他先到塞维利亚，在 1526 年 2 月。皇帝与她见面是在 3 月 20 日，他们在城市里举行庆典，身后是奢华的队伍。他们在科尔多巴，随后在格林纳达的阿尔罕布拉宫度蜜月。他们的结合虽然是出于政治原因，但却是极为幸福的。寡言少语的皇帝有了唯一一位可以信赖的人，而 1539 年，在他们第三个孩子降临时，皇后去世，这将他投入了极度的悲痛之中，一直伴随他到最后一天。对于这从他那里被收走的幸福，提香的一幅画为之作了纪念：在其 1553 年创作的《瞻礼圣三位一体之荣耀》(gloria de L'Adoration de la Sainte Trinité）中，皇帝的身后出现了一个诗意的轮廓，那是皇后，穿着死者的外套，站在她三个孩子身边。在瑜斯特，这幅画挂在大厅，就在皇帝的卧室边上。他对于这壮丽的场景感到十分满意。

思想，沉思死亡，严格的宗教生活，随着年岁而不断加深的完全超脱于世的能力，这些特征在表面上看与一个日不落帝国的主人的喧嚣而显赫的一生相冲突。这也许能解释为什么要接近查理五世就会有模糊和神秘的感觉。因为这个心态绝不是后来才有的，而是随着他决定退隐而产生的。有些举动很能够表明他的人格内在的双重性。我们难道未曾见他有时双臂抱成十字架，面朝地面？1546 年，在英戈尔施塔特，一位官员在半夜看到他跪在基督像前。他总是喜欢以宗教音乐为慰藉，到哪里都跟随着他的祈祷室（capella）可谓欧洲最佳。每次当悲伤袭来，他都会选择闭关。远离尘世的折磨而终此一生的想法很早就萦绕在他的心头，也许从远征突尼斯得胜归来起，他就做出了决定。

我们已经尝试穿透他的秘密。这有什么好处呢？有些人草草得出结论认为是遗传病作怪，所以从他的行为中看到心智失衡和混乱的迹象——这纯粹是荒谬的。我也并不认为，他对于其母亲、可怜的疯子胡安娜的所作所为足以让其悔恨终身。这些事究竟如何无人知晓，也不可知。但将查理五世带到瑜斯特并且"放弃一切"的，似乎不是悔恨自责。这更多是源自一种超脱的心境，而这种超脱也许是人们最难理解的。不管怎么说，无论其中奥秘究竟为何，没有什么比他所愿、所准备，用勇敢、诚挚和高尚的灵魂所接受的这个终结更光辉、更美好的了。

（沈坚　董子云　译）

菲利普二世[*]

西班牙的菲利普二世，1527年5月21日出生于巴利亚多利德，1598年9月13日逝世于埃斯科里亚尔，其漫长的统治至此终告落幕。其父查理五世接连让位，使得他于1554年，1555年和1556年分别掌握了那不勒斯、西西里、低地国家和西班牙的王位。通过西班牙，他又在新世界继承了卡斯提尔的印度群岛及其"宝藏"。他将以如此广阔的幅员统治40多年，而由于手握如此广阔的领土，他将对整个欧洲和世界的命运产生重大乃至极其深远的影响。他也因此是一股宏大而奇妙的历史力量的化身。

不过，所有只针对他个人所做的研究都是具有欺骗性的。这并不是说，把他放入"主角"丛书里并不妥当；并不是说，他算不上一位塑造了历史甚至引领了未来的伟人。在这一点上我们无须质疑：他以极重的分量主导了同时代的人，对西班牙帝国的统治也无与伦比。不过，在这幅巨型油画的中央，真实的菲利普二世却躲开了我们的好奇心，就如其躲开了我们的判断。毫无疑问，他也是人，是和我们一样的有血肉之躯的人，但却一直还没有被画入这幅油画。历史学家们

---

[*] 本研究于1969年在米兰出版，收于"主角"丛书（出版社：C.I.E.，米兰）。由于法语文本佚失，此系根据意大利语文本翻译而成。

被他那谜一般的形象所吸引，前仆后继地主张要就此展开对话，但他也仍旧隐秘。这也就是为什么40多年来我一直钟情于这位沉默寡言的人物，皓首穷经，不知有多少次我曾有幻觉，觉得自己到了他的身旁，到了伴他度过权势如日中天时期的工作桌前。但是，我并没有比从前的历史学家更了解他。与他们一样，我也不得不满足于用他生命当中令人诧异的时刻来捕捉他。我们与他突然相遇，但永远无法确信自己真的懂他。

更何况，在游戏的开始，我们必须要做些防范措施：将指向这位国王的所有过分的中伤和颂词排除出去。他的朋友和敌人可谓是用那些毫无根据的故事和逸闻送他入土，这些文本均不可置信。一系列"黑色"传说——不仅仅是丹麦人查尔斯·布拉特利（Charles Bratli）1912年出版的那部富有报复意味的书中所传播的那些——的对立面，是一系列"鎏金"传说，同样也无法采用。因此，要探究菲利普二世的生平，就有必要将之前的传说一笔勾销；在此之后，从零开始。

但是，我已经讲过，没有什么东西可以事先确保我们能够进入这颗紧锁的心灵。要诚实地完成这个任务，唯一的办法将会是什么都不要断言，除非有明证在前。当然，我们同时还要注意主角外部的戏剧，这段沉默而悲壮的人生深深地融入了这部戏剧当中，在其中恣意地燃烧。我们也不能忘记这位国王自己的生活会在多大程度上影响这宏伟的命运，而后者以其自身的伟大，几乎超越了国王本人。

在这部戏剧里，读者可以看到这些大事件：圣康坦（Saint-Quentin）大捷（1557年8月10日）为西班牙军队打开了通往巴黎的大道（虽然最终无济于事）；康布雷齐堡（Câteau-Cambrésis）那意料之中的和约（1559年4月1—3日）里没有征服者，它让瓦鲁瓦王朝和哈布斯堡王朝重归于好，而且将维持近30年的和平（因为持久，所以是份重要的条约）；八十年战争从 1566—1567 年既已萌芽，在 1572 年以极大的威力迸发，贯穿菲利普二世的整个统治时期，并一直延续到了他的身后；在著名的勒班陀海战中，意大利和西班牙的联合舰队在柯林斯湾击败了土耳其人（1571 年 10 月 7 日）；西班牙占领葡萄牙并兼并葡萄牙帝国（1580—1582）；无敌舰队面对伊丽莎白的军舰和火船，在弗拉芒海岸的沙滩上覆灭（1588 年 8 月），它无疑是一场灾难，但没有一次性也没有永久性地摧毁尚且年轻的西班牙帝国的势力；最后，法国王位战争（1589—1598）以菲利普二世失败（或至少是以另一份白色和约）而落幕，1598 年 6 月 5 日签署了维尔文（vervins）和约，同年年迈的国王也告别了人世（1598 年 9 月 13 日）。

但是，我们正是要把目光投向这位国王，投向埃斯科里亚尔修道院。建设埃斯科里亚尔修道院，为的是纪念圣洛朗以及西班牙在圣康坦的大捷。工程始于 1563 年，直到 1584 年才宣告竣工。相比菲利普二世那个喧嚣的世纪（其动荡与悲惨程度并不逊色于他本人的生平），我们更主要关注的是他这个人：他的童年，他的少年，他的见习生涯（1527—1559）；幸福的年代（1559—1568）；成熟期那些可怕的年头（1568—1582）；老年时代从孤独和夸张的战争中展现出来的宏伟年代（1582—1598）。在他自身经历的这些年代之间，世界也正上演着一场不间断的电影。

没有童年也没有少年？

有关西班牙的菲利普的幼年和少年时代，我们知之甚少。没有充分可信的史料可以预先给我们一把打开他的性格和命运真相的钥匙。如果我们看他最初的旅途，出现的并不是这位王子本人，而是宫廷中的大人物：父亲，皇帝查理五世；母亲，美丽的葡萄牙公主伊莎贝拉，是皇帝唯一钟情的女人；家庭教师胡安·马蒂内斯·西里西奥（Juan Martínez Silíceo），后任托雷多大主教（1546），去世前不久又任枢机主教（1557）；家庭教师胡安·德·朱伊内哈爵士（don Juan de Zúñiga），卡斯提尔大指挥官；还有与他同时代的贵族家庭子弟，他最亲密的朋友，长他五岁的葡萄牙人鲁伊·戈麦斯·达·席尔瓦爵士（1552—1573），他将会成为菲利普的亲信，史称埃博里（Eboli）亲王（他1559年起就有了这个头衔，埃博里是那不勒斯王国的一座小城市）。这位年轻的扈从有次疏忽中打了王子，菲利普二世用象征性的惩罚救了儿时玩伴的命，甚至于强烈反对解除他的职位——这件事证明这位未来的国王有常人的情感，这一点还将在其漫长生涯中多次以醒目的方式展现出来。但这个举动（还有其他的）不足以让我们读懂他的个性。探究其个性的主要特征，仍需要摆脱别人的好奇心和他们所泄露的内情。这些事例所反映的，是否仅仅是他的羞怯，他天生的、病态的忧郁（毕竟他是疯后胡安娜的孙子）？我们是不是应该谴责宫廷礼仪迫使他在幼年就进入表征的生活，无时无刻不将他孤立，召唤他融入秩序当中？母亲对他有着炽热的爱，这是一位德行完备的公主，极其甚至过分虔诚。她希望看他"在最充分的关怀下"被抚养和教育成为"基督教世界前所未有的最伟大君主的继承人"——这种爱当然不会让他遵循天性，自然发展。人文主义者安东尼奥·格瓦拉（Antonio Guevara，他是廷臣也是主教）在给洛斯·韦莱兹（de los Vélez）女侯爵的一封信中这样描述皇后："想知道她是怎么用餐的吗？动作刻板，冻得发抖，孤身一人而且不做声响，所有人都盯着她看；这四个条件里边，只要有一个就足以打消我的胃口。"她也是礼节的奴隶！

总而言之，周遭一切都表明这位年轻的王子无法自由而真实地过自己的人生。从蹒跚学步的年纪，他便一个接着一个背负上了他必须代表的角色，有时甚至得一齐扛起。命运让他来做长子：比他小的有两位公主，一位是玛利亚（1528—1603），后来嫁给了奥地利的马克西米利安，1576年丧偶，在马德里的德肖塞修道院度过余生；最小的妹妹胡安娜（1535—1575）是个美人，日后嫁给了葡萄牙的王子（她将是国王塞巴斯蒂安的母亲，她的这个儿子人称"最后的十字军"，1578年8月在一场疯狂的远征中战死在摩洛哥阿尔卡扎尔－阙比尔战役的战场上）。长子特权和可悲的责任因此就落在了菲利普身上，母亲1539年5月1日于托雷多早逝更是加剧了这一点。皇帝悲痛欲绝，退隐修道院，而率领着哀痛的随行人员，护送皇后遗体至格林纳达的正是12岁的菲利普。在那里，遗体将葬入宏伟的天主教双王伊莎贝拉和斐迪南陵墓。

应该说，很早就开始经受考验的菲利普，毫无怨言地走入了他的角色当中。路易斯·德·加布雷拉（Luis de Cabrera）讲到，有一天枢机主教、托雷多大主教塔维拉拜访这位年轻的王子。此时他的老师正在为他穿衣。按照礼节，他先向枢机主教说："别脱衣服。"他先穿好了大衣和帽子，然后才转过身来对这位访客说道："现在您可以摘下方帽了，枢机主教。"

专注，敏锐，这位少年似乎很早就出色地掌控了自己，并再也没有放手。君主是个辛苦的职业，要学做君主就不得不受到各种限制。对此他没有皱眉头便接受了。而事实上，他的父亲通常就是这段学习经历中的导师，这也使得他更乐于去学习。这是一位威严的父亲，用心理分析师的话来说，孩子会永远将其"内在化"。且让我们想一想这样一位父亲的荣耀对于我们这位年轻的王子来说意味着什么：他出生于帕维亚战役两年后，8岁时皇帝占领了突尼斯，14岁时是戏剧性的阿尔及利亚远征，20岁是缪尔堡（Mühlberg）之年。众多事件都足以震撼到这个懂事的孩子。这位光荣的父亲又是温柔的，他留了时间给孩子，时常去看他，与他长谈，让孩子完全为他所折服。在他给儿子的训导之中，最著名的是1543年5月4日和6日在帕拉莫斯写的家书。此时的皇帝考虑到自己来日无多，在沉思我们这位王子的人生和未来。他的思绪绵绵不绝，充满哀愁，但仍旧极其严肃。对于他，菲利普是一棵富有生命力的良木，是点亮了的明灯。但是，为了保护他，每一页上写的都是那么冷酷的语言：别相信你的顾问，跟他们保持距离，不要被他们的汇报蒙骗，对你的某些王国也要小心，比如阿拉贡，而且——永远——要提防言而无信的法国人……对于一个爱好沉思，内心深处还没多少自信的孩子，这些未加修饰的话语，这些人生经历的果实，不正是将他的心灵或者语言冻结了吗？这些训示将成为贯穿他终生的法则和寓言。

　　王子也完全接受了宗教教育。但外在的姿态，和无法选择的态度会不会是骗人的？他的敌人后来曾质问这位君主的宗教虔诚是否只是一张恐怖的面具。这样的判断是毫无理由的。毫无疑问，菲利普没有受到"自由检验"（libre examen）问题的折磨。不过，历史学家们在有一点上同意他的朋友们所说的：菲利普是极其真诚的信徒。更何况，信教和统治是差别很大的两回事。对于16世纪的君主来说，统治意味着自己之上只有上帝，自己一生的作为都是为了臣民的幸福，且只对上帝负责。教宗本人绝不能干涉这场最为重要的对话，况且菲利普也从不会允许他这样做。"高卢主义"这个词如果在这里没有太过不协调的话，我们可以说他的一生是"高卢主义"的典范：他坚决地对教宗保持独立，有效地捍卫了国王特权……

他所接受的教育严厉、刻板而枯燥。也正因为如此,这位年轻的王子才没有留下自己的印记,没有要挣脱桎梏,没有去追求抱负(不像后来他的儿子卡洛斯爵士,或者他的私生子弟弟奥地利的胡安)。1543年5月,年纪未满16岁的菲利普在众多议会和顾问的包围下成为西班牙的摄政王。此时的他已经是寂寞的了,这是权力产生的寂寞。同年11月,也许是在父亲的命令之下,他娶了表妹葡萄牙的玛利亚·马努埃拉(Maria Manuela de Portugal)。玛利亚于1545年7月8日为他生了一个儿子(也就是那个不幸的卡洛斯),并在四天后逝世。经过第一次婚姻(后面还会有三次),菲利普发现自己完全被投入于这场权力顶端的政治游戏,而它的影响范围不仅仅局限于欧洲和他的人民。他开始将婚姻玩弄于股掌,其专注和深谋远虑的程度胜过高手下棋。菲利普是这盘棋的"神之一手",会把一系列君主头衔和遗产汇集于一身。在这个领域,哈布斯堡家族的手法无人能够匹敌,他们是天主教双王当之无愧的继承人,他们通过激烈的反法联姻策略,长期以来就在为查理五世惊人的大一统王国做准备。

因此,他在16岁生日前成了西班牙摄政王,16岁结婚,17岁丧妻,我们看得出这位未来的帝王早早就担负起了沉重的责任。我们也许会想到路易十四,但他还是等待过,等到马扎然枢机主教去世,自己23岁的时候(1661)才独掌大权。菲利普个性当中过于严肃的一面有可能也因此成熟和加深。不过,他从这些经验中得到了理念,他对自我的掌控能力毋庸置疑,而且有这样一种形式的勇气将伴随他终身:尽一切代价也要忠于自己的角色的超人类意志,一种终归不令人讨厌的傲慢。这种自始至终的张力也许也让他得以避免他父亲或者同父异母弟弟奥地利的胡安在情绪上的问题,没有剧烈的波动,没有危机,没有因神经衰弱而抑郁,也不会突然发脾气。另外,不论我们对菲利普二世的评价如何，我们都要承认，他从没有像他父亲那样，给我们一种幻觉，认为他与肖像并不真实吻合，而一直躲避着我们的观察。菲利普是本色出场，他一直就在我们的眼前，肖像画展示着他的年轻和成年时代，而成年时代的画像常常十分骇人。

见习期结束

总而言之，机遇——包括他生理上所继承的东西，过早承担的任务，还有勃艮第式的礼节（1548 年成为宫廷定则），无不在剥夺菲利普二世的童年、他的青春期还有他一切的自主性。这些东西迫使他去沉默，去掩饰。

1548 年 10 月，在皇帝的授意下他开始了一段漫长的欧洲之旅。这段旅程带他去了西班牙、热那亚，又到了米兰、慕尼黑、海德堡、布鲁塞尔，最后，在较晚些时候去了奥格斯堡。在 1550 年的奥格斯堡，人们错以为已经一劳永逸地向有利于他的方向解决了德国问题，错以为他有朝一日将成为罗马人的皇帝，随后成为神圣罗马帝国皇帝。1550 年 7 月 12 日，他总算踏上返回西班牙的旅途。

四年后，他在拉科鲁尼亚登船，远赴英国，于 1554 年 7 月 24 日在威斯敏斯特迎娶表姐玛丽·都铎，而那天正是西班牙的护国圣徒雅克的节日。这场被政治决定的婚姻，让他娶了一位比他年长 11 岁、没有什么姿容的公主；其不幸并不亚于其他政治婚姻。这位年轻的王子在英国之行途中曾向朋友直言不讳："这可不是一次惬意的散步，而是一次十字军征伐。"婚姻的目的在于让英国永久地回归天主教，也永久地将其与欧洲的命运联结起来，以替代与此同时失去的德国。策略奏效了。但与法国的战争再度打响，菲利普也很快从父亲手中接管了低地国家。查理五世从 1555 年 10 月便做出一系列退位决定，回到西班牙，并于 1558 年 9 月 21 日在那里辞世。两个月后的 11 月 17 日，玛丽·都铎也从人世消失。

一直要等到康布雷齐堡和约（1559 年 4 月 1—3 日）的翌日，在与法国商定长期和平以后，菲利普二世才返回西班牙。1559 年 9 月 8 日在拉雷多上岸时的他刚过 32 岁还没几个月。

最初和最后的幸福年头

1559 年以其独特的方式在世界史上造成了深刻的裂痕。法国和西班牙的冲突虽说还没结束多久，但这次休战会持续到 1589 年前后。菲利普因此避开了困扰他父亲一生的麻烦。的确，法国还会给他很多困扰，是不安和愤怒的源头；菲利普二世过分忠于父亲的教导，对于法国的小动作敏感得夸张。但最终他的顾虑接二连三地消散了。而且，1562 年起，法国陷入了无休止的宗教战争。相比于弗朗索瓦一世的法国，这时的法国已是大势已去。这片弗朗索瓦一世和亨利二世时期与西班牙如此敌对的领土现在允许来自西班牙的日常信件通行。如果没有借道法国通往低地国家和意大利的便利，菲利普二世很难有可能从遥远的卡斯提尔（他从低地国家返回后就喜欢在此生活）来统治他的各个国家。

但他是否能够准确地觉察这些好处，并从中捕捉到真实的意义？我是持怀疑态度的。真正困扰他的，是对新教先传遍法国，然后从法国传到低地国家、意大利乃至西班牙的担忧。"如果胡格诺的危险加剧"，他已做好了干预的准备。"事实上，这里边，"一日他向卡特琳娜·德·梅迪奇（Catherine de Medicis）写道，"有西班牙的核心利益。"他最后发布了一些措辞严厉的警告,比如在格兰维尔的香多奈修士做大使的时候——卡特琳娜·德·梅迪奇在1564年2月获准与他离婚——但他的怒火从来没有付诸行动;或是1562年7月派遣一支西班牙部队,在年老而勇敢的迭戈·德·卡尔巴哈尔(Diego de Carvajal)指挥下前往圭普斯考亚(Guipuzcoa)边境(这支部队将会参与12月19日天主教徒在德勒的胜仗,不过他们的将领没有前去),抑或在1568—1569年冬天从低地国家派遣由皮埃尔·德·曼斯菲尔德(Pierre de Mansfeld)伯爵指挥的"救援队"发动远征……

可见,法国的政治一直在引他担心,好比一口特大的恶魔之釜,谁也不知道里头会弹出什么。也许是最坏的人物,因为1559年起,法国的大使变成了武官,再也不是教会人士——是富尔科沃(Fourquevaux),而不再是利莫日主教。这些武将很容易怒形于色,高亢的语调打搅了西班牙欧洲的宁静。但是,菲利普二世的第三任妻子是法国的公主,只要这位"和平王后"在世,一切问题都能解决也都被解决了。这场婚姻甚至在她去世后也还有影响。

德国给他造成的困扰也不足为虑。他失去了德国,但也因此摆脱了限制查理五世的枷锁。我们知道,他的父亲没能为儿子确保帝国继承权,而宗教和约(1555年奥格斯堡)之后的德国将远离欧洲的大问题,直到邪恶的三十年战争(1618—1648),它的宁静才会被打破。菲利普所面临的唯一难题,是如何与维也纳的哈布斯堡家族,与斐迪南一世以及之后的马克西米利安二世重建良好关系,毕竟查理五世那令人绝望的暴力在1550年的奥格斯堡重创了他们的祖辈。尽管表面上臣服,但他们并没有真正从属于家族首领,相反从1552年起,是他们更占上风:帝国德国是他们的。《奥格斯堡和约》确保了他们和平拥有德国的权利。

不过，潜在的冲突没有摧毁或打破什么。面对土耳其人，维也纳需要西班牙的资助。婚姻和甜言蜜语产生了效果。玛利亚，菲利普二世的妹妹，马克西米利安二世的妻子便致力于双方之间的接洽，这个过程虽然缓慢，但却必要，她也时刻记挂在心。她将儿子，鲁道夫和埃内斯特大公1564年送往西班牙，几乎就是去做人质。她本人也在丈夫去世（1576）后回到马德里，从1584年一直住到1603年去世。正是因为哈布斯堡家族的两支（维也纳和马德里）在缓缓靠拢，才导致了日后三十年战争的大爆发。

还需要补充的是，从1559年到1575年（这两个年份并不精确，但可以接受），一场顽固的经济危机抽走了欧洲所有冲突引爆为战争的火线：没有哪个国家财政状况良好，极为强大的西班牙也是如此。所以在不安（如果不是暴风雨）之后，所有国家都倾向于息事宁人。

尽管如此，在康布雷齐堡和约翌日，新形势最重要的一点不外乎是菲利普二世的帝国悄无声息地从查理五世的遗产中解放了出来，脱离了纠缠于查理五世大帝半个世纪（通常也是守旧的）政策的欧洲。新帝国的中心不再是安特卫普，不再是意大利，而是大西洋和矿藏富裕的美洲，它们在世界上的重要性与日俱增。它的中心不再是马德里（1561年取代巴利亚多利德成为新首都），而是塞维利亚——即使在当时，无论是天主教国王还是他的顾问都没有真正意识到这一点。他们所熟悉的欧洲和地中海仍旧让他们着迷。一如既往，最大的事件往往发生得悄无声息：在不经意间世界的面貌就改变了。

生的愉悦？

我已说过，1559—1568年是菲利普二世一生当中的幸福时光。依据康布雷齐堡条约的条款，他娶了法国的伊丽莎白公主，亨利二世和卡特琳娜·德·梅迪奇之女。西班牙人把她的名字翻译成伊莎贝拉王后，抑或是 reina de la paz，也就是和平王后。

1560年1月31日，在瓜达拉哈拉（Guadalajara）与天主教国王结婚时的伊丽莎白还只是个14岁的孩子，她是个愉快，有活力，善良，聪明的孩子，有如天使下凡。她能够从容地说西班牙语，以至于布兰托姆（Brantome）曾这样说道："她的西班牙语再优美、再悦耳、再迷人不过了。"她颇受臣民喜爱，也博得了国王热烈而诚挚的爱。此外，不要以为国王在这个人生阶段对女性魅力无动于衷。人们曾这样说，曾试图这样说，来给他冠上十分无用的美德。1558年，在他第三次婚姻之前，一位威尼斯人描述这位君主在低地国家"沉迷女色"，还说为了寻欢作乐，他"喜欢戴上面具夜间出门，即使是在进行重要谈判期间"。戴着面具的菲利普——心理分析师，"新派"文学评论家怎么不会欣然抓住这副形象呢？我们也要注意，不论是他返回西班牙，还是与法国的伊丽莎白结婚，都没有让这位年轻的君主变得守规矩。美女对他的吸引力依旧十分强烈。利莫日主教，法国国王的大使，宽大地写道，他的某些情感上的行为虽有不妥，但他不失为"好丈夫"："他通常都与她[伊丽莎白]共寝。"这是1561年他就伊丽莎白的事安抚卡特琳娜·德·梅迪奇的话。

是的，好丈夫，他依恋于这位充满愉悦的年轻女人。他的妻子严肃认真，也十分优雅地对待自己西班牙王后的角色，还为她的命运感到幸福。她将为国王产下两个女儿，克莱尔·伊莎贝拉·欧瑞尼和卡特琳娜，日后都将得到父亲的疼爱，尤其是长女。1565年5月15日，王后短暂出国，前往巴约讷与母亲卡特琳娜见面，这是她们人生中的最后一次见面。用见证者的话来说，国王夫妇分别时"不无泪水"。1568年10月，年轻的王后在23岁上因为医生无能而早产离世。当时，一位热那亚的大使写道，这场不幸让国王"感到莫大的悲伤，因为他深爱这位如此善良的王后，并且知道王后也如此深爱着她。"

我们是否可以毫无置疑地把这篇简短的爱情小说当真？有位名叫奥雷斯特·费拉拉（Oreste Ferrara）的历史学家（1961）强烈建议我们存疑。当然了，在这种领域没有什么确凿不疑的东西。伊莎贝拉向母亲写道："我要向您说，我是世界上最幸福的女人"，这很有可能是在安抚甚至欺骗一位忧虑的母亲——也有可能不过是在说明真相。查阅有关这个小问题的文档后，我倾向于幸福派。但幸福的证明更多地是与国王而非王后有关。不惜一切代价把他描写为忧郁而没有愉悦的形象的历史学家太多了。然而，在伊莎贝拉在他身边的那些年，我们可以推测甚至揭示出一位与通常肖像画十分不同的菲利普二世。伊莎贝拉去世时他41岁，在当时，这已经是长寿了。无疑，他的人生翻了一页，他的青年时代和那些幸福的时光已经不再。

迄今为止，年富力强的国王可以说与巴黎国家图书馆那幅画像并无二致：他是优雅和地位的化身（不幸的是这幅略显郑重的肖像画的作者还不清楚，也许是提提安，也许是安东尼奥·莫罗）。如果说不是他的爷爷，疯胡安娜的丈夫，已经被称为"美男"的话，在那个年代，他也是当之无愧。确实，他身高平平，但匀称的身材给人以健壮的感觉。白皙的面色使得一位威尼斯人在低地国家见到他时说道："他长得有点像弗拉芒人"，却丝毫没有注意他西班牙式的行为举止，就好比是说他的外观天生就与他的使命相悖，即做一个深入骨髓的西班牙人。在那个年代，他的优雅经常得到称赞也就并非没有理由了。正如 1561 年末利莫日主教所言——这个细节很重要——人们不禁"以为……他只有 25 岁"，即比实际年龄显得年轻十岁。

统治的幸福

大使的书信以及同时代其他见证中，就已经浮现出了国王的经典形象——伏案工作，不知疲倦。这位羞怯的国王不敢抬高声音，也常常不敢正视访客的眼睛。惶恐的他有时也吓唬或者震慑他人。这个奇怪的君主也乐于倾听别人，或者更确切地说，不断阅读别人给他写的东西，将巨大的世界舞台上正在演出的核心历史剧目玩弄于股掌之间。这位羞怯的国王在这里找到了他的力量，他的从容。全世界的消息都不知疲倦地朝他涌来，文件和书信在他的工作台上堆积如山。这就是他那勤劳而隐秘的一生所处理的内容。1560 年 9 月，聪明而敏锐的利莫日主教说他"本人既是主人也是秘书，是很大的德行"，……他"全身心投入，争分夺秒，终日批阅文书"。他读这些信很慢，很仔细。他在信的边缘做了大量批注，无可争议地证明了他有多么细心，有时甚至接近于孩子气。有一份涉及"安东尼奥·巴伦迪诺爵士，自称波兰领主的骑士"的信送呈他签字，国王不仅划去了其中的 don（爵士），还作了解释："出了我们这儿［指西班牙］，是不用 don 的。"一位辩读官误记了 Sigenburg（锡根堡），"这里显然想说卢森堡"，国王在边上写道。在一封法国来信中，他将 obdonia 改为 bolonia，将 predicador general 改为 procurador。这个改动很对，因为这里讲的是巴黎高等法院。也有因为觉得文本不清难以阅读，将其退回辩读官的事。

这个小细节表明，工作台前的国王从来没有草草了事，甚至从中获得了一定的愉悦。不过，在这大量的批注，细致乃至古板的修改，与西班牙政治活动者的无数通信，给最亲近的合作者的便条中，他从没有或者几乎从没有透露心声，透露他的证词。甚至于在笔谈之中，即使说得再多，他也从不会没了尺度。

这是庞大而漫长的工作，很快也将让他受到嘲讽：菲利普二世是rey papelero，"脚里灌了铅的"官僚国王，事事都要亲自看，亲自决定，这同时也意味着他总是优柔寡断。这个形象逐年增强，有它的理由，但也并不完全公允。1571年威尼斯与土耳其人交战之际（战争最后以10月7日勒班陀大捷告终），一切都处于万分紧急当中。这座备受威胁的城市在春天已授予舰队行动自由。3月22日，在马德里，代表威尼斯领地的莱奥纳多·多纳（Leonardo Donà）愤怒于国王的无动于衷："再次说了一遍时间飞逝以后，我向陛下告辞了。"但是，这样的责备（进而演变为嘲笑）真的公道吗？

办公桌前伏案的菲利普二世形象，也是现代国家的实相。查理五世是一位巡回的皇帝（他也已经开始大量依赖文书），他的去世代表着旧式政府时代的终结。这也不正是行商人的命运吗？从14世纪中叶起，伴随着香槟集市的终结，他们逐步退出了西方商业的前台。从今往后，大商人在椅子上主导商业事务。君主也经历了同样的命运，只不过时间上比商业的演进晚些。每当出现困难，出现惊奇事件，菲利普二世便会开展一场巨大的笔伐（通常是立即动手）。他向所有为他服务的执行官发号施令。我们将看到，有成千上万次，他依据现代世界的规则行动，而非我们曾说的某种秘密反抗和半自觉的帝国，以彰显自己是皇帝，在政治舞台和战场上算个人物。菲利普二世行动迟缓，是那个时代邮递迟缓所致；如果说这个问题在他这儿更为凸显（其他政府首脑的速度比他快这个命题仍待证明），这也许是因为他要根据这个世界性"日不落"帝国的幅员来作调整。我在别处曾写过，"这些无法切断的联系，它们那总是近乎让人绝望的迟缓，能够解释西班牙的这颗缓慢跳动而且对她来说太大了的心脏"。这颗心脏，就是菲利普二世和他手中拿着的长长的丝线；这丝线受他掌控，但也强迫着他，决定了他的回应果决还是犹豫，决定了他要频繁迟疑，仿佛时间是在为他工作。

此外，在1568年以前那些相对平静的年头，还没有人严肃地批评这种统治和行动方式，包括那些多少有些见地之人。法国人也没有比其他人敏锐。利莫日主教1561年8月24日写道，"我不相信这位君主处理事务之缓慢，与其说是他看重巧妙而优雅的手法……不如说是靠拖延来赢得时间"。"赢得时间"，而不是浪费时间。富尔科沃的敏锐不及利莫日主教，也没后者那么热心，但他也没有要嘲笑菲利普的态度的意思。他的沉默，他慢悠悠处理事情的方式，在他看来有很深的算计，是最终将事情变得对他有利的艺术。他向卡特琳娜·德·梅迪奇解释，他处理事务时所说的话"太过含糊"，谁也猜不出他的真实意图。是的，西班牙并不是那个谁都对国家秘密闲言碎语的法国。

此外，我所说的幸福年代仅仅是针对菲利普二世的个人生活而言，对于西班牙及其所支撑起的庞大帝国的历史而言，这些年并没有什么璀璨之处。黄金时代尚未开启，马德里还没有被荣耀所笼罩，"印度群岛"的丰富矿藏也亟待挖掘。政府在振兴经济上总是觉得力不从心。这一切难道不正是有利于这位"谨慎的国王"施展其手段吗？1557年发生银行挤兑，不久又有1560年非同小可的挤兑。面对这些困境，他有意重建秩序，尤其是在财政方面；而为了实现这个目标，他依靠的是银行商业家的帮助（或者至少说是顺从）。他因此选择了强大的西印度交易所（Casa de la Contratación）来决定息权（juros）的分配，所谓息权即从卡斯提尔的合并债务所得利息的偿付。要通过这种方式重建秩序，政府最需要的莫过于这样一位吹毛求疵的国王，他反对冒险，还轻而易举地操纵着他顾问团中的两个派别。从他的大臣任命中我们就能看到这一点：出色而骄傲的阿尔贝公爵所领导的主战派；鲁伊·戈麦斯的主和派，有时候人们会做个没有恶意的文字游戏，戏称他为戈麦斯王。主和派的党徒称为埃博里派，也就是埃博里王子的人。国王一开始似乎倾向他们这边，但1566年4月（随后在8月）低地国家起义的时候，他转而支持他们的对头，而这一次，他是十分果决的。至此，阿尔贝公爵的丧钟即将敲响。

所有这些和平年代因此充满了明智的行政举措，微小而没有波澜。同样还有深思熟虑过的法案，比如在地中海沿岸的兵工厂（帕勒莫、梅西纳、那不勒斯、热那亚、巴塞罗那）建设一支强大的舰队，用以防卫西班牙和意大利沿岸免受伊斯兰教徒的海盗袭击。于是，一场小而激烈的战斗打响了：随之而来的1560年，西班牙舰队在突尼斯吉尔巴海岸出人意料地惨败，但在1564年，西班牙人攻占了佩农·德·贝雷斯（Peñon de Velez）小岛，拔去了突尼斯海岸上的这颗刺。1565年，西班牙舰队在地中海的中心取得了无可非议的胜利，而面对登陆马耳他的西班牙部队，土耳其人不得不解除马耳他之围……我们可以说这是一场游击战，不过对于保护意大利来说代价不菲，却十分有效。然而，在西班牙，在那些平静的年代，我们能说这位年轻国王的声誉有多少巩固吗？这个国度感谢他长期居于国内，感谢这段和平时光。在菲利普二世的帝国心中，民族主义有着很重要的位置，而且十分强劲,它不仅为牺牲,也更为卡斯提尔的自豪做好了准备。菲利普二世正是被这种热诚,这种幻觉,这种命令所包围。一切都变成了卡斯提尔的,他的心灵,他的精神,还有他那帮顾问。

低地国家与卡洛斯爵士之死

1568年终结了这个宁静的时期,也彻底封印了低地国家爆发的闹剧,我们可以说,这是场半殖民战争,一场肮脏的战争,西班牙的敌人们用尽了一切手段来迫使它亮出武器。然而,这里的一切都对它不利。半岛到佛兰德斯的补给线太长,需要穿越大西洋、拉芒什,还有北海——尽管这肯定已经是最便捷的路线,因为水路比经由地中海然后走陆路穿过意大利、萨伏伊、瑞士各州、洛林还有莱茵河要经济得多。最终,一名西班牙或意大利士兵开赴低地战场的成本至少比敌方多4倍。

麻烦1566年4月便开始了,首先是几个大领主亮出了他们的诡计。8月,反对偶像崇拜的民众起义如播撒在四处的火种,在各地燃烧,以至于劫掠教堂,加尔文宗改革意外得胜。尽管如此,低地国家的统治者玛格丽特·德·帕尔马(Marguerite de Parme)颇有才智,即便不能说重建了她的权威,也至少是恢复了表面上的秩序,而她的办法,是让两支运动发生冲突,让领主与民众为敌。

在这样的条件下,菲利普二世是否有采用同样政策的见地,与领主们和解(总之是姑息他们)?这其实就是埃博里派的建议,他们是这些领主在马德里的代表。或者说,他会不会向阿尔贝公爵的不妥协立场让步?公爵的看法在国王这边影响很大,而且他统率着一支多年未有的强大军队。在欧洲各个国家我们都能追踪到西班牙征服者的脚步。在链条的一端，在安达卢西亚，募兵官的手鼓在阿尔贝公爵率领西班牙先头部队进入布鲁塞尔城（1567 年 8 月 30 日）之日仍在作响。我们能否说这是一个严重的错误，菲利普二世最大的失误？如果他亲自前去低地岂不更好？他也许有这个想法，因为他说过，也放过风声。但这位面具人物又一次选择隐藏在他人身后。

不过，最初的吃惊过后，一切似乎都被这种武力的姿态所解决了，也许，一旦宪兵到场，所有事情都会变得好办起来。可是，随后发生了一个戏剧性的事件：1568 年 12 月处决埃格蒙和霍内斯伯爵。在这之后，和解已不可能。

正在这个节骨眼上，菲利普在自己家中还不得不直面最为残酷的一幕（这可能也与佛兰德斯叛乱有关）。儿子卡洛斯也许是因为疯狂地憎恶自己的父亲，开始与佛兰德斯方面往来。但打击菲利普二世的，与其说是儿子的背叛，不如说是他的疯癫状态。因此，他必须要与儿子"隔绝"开来。查理五世也曾碰到过母亲疯胡安娜精神错乱的闹剧（他也不过比母亲多活了若干年）。但 1506 年以后，这位不幸的胡安娜的父亲虔诚者斐迪南解决了这个问题。从此，王后被幽禁在托尔德西亚斯（Tordesillas），除了 1521 年的动荡外，一直过着寂静的生活。

对于菲利普二世而言，这些戏剧虽在预料之中，但也着实令人担忧。多年来他就深知，自己初婚所生的儿子才智平庸，如果没有奇迹发生，是难以接替他的。这孩子不过是"半痴呆，患过淋巴结核，跛子，驼背，言语困难"，"相貌可憎，令人不快"，而且"面色惨白，五官不正"。只要一想到查理五世和他儿子之间充满信任的对话，谁不会可怜面对这样一个卡洛斯的菲利普二世呢？这个不负责任的孩子荒诞不经，又很暴力，把宫廷当成了剧场；戏剧的任何一幕都难以掩藏。他身心衰弱，内心残忍，对人如对动物一般暴虐，在大街上还会粗鲁地骚扰妇女。他做了各种各样令人不快的事情，都被编年史详细记录，有些还十分露骨，而我们难以从中判定哪些是在恶意中伤。从时间来看，我们会说卡洛斯没有在阿尔卡达·德·赫纳雷斯（Alcada de Henares）的那次严重事故（1562 年 4 月 19 日）中身亡导致了他的不幸。他从梯子上跌下，摔碎了头骨；医生做了手术（但不是真正的开颅手术），救了他一命，不过当然不可能借此改良这位小王子荒诞的个性。

  他对父亲有致命的仇恨。这是他的行动中唯一体现出来的情绪，也主宰了他这个人。他做梦都想逃离，沉溺于各种阴谋之中，想要靠谈判获取支援；他寻找同伙，与比他小两岁的奥地利的胡安联系尤为紧密。得知他的行为举止后，国王并没有作声，而是派人实时监控。最终，在大批随从的陪同下，他于 1568 年 18—19 日夜间强行打开卡洛斯在马德里宫中的房门。当时烟囱里燃着大火。卡洛斯想要跳进去。"你要是自杀就是疯子"，戴着胸甲和头盔的国王对他说道（这可以说明他担心最坏的情况，因为眼前这位年轻人手里总是拿着一杆上了膛的钩铳）。"我不是疯子，"卡洛斯答道，"我只是为陛下待我之恶劣感到绝望。"

  但是，疯子——这个可怕的词汇是小题大做。从此，在各种官方书信和谈话中，在这场精心算计过的宣传大潮中，我们会发现这个词可谓漫天飞舞。鲁伊·戈麦斯这样向法国、威尼斯和英国大使解释，称王子"大脑的问题比身体问题还要严重，他的精神永远无法恢复正常"。1568 年 5 月 19 日，菲利普二世在写给王后的信中，谈到"因为我的罪孽，主让我的儿子缺乏理智"。他被关在自己的房间里，窗户都钉得死死的。随后又被转移到马德里宫的一个塔楼里，受严格监视。面对这一切，卡洛斯陷入绝望。威尼斯大使加瓦利（Cavalli）曾向一位廷臣表达了自己的怜悯：难道不可能和解吗？那位廷臣答道："如果他之前没有丧失理智，那这会是他已经丧失理智的证明。"卡洛斯的疯癫毋庸置疑，菲利普二世无情的处置也无可厚非。7月，王子卧病：消化不良，痢疾，喝冰水成瘾。这位年轻的囚犯是有意自寻死路吗？有这种可能性。但不管怎么说，7月24日，他面对死亡时的态度是可敬的。他请求父亲探望，但未能如愿。

对于菲利普二世，即便卡洛斯之死给他带来些许慰藉——这我们能够觉察到——它也打开了一些不祥的征兆。同年10月，伊莎贝拉王后去世，他再度丧偶，膝下只有两个女儿。他必须尽快再婚。不久，他迎娶了自己的侄女，奥地利的安娜。她虽说是位优雅的公主，但1569年嫁到西班牙以后，就不怎么幸福。她会为国王生5个孩子，而只有一个活了下来，成为他的继任者，菲利普三世。

但在这部悲剧小说里，我们怎能忘记她曾是卡洛斯的未婚妻？怎能忘记国王任命的听告解者查韦斯神父——事后来看对他的评价是要有所保留的——也曾听过卡洛斯本人的告解？这些小的事实（其他还有不少）让我们相信，这场戏剧肯定还有很多地方不为我们所知。当然了，我们可以重新查阅文档，但要做出令人满意的判断应该是不可能的。

糟糕的年代：1568—1582

说实话，1568年可谓之后一连串糟糕年头的开端。私人生活中国王仍要受到打击：1573年鲁伊·戈麦斯去世；1575年妹妹胡安娜公主去世；1578年奥地利的胡安在极为戏剧性的情况中去世；遭到亲信安东尼奥·佩雷斯背叛（他的背叛在1578年谋杀胡安爵士秘书埃斯科维多之后昭然若揭）；1580年王后安娜去世，这是他最后一任配偶，丢下他孤独终老。国王早衰的迹象很明显——掉牙齿；头发稀疏，而且已经苍白。这些衰老的迹象继承自他的父亲和他的葡萄牙祖先，而他是否有可能会因此受到攻击呢？1568年他第一次犯了痛风，且持续反复发热。也许除了这些症状外还需要诊断他患有遗传的梅毒，不过对此尚没有绝对显著的证据。即便以格列高里奥·马拉农（Gregorio Marañón）之敏锐（他同时也是名一流的医生）也不敢断言。远程听诊绝非易事。纵使是国王也没能躲过身体日渐衰弱的命运。而在那个时代，这难道不是年过四旬之人的共同之处吗？

除了私人灾难之外，还有公共灾难。1568年，临近年末，传来一则灾难性的消息：格拉纳达王国的摩里斯科人在圣诞夜一场暴风雪中起事。随后是1569—1573年对英作战失利（大多历史书错误地忽略了这个事件）；1571年10月7日勒班陀大捷，胜利者却两手空空；1572年4月1日和2日，丐军（Gueux de mer）登场占据了泽兰的一岛。科里尼朝思暮想的对法战争爆发，同样是徒劳无功，以圣巴托罗缪之夜屠杀（1572年8月24日）告终。1575年，卡斯提尔第二次国家破产，这也许有国王授意，但结果对于低地国家却是灾难性的，因为此时奥地利的胡安正在对他们打和平牌。不久，随着战况加剧，亚历山大·法尔内兹（Alexandre Farnèse）开始了他光辉而富有戏剧性的生涯。葡萄牙继承问题于1578年显现，1580年解决，但胜利也不过是表面的。葡萄牙帝国把自己的衰弱和庞大附加到了西班牙帝国的庞大和衰弱之上。

回到国王这头

在这些事件层出不穷的年头,主角除了领头的国王,还有阿尔贝公爵(他在低地受挫,但在葡萄牙问题解决后颇受尊崇);菲利普二世同父异母的弟弟奥地利的胡安爵士;1568 年担任国王秘书的安东尼奥·佩雷斯;以及弗朗什-孔泰人,查理五世顾问佩雷诺·德·格兰维尔之子格兰维尔枢机主教。与他父亲一样,他起初为皇帝服务,随后通过玛格丽特·德·帕尔马成为菲利普二世的亲从,直到 1564 年由于大领主的压力而遭免职。1579 年国王紧急召他接替安东尼奥·佩雷斯的时候他身在罗马。且让我们至少介绍一下这三位关键人物:奥地利的胡安,安东尼奥·佩雷斯,国王。

国王至少在处事上没什么变化。他一直住在埃斯科里亚尔(1584 年才宣告竣工),常常深居简出,埋头办公,身边只有一位秘书,往往是安东尼奥·佩雷斯。即使在旅途中,他也要工作。他对文书的一丝不苟几近病态。但是,这难道不是所有平庸之人逃避大的难题,自我欺骗的方式吗?不过,他执着于小事的性格却也没耽误了大事。正是因为小的、滑稽的问题与大问题混合在一块儿,才每每使得不那么谨慎的历史学家受到迷惑,草草就下结论。

相反的是,国王的腼腆没有消失,只不过他比以往都要能掌控自己。可以说,他找到了自己的风格,而且一劳永逸。他总是穿戴朴素,喜着黑色,身边常不佩剑——"他看上去更像是医生而不是国王",一位见证人这样说道——他总是与他人保持某种距离,任何人想要逾越都得小心翼翼,费一大番功夫。外国使节是这么说的;而阿维拉的圣特蕾莎修女也有这样的证词:"我很惶恐,只好讲起话来,因为他的目光具有穿透性,直指灵魂,一直放在我身上,几乎给我划出一条伤口。对于此，我只能低下头，迅速说明我的来意。"国王所拥有的这种震慑力，日后将一直为他所用。他懂得如何掌控内心焦虑，唯一情不自禁的动作是时不时用手摸一摸胡子——这当然也是他镇住对话者的手段的一部分，还有就是他习惯性的平静，即刻能产生让人不安的效果。有时候他也会微笑，不过很难觉察到。他的微笑更多的是揭露了某种冷酷的性格，安东尼奥·佩雷斯会说它能"像宝剑一样切割"。这一切都是他的"面具"，是他给自己画的个性。时而微笑的他就躲在这面具之后，躲避历史学家的观察。微笑（但很少见）永远都是隐秘的，但从不孤傲。

当然了，对于这些态度，他并不需要负全部责任。这些面具并非只是我们的研究成果。严格的礼节使他生活在常人的圈子之外。"分析到底，宫廷仪礼（勃艮第礼节）……其实就是疯狂地崇拜世俗君主，混同人与神的概念，有亵渎神明之嫌。"国王系上帝派遣而来，人世中独有他一个。是这些人们为他打造了最为可怕的面具。如果我们想要为他辩护，亮出他所受的永恒而非人道的孤独就可以了！

安东尼奥·佩雷斯

相比之下，安东尼奥·佩雷斯是个小人物了，他头脑清楚，身体虚弱。无疑，直到某一时刻前，他是最了解或者最接近那位谜一般的君主的人物。但如果想要通过格列高里奥·马拉农为他写的那部奇书来追寻他的经历，只能让我们更深地陷入难以捕捉的谜团，无法真正把它想清楚。我们尤为关注安东尼奥·佩雷斯和以他命名的那场黑暗的事件，是有别的原因。

此人出身不明，也不是富贵之家：他的父亲也许是龚萨洛·佩雷斯（他是个教士，也许有希伯来血统，相继担任查理五世和菲利普二世的秘书），或者是鲁伊·戈麦斯（总之受他保护）。但这样来路不明的人在秘书生涯中却没受到什么阻碍：国王不在上层贵族中招募亲从。此外，此人聪明，工于笔墨，精力过人，处理大小事务游刃有余。他还懂武器，解读公文的水平也堪称一绝。他有着清澈的灵魂，就如他文气工整的字迹。他善于将一系列文书总结成几句话，更善于搞今天我们所说的"情报工作"。统治即倾听，即监视，即打敌人以措手不及。而哈布斯堡政府在这个方面比他的对手们要先进许多，从查理五世时代起就已经有了一张广阔的间谍网络。在法国我们就有他们活动的证据。安东尼奥·佩雷斯正是身处这些复杂工作的核心，而也许正是在这秘密的行当里他将自己的能力发挥得淋漓尽致。

国王本人也是工作狂，所以与这么一位得力干将一拍即合。只不过，他也有不少显而易见的毛病，尤其难逃如菲利普二世这般恪守清规的君主法眼。对于他这位秘书时不时的渎职和不道德行为，他了解得充分且确凿。是的，但也许在1568年12月，国王无力的心灵正需要一位与自己很不同的人，一切都得与自己相反：要年轻（当时佩雷斯28岁），更要有决断力。佩雷斯的抱负愈发促成了两人的合作，也就是说，他有某种为君主设身处地着想的能力，在困难之际为他提供方案，揣摩他的口味以及心底的想法。我们都知道菲利普二世周围那些有抱负的人士都十分敏感，比如总是用各种手段保持低调的鲁伊·戈麦斯；还有阿尔贝公爵，他给国王做的报告十分清晰，与其说是具体的建议，不如说常常听上去就像是众所周知的信息。佩雷斯能够提出建议，也能得到国王首肯。这难道不是因为他就身处在国王的官僚生活之中，能够猜出国王已经想好的决策吗？不过，在秘书与国王的这种关系中，我们不能把前者揣摩意图的本领说得太过，同样也不能把后者的思想说得太弱——不然也就落入了马拉农事后辩白的窠臼。

也许，看到这堪称丑闻的结局，国王与秘书的关系就更显惊奇了。因为从根本上讲，在当时人眼中，佩雷斯并不是唯一一位完全受到国王信任的人。人们不曾为鲁伊·戈麦斯是"戈麦斯王"而津津乐道吗？或者是在当时人称"西班牙国王"的埃斯皮诺萨枢机主教？又或者是在处理低地国家事务中，被冠名"白纸"（carte blanche）的阿尔贝公爵？每一次，国王都迟早会重拾对他们的信任。如果鲁伊·戈麦斯1573年没有因为结石病早逝，他也很有可能引火上身，因为国王并不怎么欣赏他有关佛兰德斯的建议。埃斯皮诺萨先是出任强大的西印度公司主席，随后被任命为卡斯提尔议会主席及大纠问官，但他在权力顶峰停留的时间也不过7年。1572年失宠后——用佩雷斯的话说——他一转眼就逃往塞戈维亚。但佩雷斯本人获宠也就11年。他也没能及时明白自己的命运，因为就如人们所说，"国王的微笑"和"他的宝剑"只有一尺之遥。一位统计学家概括道，平均算来，受到国王宠幸不会超过10年，这仿佛就是他的耐心的天然限度。1569年到1578年，胡安爵士有差不多10年时间受到他兄长有限的信任，而维也纳之死几乎将他拖入冷宫。忧郁的马泰奥·巴斯克斯（Mateo Vazquez）至1591年去世都在宠幸的大海里航行，但他进入宫廷的时间迟至1578—1579年。亚历山大·法尔内兹也难逃相同的规律。法尔内兹着实算得上伟人，1578—1592年（他去世的那年）他是西班牙和意大利军队的首领，但他死前好几年就已有半失宠迹象。格兰维尔枢机主教也是一直在任，但他只有在内阁的最初几年（也是成果丰硕的时代）受国王亲信。阿尔贝公爵长期是君主的左膀右臂，但他展现出明显影响力的是1567—1569年，随后就减弱了：1574年国王将他从佛兰德斯召回，因为未经批准为儿子法德里克爵士定了婚事而遭到流放。1580 年，国王重新召唤他统帅入侵葡萄牙的军队。但他的回归是特殊条件下的产物，是格兰维尔迫切请求的结果。

这些例子能否揭示出游戏规则呢？国王是否认为这就是声望的代价？抑或是我们更能确信的一点，即他不怎么喜欢太过强势的人？

但不管怎么说，在他人生最后几年里，他对顾问们还是很忠实的：钦琼（Chinchon）伯爵胡安·德·伊迪亚克斯，还有克里斯多巴尔·德·穆拉（Christobal de Moura）都没有失宠。也许是他们比较胜任的缘故：胡安·德·伊迪亚克斯爵士是位十分高贵的人物。但菲利普二世似乎也变了性格；此时的他似乎已经与自己和解，与自己的激情和疑虑和解。就在这种不受质疑的权威以及一种内心和平的迹象下，他的人生走到了尽头。我们后面还会回到这一点上。1584 年左右埃尔·格列柯为他做的肖像画（是《奥尔加斯伯爵的葬礼》的伟人画之一）在我们看来，也许是出乎意料的，因为这是一个我们几乎不认得的菲利普二世，脸上表露出新近才有的善意。

鲁莽的王子：奥地利的胡安

言归正传。在父亲临死之际，菲利普二世才得知自己有一位亲弟弟，即奥地利的胡安。为查理五世生下这个儿子的应该是拉提斯波那的一位女仆或者歌手，名字叫芭芭拉·布鲁姆伯格。她应该是个出身低贱的女性，1546 年与初征新教徒的查理五世相识时一定是充满活力。查理五世让人秘密将孩子在西班牙养大。菲利普得知此事的时候，胡安已经 12 岁了。他对这位小弟弟（比他小 20 多岁）倾注了爱和关怀。1569 年，他让胡安挂帅格拉纳达战争，后者虽然经历了些周折,但也算圆满完成了任务。

不过,菲利普二世与他保持着界限,禁止他以自己的名义行动,在他周围安排的尽是些年老的顾问,这时常让这位具有青春活力的弟弟愤怒难遏。胡安和悲惨的卡洛斯一样,整天只梦想着在沙场立功。他有一股近乎疯狂的勇敢,极善练兵,备受士兵崇拜。他们在私下里说:"是啊,这才是皇帝的儿子!"这位既年轻又帅气的弟弟难免让菲利普二世有所嫉妒,因为他自己在战场上没有什么英雄事迹。但如果要问胡安脑袋聪不聪明,这是要打问号的。有太多场合,菲利普二世都得去压制他出格和鲁莽的行为。因为私生子的污点,菲利普终生都没有答应给胡安"殿下"头衔。所以胡安梦想征服一个国家,这样就可以一劳永逸地脱离羞辱的处境。自尊心受到的损伤从未平复,将这位年轻的王子投入不安和忧虑的深渊,也做起了谵妄的梦。

讲了这些,我们不由得对胡安心生好感吧,他那幼稚的浪漫主义,时常犯下大错,还有他那明显的人性!格拉纳达殖民战争是个牵动首都的大事件,在他的指挥之下进行了无情的逮捕和镇压。摩里斯科人,也就是1502年被强迫改宗天主教的穆斯林后裔并不是全体叛乱,而叛乱者也多如往常一样是往高山逃窜。但山下的民众也牵扯进了叛乱,为叛军提供物资,只有靠大规模转移人口,将当地部分地清空才得以平息。这些不幸的居民最终像牲口一样,被用长长的锁链串着,赶到卡斯提尔各地定居。胡安是当时那种可怕场景的见证者,也是命令的执行者。我们要感谢他在1570年11月5日所记录的:"这是世界上最悲惨的事,因为在出发的时候,雨、风和雪都大极了,这些可怜人只好相互挤在一块儿,悲叹声不绝于耳。无法否认,清空一个王国是再悲惨不过的事情了。总算完成了,先生!"显然我们这位

23 岁的青年写这封信不是给国王，而是给鲁伊·戈麦斯看的。

格拉纳达战役开启了地中海最后一场大型十字军征伐的序幕。不过事情最初还是要怪土耳其人：他们向威尼斯宣战，占领了威尼斯贵族自 1479 年以来所占有的塞浦路斯岛。在庇护五世的迫切要求下，威尼斯与西班牙和教皇国的海军从 1570 年起开始在海上协同作战。1571 年，罗马、威尼斯和西班牙甚至议定了一个神圣同盟，胡安受任盟军舰队统帅，并在 1571 年 10 月 7 日大败土耳其人，这就是精彩的勒班陀大捷，是基督教世界三个世纪以来赢得的最大的一场胜仗。得知这个消息的菲利普二世没有显露任何情绪。他只说了句："胡安冒了很大险。"的确，整个基督教世界的海军力量都寄托在他的身上，而这是一场未知的冒险。无疑，这位莽撞的王子在这场战役中赌上了性命。但勒班陀的荣耀很快就消散了。1572 年的军事行动再无实质性成果。1573 年 3 月，威尼斯与土耳其人和谈（当然法国人的斡旋不可或缺）。于是，胡安转而想要远征突尼斯，在土耳其舰队返回遥远的基地时乘虚而入。随后收到的国王指令要他毁掉征服的城市并撤退——这是个明智的决定。但胡安却建了个要塞扼守突尼斯，而且留下了强大的驻军。这是公然不服从指令。这位王子的意图（其中也有罗马的参与）是夺得突尼斯王国王位。但后一年，也就是 1574 年，强大的土耳其舰队夺取了要塞，同时还占领了查理五世自 1535 年一直经营的古雷特要塞。后者的陷落也得由胡安来背锅。在马德里，人们认为胡安还有他野心勃勃的秘书胡安·德·索托需要为此负责。

事实上，大国之间的大战正在脱离地中海。土耳其人日益多地把矛头指向波斯人。教廷则转向攻击宗教改革，目光也不再停留在伊斯兰。菲利普二世发现自己身陷佛兰德斯的泥潭。他因此必须不惜一切代价，终止地中海战争造成的巨大开销。派往君士坦丁堡的使节经过正式与非正式的协商后于1577年2月与土耳其签订了3年的停战协议，随后又延长。但冲突事实上在此之前就已停息。胡安基本上处于无所事事的状态。我认为从事后来看，勒班陀大捷很难说是菲利普二世统治的顶峰和象征。我们不应该被这场宏伟的演出所迷惑。更不应该因为它而对胡安做出浪漫的判断，纵使这非常诱人。

不过，在低地国家，形势急转直下。卡斯提尔大指挥官路易斯·德·雷克森斯（don Luis de Requesens）1576年3月去世。似乎只有把胡安送去，解燃眉之急。胡安于是收到了转移战线的指令。

埃斯科维多事件

胡安预料到这会是个极其危险的任务，所以没表现出任何热情。要让他打定主意，就要允许他在平定低地国家后，前去讨伐英国，释放玛丽·斯图亚特，做他的配偶，并统治大不列颠岛。这位浪漫的王子如果不是被此条件诱惑，至少也是被说服了。他甚至肯乔装打扮成奥塔维奥·法尔内兹（Ottavio Franèse）的摩尔人仆人，冒着风险穿越法国，于1576年11月3日抵达卢森堡。在卢森堡他收到一封国王来信，确认了对胡安在马德里做出的承诺。

但胡安是否就代表着最好的办法呢？事实上，在低地国家，当务之急是采取和平政策。而胡安只是一介武夫，一心只想打仗。不过，菲利普二世在给佩雷斯的一张便条上写的差不多就是这个意思：若非胡安，别无他法。

请注意，1566年以来，国王的低地国家政策一直未能一劳永逸地确定下来。他也许一直都有捍卫国家、不惜一切代价保护天主教事业和西班牙霸权的决心，但他突然改变了看法和手段：在最开始批准了阿尔贝公爵提出的镇压政策，而又让他为不受欢迎的结果担责任；随后他用雷克森斯推行适度的强硬政策。但到了奥地利的胡安时，他真心希望立即实现和平：一方面是威胁（考虑到这位王子的威名），另一方面是和谈。不论如何，西班牙必须争取和平：1575年破产也许让国王自然产生了这个想法，一口气抛开热那亚金融家的束缚。但是，他在这个方面实在算不上专家，所以没有预见到后果：受到威胁的银行家的反击是立即终止了低地国家的黄金支付，而西班牙国家至此一直依赖的金融体系陷入危机。

事实上，出于各种原因——其中包括佛兰德斯战争——国王需要管理固定支付。这些操作通常以黄金货币进行，黄金也是支付雇佣兵薪水所不可少的。然而我们都知道，国王主要的收入是从美洲运到塞维利亚的银条，它并不固定。热那亚金融家的功能就是把断断续续的资金流转变为固定的，同时也进行货币兑换，比如将白银兑换成可以在佛兰德斯偿付的黄金。受到西班牙方面政策的威胁，热那亚人立即阻断了他们已经掌控了20多年的黄金流动。最初的效果是：胡安抵达的两日后，拿不到薪水的西班牙士兵在安特卫普哗变，将城市洗劫一空。11月8日，根据《根特和约》，低地国家（不论天主教徒还是新教徒）达成共识，将赶走西班牙军队列为首要目标。

于是就需要谈判。谈判持续了整个冬天，大家相互欺骗，散布假消息，想要把对方的方案毁掉。胡安在这些会谈中多少表现得还不错。他的新任秘书胡安·德·埃斯科维多设法在西班牙卖出了一些期票，士兵们也逐渐恢复了秩序。最终，1577年5月12日，双方于布鲁塞尔颁布了《永久法令》（Edit Perpétuel）：西班牙军队撤出低地国家。军队甚至还向南开进。对于这次重要的让步，菲利普二世是给了许可的。

但是，对于胡安来说，战争结束也就是梦想结束。他于是乎自作主张与罗马暗中交涉，野心勃勃的埃斯科维多也乐于跑腿。他们的活动几乎没有什么秘密，埃斯科维多的儿子也三番五次落到佩雷斯手里……菲利普二世对弟弟的好战行为大为光火，因为他竟然在1577年12月打下了那缪尔，在1578年1月31日率西班牙士兵重新踏上北进之路，在让布鲁大败叛军。不过，没过几个月，他又被打回那缪尔，几乎要被赶出低地国家。士兵疲惫，疫病肆虐，在一片不满声中，他于1578年10月1日死于斑疹伤寒。他最后的几声呼救竟无人搭理。

无疑，这位鲁莽王子在人生的最后几年里，不像以前那么好操纵、监控和指挥。国王又十分容易猜忌别人，所以也不止一次地感到担忧和不安。佩雷斯呢，必要时也会煽风点火。"根据主人的命令"，他同时与胡安保持着官方和秘密的书信联系。这所谓的"秘密"也许应该说是一厢情愿，因为这些书信通常要经过埃斯科维多。而埃斯科维多本是安插在胡安身边监视他的，却从未真正履行过这个任务。是因为他被胡安的魅力所折服？抑或是他取得了这位心气不定的王子的信任，所以有意将他作为工具来实现自己的抱负？埃斯科维多是个山岳派（montanès），是统治桑坦德尔的山中贵族；他的野心就如同他的诡谲，是没有上限的。

在埃斯科维多死前没多久，由于我们所知的各种困难，还有可以想见的那种痛苦，派秘书去了西班牙，后者于1577年7月21日抵达。与佩雷斯一见上面，和平的可能性就被排除了："与法国的和约已毁，必须拿起武器。"

说实话，埃斯科维多所寻求的不外乎行动指令和资金，更多的资金。但不论他怎么解释，怎么发脾气，还有各种在菲利普二世宫廷里的举措，都没有换来指令和金钱。有一天他慨叹道："圣塞巴斯蒂安和桑坦德尔边上有许多山，我宁可生活在那里，生活在野兽之间，也不想和宫廷的人在一起。"住山里无疑还更安全，因为没过几个月，就在1578年3月1日，他在马德里的大街上遭人谋杀。

这起犯罪之前已经有三次投毒谋杀的尝试。虽然不是国王明令，但却是他同意的。我们可不要惊讶：这位国王，作为一切正义的源头，不喜不悲地将此事归因于上帝。如果说他有什么顾忌的话，莫过于怕自己那种对公平的热忱从心中释放出来。但如果他认为适当的话，他有权处决某位臣民，而无须任何审判——这是他的权利，也是义务：也即是借此，他让人在西曼卡斯的要塞里勒死了蒙蒂尼，低地国家领主的代表（也不幸是他们的律师）。同样，1585年2月4日，他还让人在品托的监狱内绞死过一位冒险家马丁·德·亚库尼亚，没有经过任何审判。我们不知道的例子又还有多少呢？

且将国王迅速处死埃斯科维多的事放到一边，也不要按照我们的心态和情感来评判这些举动。真正的问题在哪里？在于是谁下的命令要处死他，背后又有哪些原因？重复一下，菲利普二世在这个事件里只是"同意"。埃斯科维多的行动毫无疑问超过了国王耐心的限度。他多嘴多舌，容易发怒，口无遮拦。也许我们这位"谨慎的国王"没能让他产生应有的畏惧，但国王很快就确信，这位秘书不是好顾问，是弟弟的魔鬼灵魂，抑或是两人狼狈为奸。在低地国家和与罗马暗中谈判的事情上，这两位同谋反复忤逆国王旨意，后来又对国王的方针百般阻挠——国王可不是宽宏大量的人。但说到底，低地国家问题的前途（是战是和）早在1577年12月胡安强占那缪尔以后就定下了。所以，为什么要在1578年处死战争政策的发起者、日后的参与者、不可缺席的埃斯科维多？这为时已晚。况且，再度引爆仇恨之火的也不是胡安一人：沉默的威廉（Guillaume le Taciturne），伊丽莎白女王，亨利三世和安茹公爵都对这场无法自行熄灭的战争煽风点火。此外，菲利普二世不久之后就为亚历山大·法尔内兹提供了物资、士兵和资金，也就是他拒绝给他弟弟的东西（虽然不是公开拒绝）。简言之，1578年春，为什么要杀掉埃斯科维多来拯救一个已然作古的政策？是否可以把国王的态度作为他深深地而且是固执地嫉妒胡安的一个补充证明？胡安的成功，时不时提出的要求，他的专横跋扈，更无须说他回西班牙组建"政党"、足以在老国王身边施压的事，无不引发了国王的疑虑。而这些也正属于胡安和埃斯科维多的计划。

　　事后来看，所有这些看似都没有那么令人信服。如果不是安东尼奥·佩雷斯日复一日，根据时势以及国王的脾性，根据自己的个人利益进行长期耕耘，这些也许都不会发生。但他有哪些利益呢？这里头的故事真可以写一部小说了，而埃博里公主大概也在其中（她束缚住了安东尼奥，而公众曾传言她是安东尼奥的情人）。在这起事件中，菲利普二世的过失，是否可以用最近一位历史学家的话说，在于掩藏在他那沉着的面容背后极大的懦弱和半疯狂的心境，在于过度相信间谍的报告？确实，他生活在一种奇怪的氛围下。所以，在数月乃至数年里，他一头扎入了双重乃至三重的游戏当中——这无疑是一种病态，而他的秘书对此没有作声。对1577年四五月间自称想要到宫廷叙任的胡安，安东尼奥这样描述了国王："这是一位可怕的人物，一旦他怀疑起我们的话里藏着什么目的，我们就不可能成功。"而这封信在送出前先送呈了国王，他本人则在边上作了笔记："您的话虽如此，但这段话就这样很好。"这难道不是佩雷斯对国王不忠？还是说，为了用理性束缚住鲁莽王子不惜一切代价？甚至还有一种可能，也就是引出对话者之间的被判意图？沉默的国王，他的那种矫作，带着死亡气息的幽默，以及扭曲的思考，无不让观者毛骨悚然。

不过，我们就此打住。不要去做法官，更不要做侦探，因为在这厚重而阴森的文献里头，一切都有可能颠倒过来。同样，我们不能绝对确信，菲利普二世真的从未接受过埃博里的安娜，这位美丽的独眼公主的帮助；我们不能确信接受她大量礼物的安东尼奥·佩雷斯对于她而言是否就只是政治工具。那个时代的心态我们难以确知，国王除了向告解神父外也从不向他人透露自己的心里话。他心中的奥秘，我们总看不真切。国王对自己是不是真诚的呢？但不管怎么说，在胡安死后，他也许读了胡安从低地国家寄来的私人信件，而且有颇多发现。最重要的，也许是他发现自己的弟弟是忠诚的。那样的话，后悔，内疚，报复心理会占据他的内心。谁又能将此怪罪于他呢？但又有谁能确证他的这些心理活动？

征服葡萄牙

1579年7月28日，国王下令逮捕埃博里公主和安东尼奥·佩雷斯。真正的安东尼奥·佩雷斯事件开始了。不过我们在此暂且迅速带过。此前，国王一直都对他的秘书隐瞒了自己的憎恶，直到逮捕他的这一天。这也许是因为一位如此强大的国王不能冲动行事，更别说他还有"谨慎国王"之誉。埃博里公主虽说是那么不可理喻，但因为自己的家族身份，在大贵族当中有举足轻重的地位。国王对这巨大的力量慎而远之，但无法很轻易地控制住他们。至于安东尼奥·佩雷斯，在没有找到能替代他的人以前，就还需要他卖力。尤其是这位秘书对葡萄牙事务有一手（也许可以说是卑鄙），西班牙情报组织在他手下开展了巨大的腐败、压迫和间谍活动。安东尼奥·佩雷斯的干将有从罗马特地召来的枢机主教格兰维尔。此人作为意大利议会的领导,将各国首相玩弄于股掌之间;还有在热那亚加入他的胡安·德·伊迪亚克斯。此人来自威尼斯,是天主教国王在那里的代表。格兰维尔1578年7月28日风尘仆仆赶到了马德里。他的到来也是安东尼奥·佩雷斯倒台的信号。

对于新的领导班子,最迫切最关键的只有一个问题:征服葡萄牙。这样一来,伊比利亚半岛就能统一;广阔而脆弱,但又极其富庶的葡萄牙帝国也将并入西班牙帝国;东西印度也一并收入囊中。无疑,在当时的国际背景下,这可不是一件小事。但事情的进展却相对顺利。葡萄牙的小国王1578年8月4日在非洲驾崩,继承王位的是他的叔叔,年迈体衰的枢机主教亨利。亨利患有结核病,不久就于1580年2月病逝。随后的一年多,王位继承权基本上是开放的。在众多候选人(萨伏伊公爵、卡特琳娜·德·梅迪奇、法尔内兹家族,还有菲利普二世)当中,菲利普二世的权利无疑最为显而易见,因为西班牙与葡萄牙比邻,而且国力强盛。此前被流放的阿尔贝公爵受任率军入侵葡萄牙,势如破竹,还厚颜无耻地开始劫掠。王室家族中的一位私生子,克拉托修道院院长老安东尼奥爵士被拥立为葡萄牙国王,但面对西班牙的锋芒他只有躲避,装模作样抵抗了几下便于7月11日放弃了首都,撤往北方的波尔图。此后桑丘·达维拉的骑兵又给了他严重一击,打得他最终坐上英国人的舰船仓皇逃走。

西班牙人和葡萄牙人之间的感情并不好,为什么这次战役却那么容易呢?对于葡萄牙人来说,西班牙人可能比土耳其人更讨厌。而对于西班牙人,葡萄牙人不过是帮野蛮人。最好的解释是西班牙干涉之迅速,而马德里又精心组织葡萄牙各地发动叛变。也许原因就是这样。但同样还有更大层面的理由。拥有众多财富链条的葡萄牙帝国就好比缠绕世界的巨大寄生植物。这颗脆弱的植物向西吸附在西班牙身上，从中吸收谷物，当然还有更重要的白银。白银经过它转手出口到远东，直抵中国。塞维利亚是葡萄牙大商业的灵魂。此外，葡萄牙本国力量不足以保护那么庞大的领地，西班牙的援助就好比一面盾牌。最后，在这次事件中，葡萄牙并不会丧失自己的自由与特权，菲利普二世和他的继任者将尊重王国的制度，所以葡萄牙虽然被征服，但不等于臣服。菲利普二世将葡萄牙看作是帝国内部的领土，却仍旧是自治的实体。

1580年10月，菲利普在巴达赫斯。26日，王后安娜在此度过了31岁生日。12月5日，在阿尔贝特大公（也是他视如己出的侄子）的陪同下，菲利普来到葡萄牙，在埃尔瓦斯驻扎，一直待到来年2月。由于里斯本有疫病肆虐，葡萄牙人在托马尔召开了议会，承认他是国王，而在他们面前，西班牙统治者发誓尊重王国的自由权。他还给予了很多其他恩惠，废除了向卡斯提尔出口的关税（这对葡萄牙人有利），努力让自己的新子民融入王国，并特别向他们保证了所有在东印度的商业特权。

菲利普住在他的新王国的这段时间十分重要。根据葡萄牙国王名字的顺序，他在这里被称为菲利普一世。在里斯本，他面对的是自1559年9月在拉雷多登陆以来就未曾再见过的大海。在他给女儿们写得颇有文采的信里，他讲到塔霍三角洲[1]千帆相竞的动人景象。有位名叫古农·鲁本的历史学家在1861年提出，菲利普二世真正的出路，就在于定都里斯本，从而制霸大西洋和全世界。他说得当然有道理。有君主在，这座大航海中心本来已有的势力还能更进一步，下达

---

〔1〕 塔霍河（Tajo）是伊比利亚半岛最长的河流，在里斯本注入大西洋。——译者注

的命令也能更快执行。1582年10月26日,圣克鲁斯侯爵从里斯本出发,以少胜多击败法国舰队,占领战略要地亚述群岛,便凸显了上面这一点。依靠有着雄伟海港的里斯本,或者是锚地广阔的卡迪斯,或者塞维利亚——不过它太过靠近内陆——才能将海洋战争进行到底,才有可能获得胜利。然而,菲利普二世在1583年2月离开了里斯本,再也没有回来。这在我们看来,不得不说是严重失误。在这个将半岛上的大西洋口岸一并收入囊中的时刻,需要为此付诸特别的注意,甚至是专注。就在差不多15年前,也就是1566年,海洋制霸战打响了,低地国家第一次起事,大西洋上针对西班牙舰船的海盗活动猖獗(法国,然后英国和荷兰的海盗)。1568—1573年,西班牙和英国先是不宣而战,又突然言和。不过这也足以打断西班牙和佛兰德斯之间相对容易的海上联系。这一联系是有战略意义的:没有它,半岛就无法从北方购买木材(甲板、龙骨、船身),从布列塔尼、英国和波罗的海国家购买谷物。1580年,葡萄牙和西班牙的饥荒迫使王国大规模从北方进口粮食,支付资金向北方大规模流动造成了突如其来的经济危机:地中海一时间失去了它习以为常的美洲"宝藏"。然而,从16世纪中叶起,北方和半岛的联系更多是由荷兰和泽兰的船只来保障。之所以空出来这么一个位置,是因为西班牙水手和舰队,尤其还有比斯开那宏伟的美洲交易所,越来越多地向美洲航线进发。总而言之,当西班牙不能再"军事地"运用比斯开到佛兰德斯的洋面,它北方的敌人却在它的港口继续着利润颇丰的贸易,从而取得美洲的白银。

另外还有一场悄无声息的灾难:就在这1566年前后,或早或晚,热那亚商人停止向新世界贸易投资。整条血脉因此完全转变。在此之前,热那亚"金融家"负责西班牙国王的对外支付。投资美洲的舰队带来的回报是大量白银，但这种白色金属除了特别允许之外，是不能离开半岛的。热那亚人因此在西班牙境内将其换成羊毛、油、明矾、胭脂虫，继而出口这些产品，在半岛外换取金属货币或兑票。如果不这样做，他们的信用就会被冻结，他们在欧洲指定地点（尤其是安特卫普）为国王付账的承诺就不能兑现。

但1566年以后，佛兰德斯造成的迫切需要迫使国王定期批准白银流出——这在此之前还十分罕见而且是受严格监控的。热那亚人于是放弃了商品贸易，因为这对他们来说已经没有必要了。他们抛弃了塞维利亚。然而，白银并不是从美洲免费运来的。需要用酒、油、面粉、织物、五金制品去换。这些商品一部分来自西班牙，但最主要还是来自北方，而且只有在"印度群岛"的船只在三四年后返回时才拿得到白银。在等待期间，热那亚的资金就尤为重要。但他们离开后另有人接替：北方的商人早已习惯于与西班牙贸易，而塞维利亚人也逐渐成为影响这条由北方掌控的贸易路线的代理人：贸易的发展使他们占有了美洲产品中相当的一部分。

就这样，塞维利亚，尤其还有里斯本——这些伊比利亚半岛经济在大西洋上的堡垒，就将被无声无息地从内部征服，被一种简单的商品资本主义征服。而此前热那亚大银行家的做法要比这复杂得多。对于这一切，菲利普二世是无从知晓的。他到达大西洋海岸的时间就已太晚，走得却又太早。卡斯提尔已经是他的习惯，他的趣味，他的秘密激情。

孤独的年代：1582—1598

我不清楚用这个标题形容菲利普二世的晚年是否贴切，因为孤独可谓与他终生为伴。他晚年的埃斯科里亚尔只不过是其外在表象，是追寻孤独的手段。不论如何，尽管国王仍在继续追寻他的丰功伟业，他身边的世界却一直在风传有关他的流言，在菲利普二世政治最为辉煌的那几年里尤甚。

在物质层面，我们能够知道为什么：由于在开采提炼中引入了汞，美洲银矿的开采取得显著成果。这个技术首先在1545年左右的新西班牙普及，随后在1572年左右被波托希和秘鲁的银矿采用，并产生更为重要的影响。很快，白银产量不断增多，在当时来看简直是天文数字。这些金属开始通过西班牙宝船返航的船只流向塞维利亚。白银的输入提振了一切：奢侈，隐藏的财富，经济生活，物价，永远需要贷款的战争，以及因为分配这些宝藏而拥有巨大权势的西班牙政治。让西班牙重新介入低地国家的也是这一政治，由亚历山大·法尔内兹在此大展身手。同时，无敌舰队又一直介入法国内战，以此变相与英国的伊丽莎白作对（这一政策甚至在1589年8月2日亨利三世遇刺身亡前便开始了）。在西班牙国内（更确切说是伊比利亚半岛），这些年的非凡努力为其带来了冲突，而对此我们所知甚少，比如安东尼奥·佩雷斯出逃前在阿拉贡爆发的起义。佩雷斯自己也是阿拉贡人，他在豁免权的保护下逃到萨拉戈萨。不过，一次简单的军事行动就会让阿拉贡在1591年恢复平静（不过也许只是表面的和平）。也许过去我们太急于讲述西班牙的衰落，所以不惜一切代价试图在菲利普二世的时代，在那些外部的大事件以及内部的倾轧中找到些蛛丝马迹。但这些东西大多是我们的猜想，并不能确证。

事实上，这个观点似乎可以讨论。菲利普二世去世时，西班牙势力庞大，还主宰着全球的历史。菲利普二世并非其伟业的掘墓人。在半岛内部，国家的命令也基本没有什么阻碍，不像在当时其他一些国家。大贵族再也不能在这个国家翻云覆雨。1590 年，有位佛罗伦萨人说，只需要一个阿尔瓜齐尔，就可以将这些贵族拉回正途。可以说，亨利四世时候那混乱的法国，正需要这样一个阿尔瓜齐尔。

尽责到底

菲利普二世兢兢业业，尽责到底。虽然历史学家没有必要因此无条件赞颂他，但事实是，西班牙政府及其帝国，整个政府机器能从这无处不在而又多变的伟大生命中所能取得的，是苦行僧般的工作，是一台有自己节奏，从不故障的马达。国王 60 多岁时每天还伏案工作 9 小时，必须早起晚睡。在白天，他时常会小憩片刻，去看看女儿克莱尔·伊莎贝拉（卡特琳娜 1585 年嫁给了萨伏伊公爵夏尔·埃马努埃尔）和儿子菲利普（他十分关心儿子的教育）。此外还要加上冥想和祷告的时间；最后还有召见活动：1587 年一位外交官记录，每天中午午饭的时间（也就是 1 点左右），只要身体健康，都会进行召见。

当然了，他身边有帮手。他常常与钦琼伯爵讨论，还有胡安·德·伊迪亚克斯。此二人与克里斯多巴尔·德·穆拉一道组成了私党。国王对他们这一三人执政团体一直是信任的。接着我们还要算上巴拉达侯爵，阿尔贝特枢机主教（菲利普爵士的儿子）。不过，这还算不上是"内阁"（1586 年格兰维尔死后就不再有了），他们更多的是负责人，是执行者。老国王主导着所有人，而如果说真正是什么在帮他，也该说是女儿克莱尔·伊莎贝拉在办公桌前陪伴他的惬意时光。他喜欢女儿动人的眼神，这是他正在终结的生命中少有的愉悦。她是他的学生，就如他之于查理五世。她为他读公函，但有人见证，他不允许女儿单独和年轻的菲利普王子交谈，除非他本人在场。对于继承人的教育，他是有多么谨慎。

在这非常规律的生活中，日日夜夜都是相似的。自然，他会从一处居所转移到另一处，最寻常的就是从马德里到埃斯科里亚尔。但这不过是小插曲而已。他也曾作过几次艰难的旅行，比如1585年去萨拉戈萨和巴塞罗那，1592年去塔拉戈涅。有时他也打猎。就如1587年8月16日，国王60大寿之际，有位热那亚外交官记录道："陛下打猎时着凉，第四天转为肠绞痛，让他伤了不少元气，但清了肠胃以后……他恢复健康，于是打算……去塞戈维亚看他下令在阿尔卡扎尔进行的建筑工程，但昨天夜里他发了痛风。"

唯有疾病能够打乱他的时间表，但我们不能确定这是否同样影响了他的工作。实际上，虽然我们可以看到当时（还有当代）对他做的医学诊断，但很明显他比查理五世表现得更为健康。也许这得益于规律而节制的生活。在餐桌上，他不酗酒，喜好肉食但也不会过量。他懂得享受美食，但"下口的次数总是固定的"——这是一位佛罗伦萨人所记录的、来自一位宫廷内侍的证言。餐桌上的自制和父亲查理五世形成了鲜明对比。而这样做的回报，就是菲利普二世的身体一直都能持续支持他进行那需要耐心和井然有序推进的工作。他因此也就可以达到自身最完美的境界——这是他所希望、所寻求的完美，对此我们不能作太多幻想，也不能太少。真正重要的，是他那作为国王，作为正义的化身，对上帝负责的使命感。

空洞而没有史料依据的话，我们就不再多说了。这起事件，即佩雷斯公然失宠，并在1579年7月28日收监入狱可以算上述描述的一个证据。佩雷斯将在监狱里度过菲利普二世余下的统治时期，一直坐到下一朝。要说国王为何行动迟疑缓慢，是因为他想要回避丑闻——这是比拼力量的时候。但对于这颗冷酷无情的心来说，不惩戒这两面三刀、私扣重要文书的大臣，也是不可能的：国王努力要把这些邮件搞回来，但佩雷斯明白这些信是他还能保命的最后机会。于是，这场艰苦而执着的斗争缓慢铺开。

这个问题还有意想不到的一面。值得我们注意的是，国王在人生暮年，竟然希望安抚自己的良心：他想知道埃斯科维多临终时的遗言，来衡量自己在事件中的责任。1590 年 2 月 23 日，在佩雷斯首次入狱的十二年后，国王命令他写下他当年给埃斯科维多定罪的确切理由，他写道，"为了我内心的满足和良心的安宁，我必须知道这些理由是否充分"。关于这场无休止的事件我们就此打住，按下罪人佩雷斯坦白了部分罪行，经受酷刑，逃往阿拉贡，随后流亡法国的后续不表。我们只需要关注这场戏剧所揭示的国王的良心危机。它让我们得以用全新的眼光看待晚年菲利普二世，这位在我看来不乏伟大之处的菲利普二世。

无差别的对外斗争

1580—1582 年起，在吞并了葡萄牙后，美洲白银越来越多地流入，富裕的西班牙得以放手推行帝国主义。战机若隐若现，而菲利普将其牢牢抓住，发起了一场堪称堂吉诃德般的战争（这里有点小小的时代错误，因为《堂吉诃德》发表于 1604—1614 年）。说是堂吉诃德一般，并不是说他去进攻风车或是某些假想的敌人，而是因为他丝毫没有考虑到，战争的广度和能够运用的手段之间并不成比例。确实，西班牙按照当时世界的规模来看是个庞然大物，但这难道就意味着在所有地点，在欧洲所有经典战场，在世界七大洋与所有敌人作战就是自然而然、合情合理的吗？西班牙的敌人既有政治上的，又有宗教上的,它既要攻打叛乱中的低地国家,又要对付伊丽莎白的英国和即将由亨利四世统治的法国。西班牙文献中固执地称亨利四世为"旺多姆先生",不愿承认这位贝阿恩人是亨利三世的合法继承者,也不认为他是真正的纳瓦尔国王。

我们且不要满足于这些人们常常重复的判断。在1580年以后烧及整个世界的战争烈火,其实早已点燃,只不过是烧得更猛烈了而已。西班牙没有选择,不是它攻击别人就是别人攻击它。

1559年,法国只是表面上被征服,而1562年它因为内战而真的国势大损。不过,法国从未放弃它的关键角色:与西班牙抗衡。法国被它对手的领地所包围(鲁西荣,米兰,弗朗什-孔泰,低地国家),但我们很难说究竟是包围者还是将西班牙领地分割孤立开来的被包围者更具威胁。1572年,在圣巴托罗缪之夜的前夕,战争似乎迫在眉睫,无可避免:1578年和1582年,安茹公爵也就是亨利三世的弟弟干预低地国家。他的母亲卡特琳娜和他的兄长对此举并不支持,但也劝阻不了。17世纪的时候,我们称这场战争为"隐蔽战"(guerre couverte),就好比我们今天说的冷战。但不论是冷还是隐蔽,这总归是战争。所以,西班牙干预法国事务,煽动宗教和政治斗争是极具诱惑的一手。天主教王国甚至有可能拿钱支持过法国的清教徒,包括继承王位前的旺多姆先生。即使在菲利普二世这里,政治也能牵扯到宗教,但这不是说宗教激情没有起任何作用。恰恰相反。在法西战争的最后几年里,法国天主教徒(除了少数如吉斯家族之类的魔鬼野心家)并不是为了钱而站到西班牙这边,而是主动献身——今天保存下来的西班牙国库账本就是明证。

就这样,在法国人的宗教激情的感召下,西班牙就只能任凭自己随波逐流。它是否能够有不同的行动,比如不去阻挠亨利四世的胜利,不去支持天主教同盟,不去发动战争机器,不去尝试抛开萨利克法而将法国王位交给亨利二世的侄女克莱尔·伊莎贝拉?

在低地国家,忍耐占了上风,既不宽容也不顺从。作为历史学家的我们也许能轻易地找到症结所在,在根特议和(1577)的时候,西班牙是有可能和奥格斯堡签订某种和约的——类似于《南特敕令》的先声,让南方保留天主教,北方新教。但这相当于把时钟往后拨了二三十年:这其实是1609年"十二年停战"和约签署时的解决方案。这样的诊断因此只能算是事后诸葛亮。有位历史学家称,西班牙不会因此损失什么,放弃这场力量角逐对它有利,而大本营远离战场就注定战争消耗必然是极其巨大。卡洛斯·佩雷拉的这番论述在我看来值得商榷。任何一个霸权,在历史上不都通常有一个对头、一个天生的敌手吗?假设低地国家的问题顺利解决,西班牙还会撞上其他危险的阴谋,还得面对敌人的愤怒:不是在世界海洋航线上,就是在"印度群岛"沿岸,甚或是在它本国的北方海岸线,就比如菲利普二世统治的最后二十年的情况,还有1596年英国洗劫卡迪斯的事件。我们也要注意到西班牙人好歹还是完成了他们在低地国家的任务。虽然这样说并不是想要终结讨论,但事实就是他们在南方各省维持了统治,在这条阵线上挽救了天主教;在政治上,他们直到1713年《乌特勒支和约》之后才被撵走。所以,四处作战吧!

同样的推理也适用于英国。菲利普二世1587年官方宣战摆出的理由还是有一定分量的:伊丽莎白下令处决玛丽·斯图亚特。但早在此前的十年、二十年,乃至三十年,对付英国入侵是所有欧洲天主教国家的议程。1559年,在卡托-康布雷齐和约翌日,亨利二世的法国试图取得菲利普二世的支持发动战争。但后者拒绝了请求,再一次表明,在那个时代,宗教对他来说是一回事,而政治又是另一回事。

1569 年，如果阿尔贝公爵不那么谨慎，或者不那么怯懦的话，西班牙也许会依据菲利普二世的意愿独自发起行动。这场冒险没有发生，取而代之的是奈梅亨条约（1573 年 3 月 15 日）。它对局势无所帮助，但换来了时间。不过，英国海盗的活动在该世纪的最后三十年里急剧升温。1566 年以前也有劫掠事件，但并不集中。实际更多见的是对大西洋诸群岛以及新世界沿岸的走私贸易。霍金斯一直以来就是这些活动的无名英雄。随后，暴力成了定则。1577—1580 年有弗朗西斯·德雷克（Francis Drake）的环球航海（且看他路过智利和秘鲁时一路烧杀劫掠）。因此，在 1587 年以前就有战争，还颇为活跃。只有在里斯本或者其他地方，费劲劳苦地将舰船、物资、弹药和兵力集结到一块儿，无敌舰队才不是徒有虚名。

如此组织起来的无敌舰队，从西班牙角度看，仅有两大严重错误：到得太晚，而英国的实力在 16 世纪已经有极大提升；还有就是在那戏剧性的条件下被打败，这众所周知。有位名叫加雷特·马丁利（Garett Mattingly）的美国历史学家写过一本颇为客观的书，证明无敌舰队败得勇敢，强力穿越了拉芒什海峡，与敌人做了正面对抗……最终，与其说是英国人，不如说是逆风、糟糕的时机和弗拉芒海岸的泥沙构成了巨大阻力。随后，返回桑坦德尔又必须绕行不列颠诸岛。这又是一场离奇的、令人震惊的航行，期间发生了大量海难。国王得知这场灾难的消息后没有唉声叹气，他和蔼地招待了败将麦地那·西多尼亚公爵：他派遣舰队是去打敌人，不是打风和海洋（contra los vientos y la mar）。

自然，我们可以讨论这场失利该由谁负责。在格列高里奥·马拉农看来，错在菲利普二世本人，因为他在传奇侯爵圣克鲁斯死后任命能力平庸的麦地那·西多尼亚做舰队统帅。但是，西多尼亚手下有众多出众的海军大将协助：里卡尔德、贝尔滕多纳、奥昆多、佩德罗·巴尔德斯；另一方面，英国舰队也是由一位贵族统领，此人名叫霍华德，也是不谙海战。人们也将责任归咎于西班牙船只的庞大臃肿，使得敌人的大炮能轻易击中它们的吃水线，而他们自己的大炮因为位置太高，从敌人头顶上飞过；他们只适合于接舷战。而在实际战场上，接舷战也确实是个办法，而这些舰船也有意在敌人面前维持它们的战线。错误也许还是要回到亚历山大·法尔内兹，他为士兵登录作战和对平船作战做足了准备，却不知道抓住时机占领一个便利的港口——比如弗莱辛？

不过，这并非一场完全的灾难，部分舰队回到了西班牙。在战败之后，白银也不缺："如有上帝引导一般"，白银继续穿越大西洋，运抵塞维利亚。白银能够解决、也的确解决了不少问题。1597年，第二支无敌舰队开始威胁英国。但师出徒劳：暴风雨让它铩羽而归。第三支舰队在1601年重启冒险，也没能取得什么真正的成果。但在这些年里，西班牙资助的爱尔兰战争摧毁了伊丽莎白的英国，英国国库的账本就是明证。西班牙战败之后崛起的不是英国，而是荷兰。尽管它有数百舰船被扣留在半岛，尽管有禁止其水手和商人进行贸易的法令，它事实上从事的是给西班牙补血的运输活动。荷兰在某种意义上是西班牙财富的来源。它为西班牙实现财富，证明西班牙还未死去。

西班牙人大败，不是败在无敌舰队，而是败于1596年科内流斯·豪特曼（Cornelius Houtman）的荷兰舰队在好望角建立的第二基地。这些基地缔造了荷兰的东方帝国，它是葡萄牙帝国的翻版，也与后者一样，依赖于美洲的白银，因此也就是依赖于塞维利亚和西班牙。

简而言之，无敌舰队1588年的这十天战斗，无疑是菲利普二世统治时期的一场灾难，但不构成对西班牙伟业的致命打击。西班牙扛住了这场考验。

选择战争

如果说亚历山大·法尔内兹在接替死去的胡安处理低地国家未尽的事务（也就是进行赤裸裸的战争），因此也就是西班牙帝国命运的主人的话，是帝国选择了战争，对低地国家北方各省的战争是它的重中之重，是一劳永逸的战争。

亚历山大·法尔内兹一上任，就懂得要将南方各省和北方分开：后者组成了乌特勒支同盟，前者则是阿拉斯同盟。低地国家因此决定性地被一分为二。他在西班牙白银和大军的支持下，夺回了布鲁塞尔和根特，并在一场声势浩大的包围战之后占领了安特卫普（1585）。此前一年，沉默者奥朗日的威廉被西班牙特工刺杀。在当时看来，战争应该是要赢了。阿尔贝公爵未竟之业，对帕尔马亲王来说已是唾手可得。一小撮英国远征军登陆也无法扭转局势。但亲王的计划因为无敌舰队的覆灭而中断；几年后，又有出兵法国的干扰：1590年这位亲王解了亨利四世对巴黎之围；次年包围鲁昂，但因此受伤，于阿拉斯的圣瓦斯特身故，时年47岁。

选择战争，这是西班牙从不懂也从不能做到的。这需要迅速的调兵遣将，需要当时的最强者也没有的惊人实力。16世纪的战争升温很快，久久难以熄灭，因为敌人总有充足的时间改变主意，找到帮手。我们再度重申，谨慎国王行动之迟缓，是那个时代一切行动之迟缓的鲜明形象。

战争的落幕

法国与西班牙的战争以亨利四世1595年宣战而成为官方战争。它持续了三年，以维尔文和谈为终结。和谈其实早已有了端倪。亨利四世因为夺回亚眠（1597年9月25日）而震动了基督教世界，但他感觉英国人和荷兰人的支持并不实在，因为他们希望的其实是一场旷日持久的战争，这样就能劫掠整个西班牙世界。相反，为了重建法国，这位新国王需要和平，越快越好，这甚至驱使他签署1559年那样的白色和约。西班牙老国王这边，在1596年破产以后，处境和1575年一样艰难。西班牙的政治白银分配体系再度瘫痪。在低地国家，它难以保障贵金属的供应，局势恶化，受命统帅军队的大公奥地利的阿尔伯特抱怨再三。没必要幻想了；西班牙再度领略到了法国之大，不可能一击取胜。由于"辽阔的幅员"，它有本国民众的捍卫——当时的专家这样说。针对法国的战争，只可能是"边缘"战。

与法国议和对菲利普二世来说还有额外的好处，而且价值非凡。这位人称幽灵、影子般的人物，有自己的秘密：他想把自己的女儿，自己的掌上明珠克莱尔·伊莎贝拉·欧瑞尼嫁给大公（他只是形式上领受了枢机主教称号，但从未受过教职），把低地国家让给他们，让他们在那里扎根，做半独立的君主，这样也就能让他们免受未来的菲利普三世的影响。菲利普三世身边的那股新势力国王早已觉察到了。

这个办法如果要实现，就必须与法国和谈。1598年5月6日，国王病得严重（高烧，肠绞痛，昏厥），所有人都以为他大限将至。"所以他立即拟定并亲手签署了放弃佛兰德斯的宣言，"5月19日一封外交通信这样写道，"将其授予将要嫁给大公、奥地利的阿尔伯特的公主。"我们撇开让渡所附加的条件,以及菲利普二世政府随后增加的一些限制不谈。我们感兴趣的,不是未来,而是现在,这 1598 年的春天,老国王所珍视的"秘密"。行将结束的是一个动荡的世纪,期间世界发生了一系列深远转型,而这件事在历史长河里的确是沧海一粟。事实上,经济史学家告诉我们,在 1595 年左右,由于经济气候发生了深刻而不利的变革(因此改变了全体人类的生活),世俗趋向发生了逆转。西法冲突是这一逆转的体现,但显然它的影响不止于此;它同等程度地影响了西班牙的另外两场战争。没有了法国盟友,英国人和荷兰人就越发暴露于这可怕对手的打击之下。在大西洋,在美洲,在地中海,在印度洋,清教战争演变成了一种产出日益减少的投资。西班牙的骨架还硬着。于是,一点时间,加上一点耐心,产生了无可避免的结果:西班牙和英国的战争在 1604 年落幕,与低地国家的和约在 1609 年签订。但这些决定性的时刻姗姗来迟,菲利普二世此时已经退出世界舞台多年了。

1598 年 9 月 13 日

菲利普二世时常考虑自己的健康问题,所以很早以前就为死亡预先做好了安排。对此,他的想法清晰,计算精准。痛苦的疾病(一种扩散了的败血症)在 6 月初次袭来时,他没有听从医师的意见,而是让人把他转移到埃斯科里亚尔,好在那里死去。他并不孤独:埃斯科里亚尔有他所有的亲人;死去的祖先在那里等他。陪伴他的,有儿子,未来的菲利普三世,即将前往佛兰德斯的宝贝女儿,教会和世俗大员。他们帮助他度过了这段比预计长了不少的受难之旅。陪伴他走向死亡的有那么多人,那么盛大庄严。

疾病是凶残的：他的身体瓦解，腐烂，浮肿严重。医师们一个接着一个切开肿块，但也没法挽救他。8月12日，临终前一个月，一切似乎都已无力回天，"当天晚上，在皇后（隐居马德里的菲利普二世的妹妹）府邸，人们穿的差不多是丧服了"。但疾病一直有波动起伏。13日和14日国王有好转迹象，随后从16—24日又再度发作。此后再度转好，"以至于原来估计国王的时日只能以小时计算的医师开始希望他能多活几周了"。无论在好转还是忍受折磨的时刻，国王都保持着一种"难以置信的坚强，毅力和灵魂的平静"；他还在给别人建议，考虑这事那事，乃至王室成员葬仪方面"极其微小的细节"，或者如何赏赐自己的老部下、孩子，还有近从（如胡安·德·伊迪亚克斯或者钦琼伯爵）。

在这豪华的临终时分，菲利普二世也没有摘下自己的面具。更确切地说应该是他的好几张面具。因为即使我们用自身的实质，为了自我的满足，只能为自己打造一张面具，社会或是我们的时代强加给我们的有10张、20张。菲利普二世自然不能超脱那个时代和那个时代所施加的规则。他只能在这隆重奢华的宗教场面下死去。

埃尔·格列柯的肖像画是我所知菲利普二世的肖像画中最令我印象深刻的。站在这幅画前，我一直都会想，必须从他宗教的内心来解释这位谨慎国王，将他放到我们所说的西班牙反宗教改革运动（这个词我是有意避免的，但它在这里很好用）的背景之下。宗教改革和反宗教改革是同一场精神火灾，在同一时刻、出于相同原因点燃，其行动既相似又有不同。换言之，我想说的是，菲利普二世与阿维拉的圣特蕾莎，拉科鲁瓦的圣约翰和埃尔·格列柯身处相同的时代，从他们身上我们可以理解菲利普二世，即使他似乎并不欣赏埃尔·格列柯的作品，又即使他从未饱含情感地对前两位圣徒顶礼膜拜。

政府永远都因为形势所迫而"弄脏自己的双手",或者更确切地说,让双手沾满鲜血——这血既来自无辜之人,也来自罪人。菲利普二世没能躲过这一诅咒,他那精致的双手被他人的鲜血染红。但这没有改变他自己的人生追求(或者梦想),无疑也没有让他陷入宗教狂热。我相信,从前我们——也就是另一个时代的,有着 16 世纪以后丰富经历的人们——所确立的政治权力与宗教的冲突不足以解释国王的一生和成就。对他而言,一切都不言自明,因为上帝眷顾君王。

我也并不认为,在他弥留之际,他头脑里会闪出这个可怕的念头,即他留给儿子的是一个衰弱而备受威胁的处境,一个用我们的话来说"正在衰落"的西班牙。他不是曾为了维持和扩大祖业而奋斗吗?即使对于在未来多年里仍将在西班牙闪耀的这个黄金世纪而言,菲利普二世,以其对艺术和精神事务的敏锐,以其对书籍和科学研究的喜好(比如研究卡斯提尔人口与经济的地形学关系),不失为一位能工巧匠:1580 年出生的弗朗西斯科·克维多(Francisco Quevedo)日后会这样评价老国王:"他给了其各个王国以和平,给军队以荣耀,给敌人以畏惧。"

19 世纪以来的历史学家,致力于一步步将菲利普二世的记忆从传说中梳理出来。这传说有歌颂他的,但更多是指责他的黑色传说(Leyenda negra)。但直到今天,某种"黑色历史"仍时常潜藏在西班牙这段异常光辉的时期背后,虽然它体现得已不那么明显,但依然会悄悄地扭曲我们对这段历史的认知。历史写作是个反复无常的事,西班牙的历史也过多地由意大利、德国、低地国家、英国和法国的历史学家书写。当然,他们的研究和判断并无恶意,但他们依据的史料,却来自于各自长期与西班牙势力作战的国家。虽说如此,不论对于菲利普二世,还是化身菲利普二世的西班牙,我们都不应从奥朗日的威廉的辩解或者梅尼普的讽刺诗入手……我们需要重申这些史料的反西班牙特征,因此也就要重新检讨——这里仅举一个例子——从克罗齐到弗朗西斯科·埃利亚斯·德·特哈多(Francisco Elias de Tejado)的近作之间,西班牙与意大利的多重关系。我仅希望,但也是热切希望,自己为这位君主,这位有着漫长而多变的一生、在我们看来如此奇怪的君主正了名。为他说公道话再容易不过,但我们还要重新评价他那个时代的西班牙、它主导全世界的荣耀。这个世界从西印度到东印度,从地球的一头到另一头,而荣耀也永远和悲恸相伴。

(董子云 译)

托克维尔《回忆录》序言

费尔南·布罗代尔，1978

　　为了增加读者阅读或者重读阿莱克西·德·托克维尔《回忆录》的乐趣，我提议玩一个相对简单的游戏：执着地假设你们完全不知道这位著名作家，所以只能通过阅读《回忆录》来探索他；你们要假设自己完全不知道《论美国的民主》和《旧制度与大革命》，有意识地忘掉他生平中的阶段和细节；而且，在阅读中你们也不能去书架翻 J. P. 梅耶（Mayer）以其坚忍不拔和丰富学识打造的托克维尔全集。

　　于是，你们将像第一次阅读那样捧起这部文笔生动的《回忆录》。他的作者因为革命变故突然赋闲。革命撼动了整个国家，也可怕地撼动了他。他尝试将自己的印象整理出些条理，用自己的眼光解释自己走过的路；而如果我没有说错的话，他也迫切想要摆脱这段缠绕着他不放的过去。因此你们追踪的是一段很短的经历，即从1848 年 1—2 月，将颠覆路易－菲利普王位的那场革命前夜，至奥迪龙·巴罗（Odilon Barrot）政府解散，他短暂执政生涯结束的1849 年 10 月 31 日。

　　这条路虽然进展迅速，但它是否可以让我们客观地评价托克维尔的出众才能，其鲜有的品格，及其证言的价值？这是我们的第一波问题。这些问题虽然涉及的是一个人,一个作家,一个思想家,但也牵扯到一个时代。这阵狂风虽然迅猛,但却为我们还有当时的人打开了未知的视野。这个距今已经一个多世纪的"面目模糊"的法国和我们今天的法国是否有可比性?我们是否能通过自身经历,自己的认知、理解还有语言来阅读这部书?这是我们要问的第二波问题。因为阅读和重读托克维尔的最重要一点就是关照现实(虽然这样做不乏时代错置的危险)。经典有做经典的代价:它要能够向我们说我们自己,让我们思考我们自己,而不论它的时间离我们有多远,不论我们生活的世界有多么翻天覆地的变化。

读了三五页后,我们的疑问(如果有的话)便烟消云散了。写作很完美,徜徉于长句之间也是一种乐趣。托克维尔的"长"不是让他发笑的议会演说家的那种长,他的长压根没有用来"蒙蔽"任何人。遣词用句十分自然,生动鲜明,起伏有致,前后交相呼应。长时间读,这样的节奏也许会让人感到单调。但他有意识地打破文笔的运动:动词、名词,尤其形容词仿佛在进行一场思维战争,它们相互冲突,相互碰撞。而这种言说和反言说的艺术不止是一种方法、一种书写,它也是一种关照和让人关照的方式。悦耳和悦心交融,尤其是当我们读到多处让整个叙述活灵活现的生动的人物肖像时。

这些肖像是不是残酷的?我不敢肯定。另外,托克维尔也会自嘲。他对自己的观察也一样透彻。他的视角更多的像是一位历史学家,将各个角色放到正确的位置上:他爱着他们,却也批判他们;他不喜欢他们,却也会表扬他们。而他这样做的意图肯定不是给他们看的:我们所读的这个文本应该不是,也没有在他和大多数他笔下的人生前出版。而他笔下的那些政治人物,虽然想要复制 1789 年革命的壮举，但并没有成功，所以也为他减轻了压力。"我有时候在想象，"他写道，"虽说不同社会的风俗是不同的，但主导事务的政治人物的德行却各地相同。在法国这一点是确凿无疑的，因为我所见过的政党领袖在我看来都几乎差不多，他们都不配做统帅，有的有性格缺陷或者缺乏真知灼见，而大多数人是缺乏美德。"请重读这几句话：法国真有那么大的变化吗？

但就目前而言，我们的探究局限于讨论他的写作方式和存在方式。托克维尔正在为他人画像，而这也展现出他本人的绘画艺术。那么，让我们看看它在作品中的体现吧。按照职位大小，我们先从路易－菲利普开始。两行字就足以看出托克维尔的手法。他善于融汇温和的光线和严酷的阴影。这就是国王的肖像了："他的话冗长，没有中心；很独特，但琐碎，充满奇闻和小事，充满风趣和智慧；虽然谈不上精致典雅，但让人快活的是与他对话可以发现聪明带来的愉悦。"描写未来的拿破仑三世也用的是相同手法。他于1848年12月当选共和国总统："脾气不错，和蔼可亲；性格温和，灵魂柔软，甚至可以说相当温柔，但也不脆弱"，托克维尔写道。但他还写道，"他伪装得很深，把自己弄成是一生都在阴谋中度过的。奇怪的是，这让他形成了不动如山的性格，喜怒不形于色：因为他的眼睛晦暗无光，就好比是厚厚的窗玻璃，它能让阳光穿过，但我们却看不出什么"。十个人里头就有一个是这样描述的，批评与微笑交织。"那个波塔利斯既没有出众的才华，也没有模范的德行，更没有他叔叔那种虔诚的平凡。"这次是两记连环拳了。他的朋友、法兰西学院的同僚雷卡米耶，"看大家都能看懂的事情很清楚，但到了大家不懂的地方竟也看不清。"迪沙泰尔，1848年2月的内务部长，是"一位我们既不能尊敬也不能憎恶的人物"；奥迪龙·巴罗，"总会不自觉地往他的弱点和美德里加一点傻气"，"在必要时候有一切动员群众的禀赋：强有力的声音，口若悬河的雄辩和无畏的心灵"。拉马丁，托克维尔景仰他的勇气和口才，但评价却十分严厉："我不知在这个充斥着自我主义野心的世界，还有谁的精神比他更空洞，比他更不知道何谓公共利益。"如是云云。让我们吃惊的是，尽管措辞严厉，我们感受到的却依然是一位安静平和、不受自己的坏脾气左右的法官。也许这是因为对于托克维尔来说——我们后面会回来讨论——所有这些演员与其说是在主导各个事件，不如说是被它们拉着走；与其说他们要对自己的角色负责，不如说他们也是受害者。

我们不能要求托克维尔对1848年2月革命和随后的反革命做完整的解释。这是因为我们今天在经济和社会解释方面要求更高了。托克维尔本人的叙事和反思，结合拉布鲁斯的研究（《1848—1830—1789：革命是如何诞生的》，收录于《1848年革命百年历史会议论文集》）来看会更有意义也更生动。我们注意到自1846年起有明显的经济危机，从1847年开始愈演愈烈，深刻地影响了整个国家。1789年和1830年的爆发，难道不也是相似的经济因素在起作用吗？（虽然说经济因素不是唯一的原因。）1846年谷物收成很差；食品价格上升了100%–150%；危机很快触及纺织业、采矿业、冶铁业；工人薪水下降了30%，失业率上升。"高价潮就如洪水一般席卷了这个国家，也像洪水退去一样留下成千上万家庭倾家荡产。甚至于从事慈善的虔诚山（Monts-de-Piété）[1]也卷入其中。"危机引发信贷的动荡，铁路建设计划中断。"我们因此停止了几乎10亿法郎的公共工程，也就是说按照每天2法郎计算我们放弃了大约5亿个劳动日。"

---

〔1〕 虔诚山，始于文艺复兴西欧的典当机构，其业务尤其面向穷人。——译者注

这场多层次的危机既是旧的也是新的——之所以说旧，是因为它和过去一样，从农业经济部门开始；之所以说新，是因为它触及工业、纺织、冶铁和信贷的程度。很明显，这场危机是革命的先行条件。但这个条件当归咎于政府无能？还是应该谴责危机本身及其普遍性？1977年的法国还有其他国家也在问着相同的问题。

　　不过，托克维尔本人的物质生活也许波澜不惊，所以对底下的经济现实没有多少关注。1848年6月政变前夜，他好不容易在这个方面评价了几句："工业革命[当时这个表达还不怎么流行，他是先行者]……在这三十年来，让巴黎成了法国第一大制造业城市，吸引了众多新来的工人，而[1840年后巴黎]修筑防御工事又引来了另外一批没有技术的农民。"也是这个时候，还有这相当有力和准确的话："钱[似乎是]……钻进了地里。"但除此之外他再无描述了。

　　相反，托克维尔对社会现实有很敏锐的感受。他观察并努力去解释它们。我们可以毫不犹豫地用"社会学的"（sociologique）来形容他这种敏锐感，但伴随和引导他的是他的历史经验。社会学和历史学在托克维尔笔下不过是同一种观察社会的方式，而我们阅读的快感有一部分就来源于他的思考和我们的很接近，而他古朴的语言又与今天的陈词滥调相去甚远。他用的词语——阶级战争（或者斗争）对我们有奇特的共鸣。你们也看到了，他短暂的德国之旅，和在外交部工作收到的信件让他能够看清革命事件在德国退潮的状况："从德国的一头到另一头，"他写道，"永久土地租金、领主什一税、改易税（droit de mutation）、狩猎权、司法权依旧没有恢复（但它们曾构成了贵族财富的大部）。国王回来了，但贵族没有重新站起来。"这两句信息量巨大的话概括了德国的政治形势，但相比政治托克维尔更关注的是社会。他认为社会这个整体是政治现实背后的现实，就好比是"政治生活的餐盘"。虽然革命者针对的是社会，在他眼中，他们的攻击却"比政府更低"。也就是说他暗中分了很多个"等级"，这也是让乔治·古尔维奇所着迷的一点。当然了，和其他社会学家一样，托克维尔自问但没有自答："社会本身是不是由一些不变的法则构成的？"但在今天，还有谁会去回答这个艰涩的问题呢？

但无论如何，在他眼中这一潜藏的社会现实在领导表层的现象。就比如解释七月王朝，换言之1830年革命的后续，他写的就是"中产阶级及其积极、勤劳，通常又不怎么诚实的精神的胜利"登基。"我们不仅可以说这个阶级成了社会唯一的主宰者，而且更能说它已经成为社会的农场主。它在各个地方定居，人数显著增多，而且既自食其力，又喜欢吃公共财政。"由此就出现了恶性剥削，摧毁了社会的平衡，也摧毁了他们自己的特权。"这种恶习是统治阶级的天然本能所致……[但]国王路易-菲利普也为其增长贡献良多，使之成为了致命的疾病。"以此，托克维尔将国王的责任和资产阶级的责任联系到一起，而如果我没有添油加醋的话，也正是在这种深层意义中，他探究了革命为何爆发的理论（社会的理论，而不是拉布鲁斯那种经济的理论。）"在法国，"他解释道，"如果政府仅仅用特权利益和某一个阶级自私的激情来获取支持，它这样做总是错误的。"而这个特权阶级，通常而言，也喜欢批判政府，相比"政府给他们确保的特权"，他们更享受"和所有人一起批评[政府]的快感"。特权阶级的滥权、不负责任、道德败坏为未来的灾难做了铺垫。法国的旧贵族就是这样，宴会攻势（campagne des Banquet）里的一些资产阶级也是如此。这是不是永久性的"法国病"呢？不管怎么说，"这种思考总是在我脑中浮现"，托克维尔向我们透露道。那么，只能说一句英国万岁了，因为"这是世界上唯一一个贵族还在统治的国家"。

可以说，通过这次事端我们可以看出，即使托克维尔的心中没有形成明确的意识，但他更喜欢既有的所有权模式，喜欢由均衡主导的社会，而他此时完全没有意识到有必要为自己证明，践行自己的贵族精神（这个时代已经不兴这一套了），或者具体地指出它的社会和经济坐标。但他还是批判梯也尔和布朗基直言不讳，而不觉得有必要在意识形态上对自己的判断加以论证。更何况，他更关心的是理解而非评判。

事实上（这不只是为他找借口），他思考和行动的理由，在于向自己解释，理解活生生的事物，还有满足他永不停息的观察欲。这种激情恰恰让他无意识间形成了一种历史观。而直接地说，我们最为关注的，也正是其经验的上层和边际。他难道不是像受到引力作用一样，时常想见一种深层的历史，而这种历史进展缓慢，与事件性的历史（用他的话来说是"偶然性的历史"）截然不同？"我十分清楚地相信，我发现了七月王朝走向毁灭的主要原因。但我没看到促使它发生的各种事故。"他于1848年1月27日（请注意日期）在众议院的演讲则更为典型了："人们说没有危险，因为没有暴动；人们说，既然社会表层没有实质性的无序状态，那么革命一定离我们很远。先生们，我想说你们错了……请看看今天看上去依旧平静的工人阶级中发生着什么。确实，他们不像以前那样如此受政治激情的困扰；但你们难道没有看到，他们的激情从政治转向了社会？……我说过，恶果或早或晚都会来临……也就是这个国家发生最为严重的革命：请相信这一点……"他在做的，正是寻找"历史的锁链"，而这必然让他碰上长时段，因为长时段是一切深层历史及其运动的表达途径。这种运动难道不是重复吗？"大多数时候，我们所说的新现象其实不过是被遗忘的现象"，所以也就会重复。他说得非常好。"所以法国大革命又来了,因为它总是相同的,"他写道,"只有一种激情在法国还有活力:也就是仇恨旧制度,反对人民眼中代表旧制度的旧特权阶级。这种情感贯穿各个革命,没有改变也没有消解,就像奇异喷泉的泉水,流入大海也不会混合、消失……"

当然,他时不时也会犹豫,也会微调自己的想法,也会眨眨眼。事件来拜访他了,他于是开始讲述;大人物是他首要的观察对象,虽然他有意识地要限定他们的角色。他不为任何人开脱。"这样的事件,"他写道,"这样的偶然或表面原因我看得很清楚……并不是说我认为二月革命中,偶然事件没有任何影响。相反,它们影响非常大,但它们没有决定一切。"他还讲到了基佐下台,"我们不能将之仅仅当作变故来看待。它其实是一个大事件,将会改变事物的面相"。这次他没有自问这究竟是什么过程、什么额外力量的影响,这起事件本身就足以称为"大事件"。

但托克维尔也是一位谨慎的历史学家,所以避免做轻率的比较:"一个时代永远不可能完全和另一个相同",他说道。他能鲜明地感受到革命的连续性,但他又补充道:难道人们不是"更想着怎么搞法国大革命,而不是说去延续它吗?"他清楚地看到社会革命正在降临,但他没有将之与这种革命过程特别联系起来。"我们的终点会不会是一场更为全面更为深刻的社会转型,完全超乎我们祖辈的设想之外,而且我们自己也暂时难以设想?其他预言家这样告诉我们,但他们所说的也许和前人一样空洞无物……我不知道这场漫长的旅行什么时候会终止。"当然,今天,这场漫长的旅行也没有停止,还不断在周而复始,从有序到无序,从自由到约束,从实际到理想,从均衡到革命,从革命到均衡:革命短暂、喧嚣、爆燃;均衡则好比持久不熄的文火……这虽然并非托克维尔的原话,但他的这些没有回答的探究和我们太过接近,以至于我们足以代他说出这些话了。

　　托克维尔在偶然和深层、事件和结构之间的迟疑是我们乐于追踪的。日复一日,他穿越了革命时代,他是个不知疲倦的证人和记者,他注意事件、际会、生活场景和每一个日子。推动他的不是胆量,而是(用他自己的话来说)"贪婪的好奇心"。他的洞察力,他的观察欲无边无际,算得上是每日不停鞭策他的一种不安。而我也不是说他不受恐惧或者低落情绪影响。在 1968 年 5 月和 6 月我们见过未遂的革命,它在当代人看来是一次能最充分反映现状的演出。因此我们也就不难理解托克维尔不懈的好奇心。2 月 22 日、23 日他在众议院。24 日,"我迅速下床,脚刚踏上街,就立即感到革命的气息扑面而来:街上空无一人;商店也没有开;看不到车和行人;完全听不到行商人的吆喝……所有这些人都被不安或者愤怒所震撼了"。托克维尔的叙述中出现的唯一一辆马车是失魂落魄的梯也尔先生逃离时在布洛涅森林里找到的那辆,他坐这辆马车去了克里希门,然后迂回绕路回到自己的宅邸。

　　步行在没有马车、空空荡荡的巴黎——马车回归也就意味着秩序回归——托克维尔依然还是去了众议院,他还去了一位朋友家,在一位香榭丽舍修复者家里见了一群政治人物,等等。大多数时候,他散步是为了满足自己的好奇心。就比如 2 月 25 日,"天刚亮我就起床去看看城里怎么样了"。同一天,"我整个下午都在巴黎散步"。后来,在 1848 年 6 月 23 日,也就是六月起义运动开始的那天——"这是我们历史当中发生的最大也最独特的事件,在其他国家的历史中也空前绝后:说它是最大,因为在短短 4 天中,有 10 万多人参与其中"。在这个动荡不安的日子,托克维尔找了各种由头,在巴黎不断穿梭,去众议院,从波旁宫走到香圣母院(Notre-Dame-des-Champs),去那里找他安置好的侄子;很快,他作为国民大会的代表又在王宫出现,随后是在市政厅。路上四处都是路障,"人们都穿着短衫,这既是他们的工作服,也是他们的战斗服。路上经常有人把我叫住,要我把[国民大会代表的]徽章给他们看。这些新来的哨兵说着各种方言,不止一次拿起枪对着我。因为巴黎已经到处都是乡下人了,他们来自各省,很多还是第一次来"。他还注意到,"由于有了铁路,虽然战斗昨天晚上才打响,但已经有人从 50 里[1] 开外赶来了。明天,方圆一二百里的人都会到巴黎,以此类推。这些人出自社会各个阶级;里头有很多农民,很多资产阶级,很多大地产主和贵族,所有人都混入同一行列。他们的武装花样百出,也并不精良,但他们在巴黎街头耀武扬威……"

也正是他们的举动让天平向卡韦尼亚克,向秩序,向反动倾斜。这是一次"可怕的"冲击。托克维尔的看法很对,即六月的起义"如果不那么激进,不那么凶残,那大多数资产阶级可能会待在家里,那法国人民就不会来'帮我们';国民大会也可能被解散"。但历史没有如果,它只能帮我们反过来更好地解释历史。暴动失败了,但那也是因为没有革命领袖来"领导起义者";本来可以成为领袖的人已经"像傻子一样"在 5 月 15 日被逮捕,他们只能透过万森城堡的高墙听到战斗的声音。

"帮我们","像傻子一样",我着重标出的这两句话透露了托克维尔的心声。他站在秩序一边,也许也低估了当时真正的革命者:布朗基,"病态,阴险,狡诈";巴尔贝斯,"最疯狂,最无私,也最坚决"……5 月 15 日一整天,"我的眼睛一直都盯着他"。至于勒德

---

[1] 里(lieue),1 里约为 3.23 千米。——译者注

鲁-罗兰（但他真能算是革命者吗？）靶子就更大了："……淫荡而嗜血的大男孩，没有原则，也没什么思想，缺乏真正的勇气，甚至缺乏恶意……"。显然，托克维尔不是他们一帮，但把他说成反革命既不公允也不充分，因为他也不站在另一边。他的态度是执迷而老实的观察家，震惊于"最平和的心灵也投入了内战，转变的速度快得骇人。"他们痴迷暴力，蔑视生命。但他也同样不安地坦陈自己对这场闹剧的反应，"我在两天内很快就了解了这些冷酷而严厉的想法，而在此之前我自然是对它们一无所知的"。他认为镇压是必要的。

1849年6月3日，阿莱克西·德·托克维尔一度成了巴罗内阁的外交部部长。他在任只有短短几个月，到同年10月31日政府解散为止。体验权力是本书的另一个侧面。但这对于我们而言并没有前面的证言那么有趣。反革命倾向在1848年6月以戏剧性的方式出现，同年12月又因路易·拿破仑·波拿巴的当选而巩固确立。1849年立法院选举继续这一趋势，最后是1851年12月2日政变，帝国回归。

在这一过程中，巴罗内阁的形成、维持和波折对我们来说意义不大。巴罗内阁极其不稳定，以至于托克维尔曾说，"做部长的每一天我都感觉自己明天就要卸任"。《回忆录》的这最后一部分之所以吸引我们注意，是因为它明确地将我们眼中的"证人"转变为"行动者"（虽然他本人没有那么强大的热情）。行动者，所以他必须为自己做解释，必须采取立场。他没有遮遮掩掩。但他写的更多地是澄清而不是辩护，他希望看到这几个月表面上掌握权力的真实的自己。在这一期间，他带着忧伤和平庸，远观欧洲，直接观察惊人的政治局势，又着眼勾勒法国近期的命运。他经历这次考验的方式，读者看得明白。

他从赴任起就定下了自己的行为方针并坚持不放：尽可能地服

务国家的核心利益，根据变动的政治形势所提供的可能性和要求去服务，因为他显然不是政治形势的主宰。这其实是双重处境，内部和外部，但两翼相互依托。

和法国一样，欧洲的革命浪潮也在大幅倒退；1848年冬天几场革命同时爆发，令人称奇；而随后的镇压也是同时进行。这是一个整体现象：运动的意义已经改变。如果说第一次运动由叛乱民众发起，则第二次运动目的在于重建此前被颠覆的君主权威。在欧洲的一端，反动大师沙皇正在指挥。在另一端，是"更为温和的"英国，永远只有"无用的好意"。不可能向英国求援。所以法国的规律是"生活日益沦为渺小……但这种转变甚至都是困难的"，因为法国的舆论"反抗这种时代必然"。就算是这样，我们又有什么别的办法呢？把赌注押给正在退潮的革命，并不能在欧洲挽回革命，而且必然会在法国点燃新的革命。押给反革命，那也就成了沙皇的羽翼，让法国丧失"人民天然的面貌所展现的那种自由空气"。然而，对于托克维尔，这应该是法国领导人的"行动格言"，"不要做过头以至于抛弃我们的革命原则，抛弃自由、平等和博爱……也绝不要重蹈旧日那种权力欲的覆辙"。当然，黎塞留对内打击清教徒的同时，"也帮助这些人在德国起事"。但1849年没有提供这样的选择。"我知道，"托克维尔向大师们说道，"法国还没到统治欧洲的程度，对遥远的事件也无能为力。"另外，我们要耐心等待，保留面子，小心前行，不要损害到脆弱的法国。

国内政治领域也没有多大的行动自由。拿破仑亲王入主爱丽舍宫意味着法国可能出现一个"杂种"王朝，一般人都能预见到其中的危险所在，而法国农民、工人和反动派都支持他：他们要求安全、秩序、报复和对外荣耀。1849年5月的立法院选举上，反动派压倒性胜利（450个席位）。但他们并不满足。他们想要消灭他们的对手；然而

"山岳派"也有 180 个席位，这让他们自己都感到吃惊。6 月 13 日一切都一举解决。一天的暴动之后（它的借口是臭名昭著、失败的罗马远征），山岳派完全被击垮。用总统亲王时常说的话，"是时候让穷人放心，让坏人颤抖了"。

那么，在这个 6 月的中旬，托克维尔认为的"核心"如果不是努力维持摇摇欲坠的共和国的话，又是什么呢？"现在，我和从前一样不相信，"他 1851 年 9 月写道，"共和政府是最适合法国需要的；我所说的共和政府，指的是行政权选举制……另外，我也总认为，共和是一种缺乏抗衡力量的政府……[但]我还是想要维护它，因为眼前我没有看到现成的更好的选择。大多数国民都深深厌恶旧王朝……只有路易·拿破仑能攫取共和国的位置。"

政治形势因此呈三角形：支持君主制的立法院分为两派，少数正统派和奥尔良派。后者清楚他们无法迅速攫取权力，应该等待时机；与他们立场对立的、能够公开支持总统派系的政党尚未组建；而在这两群人之间，有那么几个人决意拯救共和国。托克维尔即为此反复表达了诚意，在两派当中斡旋，可谓不打不相识。由于家庭出身，他与正统派更易亲近，因此他支持法卢的存在，甚至与他成为朋友。法卢很快就会通过一项以他命名的教育法案（1850 年 3 月 15 日）。面对奥尔良派，他显得谨慎、圆滑，与其中五六十位温和派有往来。最后，他也尽可能给总统亲王留个好印象。总而言之，他相信执政就好比撑船，而要为了所有弱点和智慧埋单就通常得有一双"脏手"。（但这话是令托克维尔害怕的！）比如，刚到外交部，他就得知法国远征军将撕毁禁令（即 1849 年 5 月 7 日制宪会议在派兵前的决议）攻击罗马。"我进入内阁得知的第一件事是攻击罗马的命令三天前已经向我们的军队传达下去。""这两天[6 月 12 日和 13 日]异常难熬，因为我完全反对……罗马远征军的行为。"但内阁团结迫使他不得不吞下苦果。

显然，妥协和协调对于本质上极其诚实的托克维尔是难以持久的。处在中间的他卸任几乎是必然，而总统亲王或者奥尔良派会获胜。但这不正是诚实的知识分子的命运吗？他们厌恶虚伪，通常只能说"反对"。饱受欺骗的托克维尔就可能反对七月王朝，反对宴会运动，反对二月革命，反对六月起义，反对社会主义诉求，反对奥尔良派运动，反对路易·拿破仑·波拿巴阴险的野心。他忠于自己，所以绝不会采取另一种态度。而且毕竟他的政治生涯就像梯也尔和基佐这些历史学家一样短暂，而他生命最后几年都在撰写他的《旧制度与大革命》。

不过，他给了我们自己执政经历中最为完整的心路历程，这让我们很是喜欢！他并没有勾画自己与权力的关系，而是回答了各种今天心理分析师会提出的问题。本书显然没能写完。但没写完的书也可以有巨大的价值。在19世纪欧洲的裂口上，托克维尔难道不正是给其他很多人作了最鲜活的描述？令人敬佩的梅耶既熟稔马克思——知道吗，是他发现并出版了马克思年轻时候的手稿——又钻研托克维尔。而在他看来，《回忆录》比《路易·拿破仑·波拿巴的雾月十八日》更胜一筹。在他眼中，托克维尔比马克思更科学，更客观。可能确实如此。虽说我们不能把所有东西都说成是相通的，但无论《回忆录》还是《雾月十八日》，相比从中观察历史真相，我们更感兴趣的难道不是为马克思或者托克维尔的思想定位吗？

为了比较而比较，我想再作一番想象。有一天，我和乔治·勒费弗尔谈起米什莱，当我又一次赞颂起他的时候，他这样反驳了我："是的，但还有托克维尔。"当时，这个回答让我吃了一惊。历史学家是否总是应该选择一个与自身激情不完全对应的模型？乔治·勒费弗尔支持大革命。然而，他选择了米什莱。吕西安·费弗尔也许会站在托克维尔一边,但你们看到,他也毫无困难地与年鉴学派站在一起。那么,我们是不是必须在托克维尔和米什莱之中选择呢?后者更浪漫,更革命,而前者更执着于权衡利弊,描绘大线索,分析大群体。米什莱如果经历了1848年的法国,也许会选择他的英雄布朗基或者巴尔贝斯。然后,他站在他们的肩膀上去俯察事件的波折。不断变换颜色的法国于是就会围绕一个预先选定的中心旋转,就像米什莱笔下围绕科里尼元帅旋转的宗教战争的法国。他这样做使得重构出来的历史有了喜剧的步调,让我们去体验,去感怀。但这场游戏也有其风险:历史学家作为中间人也参与其中。托克维尔出于自己的秉性,反对这种参与。同样是证人,同样是行动者,他努力让自己置身事外。他压根不会认为,法国历史有一刻是围绕他本人而转。"要给自己说好话太难!"他写道。或者:"我们离自己太近,所以难以看清自己。"还有:"对自己怀有很大的不信任,这是我的天性。"不要为他的谨慎而感到遗憾;正是因为有这样一位谨慎的托克维尔,我们才能有这么一堂无与伦比、清晰透彻的课。

  不过,我们不妨再津津有味地把这两种阅读历史的方式(托克维尔和米什莱)放到当下的法国,来测试我们的政治学家。对于今天的米什莱,哪个政治人物是法国生活的中心?今天的托克维尔又会为那些自称统治我们的政治人物描述哪些特征?现实之下有哪些深层现象?我们的法国是否有一个疲乏而滥权的统治阶级?而1974年以来显露的经济下滑是否构成了动荡和变动的先决条件?简而言之,是否有迹象表明(这里用理性的托克维尔一句不怎么理性的话),"有人已经能远远嗅到革命的气息"?当然了,谨慎的人们会等个几年再回答这个问题。

(董子云 译)

人名索引

A

Abel, Wihelm 威廉·阿贝尔 33, 65, 81, 91, 106, 110, 119, 146

Adrien d'Utrecht 乌特勒支的哈德良 189, 190

Alchian, A. A. A. A. 阿尔钦 33

Alcibiade, Albert 阿尔伯特·阿西比亚德 216, 217

Ammann, Hektor 黑克托·阿曼恩 37

Anderssen, Walter 沃特尔·安德森 53

Aymard, André 安德烈·艾马尔 4

B

Baehrel, René 勒内·巴埃雷尔 27, 90, 111, 112, 119, 120, 122, 123, 125–127, 141, 151, 152

Bang, Nina 妮娜·邦戈 149

Barka, Omer Lufti 奥马尔·巴尔卡 108

Barrot, Odilon 奥迪龙·巴罗 291, 293, 301

Baulig, Henri 亨利·保利格 20

Bechtel, Heinrich 海因里希·贝希特尔 142

Bergson, Henri 亨利·柏格森 14, 15, 26

Berr, Henri 亨利·贝尔 4, 8, 10–19, 23, 26, 29

Beutin, Ludwig 路德维希·博丁 150

Blanche, Vidal de la 维达尔·德·拉布朗什 27

Bloch, Marc 马克·布洛赫 10, 13, 14, 16, 17, 19, 21–25, 28, 29, 45, 59

Blomberg, Clara 克拉拉·布隆贝格 222

Boisguillebert, Pierre 皮埃尔·布瓦吉耶贝 64

Bourgeois, Emilie 埃米利·布尔热瓦 6

Brandt, Karl 卡尔·布兰特 191

Bratli, Charles 查尔斯·布拉特利 238

Brown, E. H. Phelps E. H. 菲尔普斯·布朗 106—110, 180

Brunschwig, Henri 亨利·布伦茨威格 24

Bujak, Francisk 弗朗齐歇克·布亚克 33

C

Cabrera, Luis de 路易斯·德·加布雷拉 241

Carvajal, Diego de 皮埃尔·德·曼斯菲尔德 246

Cassel, Gustav 古斯塔夫·卡塞尔 50, 133

Castillo, Alvro 阿尔瓦罗·卡斯蒂略 54, 160

Castillo, Bernal Diaz del 贝尔纳尔·迪亚斯·德尔·卡斯蒂略 226

Chabert, Alexendre 亚历山大·夏贝尔 32

Chabod, Federico 费德里科·夏波德 230

Charles Quint 查理五世 52, 138, 185—235, 237, 240, 243, 245—247, 251, 255, 259, 261, 263, 265, 277, 278

Charles VIII 查理八世 187, 195

Chaunu, Huguette 于盖特·肖尼 69, 131, 149, 182

Chaunu, Pierre 皮埃尔·肖尼 69, 83, 118, 120, 126, 127, 131, 149, 150, 182

Cipolla, Carlo M. 卡尔洛·M. 奇波拉 131, 132

Clément VII 克莱芒七世 197, 198

Cobos, Francisco de los 弗朗西斯科·洛斯·科博斯 190

Comte, August 奥古斯特·孔德 13

Coulanges, Fustel de 弗斯代尔·德·库朗日 20

Crémieux, Benjamin 本雅明·克雷米耶 5

Croce, Benedetto 贝内德托·克罗齐 14, 289

D

Dakin, E. F. 埃德温·F. 达金 128

Delumeau, Jean 让·德吕莫 53

Devèze, Charles 夏尔·德韦兹 97

Dewey, E. R. 爱德华·R. 杜威 128

Diderot, Denis 德尼·狄德罗 28

Doria, André 安德烈·多里亚 197, 201—203

duc d'Albe 阿尔贝公爵 190, 253—255, 259, 261, 262, 267, 272, 282, 284

Durkheim, Emile 埃米尔·涂尔干 13

Duruy, Victor 维克多·杜鲁伊 12

E

Ehrenberg, Richard 理查德·艾伦伯格 138

Einaudi, Luigi 路易吉·伊诺第 83, 131, 132

Elsas, M. J. M. J. 埃尔萨斯 73

F

Falke, Johannes 乔汉纳·佛克 46

Farnèse, Alexandre 亚历山大·法尔内兹 258, 262, 270, 276, 283, 284

Farnèse, Ottavio 奥塔维奥·法尔内兹 266

Farnese, Pier Luigi 皮埃尔·路易吉·法尔内塞 212

Febvre, Lucien 吕西安·费弗尔 2, 7—11, 13—19, 21—29, 305

Felix, David 大卫·费利克斯 33

Ferrara, Oreste 奥雷斯特·费拉拉 249

Ferro, Marc 马克·费罗 29

Fisher, Irving 欧文·费舍 136, 137

Fisher, F. J. F. J. 费舍 48

François I 弗朗索瓦一世 187, 193, 195—198, 200, 204, 208, 218, 220, 228, 245

Fregoso, Cesare 切萨雷·弗雷戈佐 204

Fugger, Jacob 雅各布·福格尔 103

G

Gallois, Lucien 吕西安·加鲁瓦 27

Gattinara, Mercurino 梅尔库里诺·加蒂纳拉 190—192, 207

Gernet, Louis 路易·热尔内 13

Gieysztor, Alexandre 亚历山大·盖伊什托尔 9

Godinho, V. M. 维多利诺·戈丁诺 75

Gomez, Ruy 鲁伊·戈麦斯 222, 240, 253, 256, 257, 261, 262, 265

Gonzaga, Ferrante 费兰特·冈萨加 212

Gonzague de Mantoue 曼图亚的贡扎格 207

Goubert, Pierre 皮埃尔·古贝尔 27, 64, 111, 116, 120—122, 128, 141, 147, 152

Gourou, Pierre 皮埃尔·古鲁 27

Granvelle, Perrenot de 佩雷诺·德·格兰维尔 190, 259

Grote, Hermann 赫尔曼·格罗特 46, 147

Guise, François de 弗朗索瓦·德·吉斯 217

Guyot, Yves 伊夫·居约 134

H

Habbakuk, H. H. 哈巴库克 146

Halbwachs, Maurice 莫里斯·哈布瓦赫 18

Hamilton, Earl J. 厄尔·汉密尔顿 32—34, 62, 69, 72, 74, 77, 82, 130, 131, 134, 135, 141—143, 145, 146, 182

Hammarström, Ingrid 因格里德·哈马尔斯特罗姆 77

Haring, Clarence 克莱伦斯·哈林 134

Harrach, Oued el 乌德·埃尔·哈拉赫 204

Hauser, Henri 亨利·豪赛 3, 17, 21

Heaton, Herbert 赫伯特·赫顿 142

Holleaux, Maurice 莫利斯·荷勒 4

Hopkins, Sheila 谢拉·霍普金斯 106—109, 180

Hoszowski, Stanislaw 斯坦尼斯洛·霍索夫斯基 32, 69, 83

Houghton, John 约翰·休顿 99

Houtte, J. A. van J. A. 范·胡特 37

I

Imbert, G. 加斯东·因贝尔 113, 122, 123, 125

J

Jacobs, W. W. 雅各布斯 133—135

Jaurès, Jean 让·饶勒斯 26

K

Kerhuel, M. 玛丽·克尔于埃勒 128, 129

Kessel, R. A. R. A. 凯塞尔 33

Kipling, R. 鲁德亚德·吉卜林 6

Klaveren, Jacob van 雅各布·范·克拉维伦 80

Korst, Knud 克努德·考斯特 149

Kula, Witold 维托德·库拉 9, 93, 102

L

Labrousse, Ernest 埃内斯特·拉布鲁斯 22, 34, 35, 39, 64, 102, 113, 114, 121-123, 125, 126, 148, 294, 296

Lacombe, Paul 保罗·拉孔勃 16, 29

Langevin, Paul 保罗·朗之万 18

Le Bras, Gabriel 加布列埃尔·勒布拉 21

Lefebvre, Georges 乔治·勒费弗尔 20, 304, 305

Le Goff, Jacques 雅克·勒高夫 29

Le Roy Ladurie, Emmanuel 埃马纽埃尔·勒华拉杜里 27, 29

Leuillot, Paul 保罗·勒佑 20

Lexis, W. W. 莱克西斯 134

Lord Beveridge 贝弗里奇爵士 33, 116, 129, 148

Loubens, Gounon 古农·鲁本 232, 273

Louise de Savoie 萨伏伊的路易丝 198

Luther, Martin 马丁·路德 190, 205-208

M

Maddalena, A. de 阿尔多·德·玛达莱娜 146

Marjolin, M. M. 马若兰 50, 151

Mankov, A. A. 曼可夫 66

Mantoux, Paul 保罗·芒图 17

Marguerite d'Autriche 奥地利的玛格丽特 186, 187, 198, 199, 213, 233

Maria Manuela de Portugal 葡萄牙的玛利亚·马努埃拉 243

Martin, Felipe Ruiz 菲利普·路易斯·马丁 101

Marx, Karl 卡尔·马克思 143, 304

McNeil, William 威廉·麦克尼尔 1

Medicis, Catherine de 卡特琳娜·德·梅迪奇 245, 246, 248, 252, 272

Mendoza, Antonio de 安托尼奥·德·门多萨 227

Mendoza, Diego 迭戈·门多萨 212

Meuvret, Jean 让·莫福莱 64, 120, 162

Michelet, Jules 儒勒·米什莱 20, 304, 305

Mickwitz, Gunnar 冈纳·米科维茨 100

Morazé, Charles 夏尔·莫拉泽 22

Monod, Gabriel 加布列埃尔·莫诺 15, 26

Montmorency, Anne de 安内·德·蒙莫朗西 199

N

Nef, J. U. 约翰·U. 内夫 96, 103

O

Orley, Bernard van 伯纳德·范·奥利 233

P

Paré, Ambroise 安布鲁瓦兹·帕雷 217

Parenti, Giuseppe 朱塞佩·帕伦蒂 34, 120

Parme, Marguerite de 玛格丽特·德·帕尔马 254, 259, 284

Paul III 保罗三世 193, 211, 212

Pereyra, Carlos 卡洛斯·佩雷拉 232, 281

Perin, Charles-Edmond 夏尔－爱德蒙·佩兰 20

Philippe II 菲利普二世 7, 138, 194, 209, 219, 221, 223, 228, 231, 232, 237–289

Pidal, Menendez 梅尼德斯·皮达尔 191, 193, 194

Pierre le Grand 彼得大帝 44

Piganiol, André 安德烈·皮戈尼奥尔 13, 20

Pinto, I. de 伊萨克·德·平托 55, 137

Pirenne, Henri 亨利·皮雷纳 7, 20

Posthumus, N. W. N. W. 波斯蒂莫斯 62, 158

Q

Quevedo, Francisco 弗朗西斯科·克维多 288

R

Ranke, Léopold von 利奥波德·冯·兰克 188

Rassow, Peter 彼得·拉索 191

Raveau, Paul 保罗·拉沃 131

Renard, Comtois Simon 孔图瓦·西蒙·列那 218

Requesens, Luis de 路易斯·德·雷克森斯

Rey, Abel 阿贝尔·雷 17

Rincon, Anton 安东·林肯 204

Romano, Ruggiero 鲁杰罗·罗马诺 36, 80, 120

Roupnel, Gaston 加斯东·鲁普内尔 2, 20

Ruiz, Felipe　费利佩·鲁伊斯　52, 138

S

Sauvy, Alfred　阿尔弗雷德·索维　143, 148

Say, Jean-Baptiste　让-巴斯蒂德·萨伊　45

Sayous, André E.　安德烈·E. 萨约斯　74

Schomoller, Gustav　古斯塔夫·肖莫勒　91, 92

Seignobos, Charles　夏尔·瑟诺博斯　21

Siliceo, Juan Martinez　胡安·马蒂内斯·西里西奥　240

Silva, José Gentil da　何塞·让蒂尔·达·席尔瓦　138

Simiand, François　弗朗索瓦·西米昂　17, 33, 61, 111, 123, 125, 132, 152

Sohm, Rudolf　鲁道夫·索姆　137

Sombart, W.　W. 松贝尔　86

Spooner, Franck　弗朗克·斯普内　31, 52, 57, 58, 120, 141

Stein, Gertrude　格特鲁特·斯泰因　16

Stuart, Marie　玛丽·斯图亚特　266, 281

T

Tavera, Juan Pardo y　胡安·帕多·伊·塔维拉　230, 241

Tejado, Francisco Elias de　弗朗西斯科·埃利亚斯·德·特哈多　289

Thünen, Johann Heinrich von　约翰·海因里希·冯·杜能　37

Tocqueville, Alexis de　阿莱克西·德·托克维尔　291—305

Tucci, Ugo　乌戈·图奇　36

Tudor, Mary　玛丽·都铎　218, 220, 231, 244, 245

V

Valdès, Alonso　阿隆索·巴尔戴斯　207

Verlinden, Charles　查尔斯·菲尔林登　106

Vermeyen, Jan　扬·费尔梅恩　202

Vilar, Pierre　皮埃尔·维拉　85, 132, 143—145

W

Wächter, Hans Helmuth　汉斯·赫尔姆特·瓦赫特　98, 164

Wagemann, Ernst　恩斯特·瓦格曼

39, 112

Wailly, Natalis de 纳塔利·德·威耶 34, 35

Wallon, Henri 亨利·瓦隆 26

Wiebe, Georg 格奥尔格·维贝 33,

36, 65, 82, 83

Z

Zeller, Gaston 加斯通·泽勒 82